PERSPECTIVAS EM AVALIAÇÃO PSICOLÓGICA

Acácia Aparecida Angeli dos Santos
Fermino Fernandes Sisto
Evely Boruchovitch
Elizabeth do Nascimento
(Orgs.)

PERSPECTIVAS EM AVALIAÇÃO PSICOLÓGICA

Casa do Psicólogo®

1ª Edição
2010

Editores
Ingo Bernd Güntert e Juliana de Villemor A. Güntert

Assistente Editorial
Aparecida Ferraz da Silva

Capa
Rafaela Nogueira da Costa

Projeto Gráfico & Editoração Eletrônica
Sergio Gzeschenik

Produção Gráfica
Fabio Alves Melo

Preparação de Original
Flavia Okumura Bortolon

Revisão
Maria A. M. Bessana

Revisão Final
Juliana de Villemor A. Güntert e Lucas Torrisi Gomediano

Dados Internacionais de Catalogação na Publicação (CIP)
(Câmara Brasileira do Livro, SP, Brasil)

Perspectivas em avaliação psicológica / Acácia Aparecida Angeli dos Santos, Evely Boruchovitch, Elizabeth do Nascimento, Fermino Fernandes Sisto, (organizadores). -- 1. ed. -- São Paulo : Casa do Psicólogo®, 2010.

Vários autores.
ISBN 978-85-62553-21-9

1. Psicometria 2. Testes psicológicos I. Santos, Acácia Aparecida Angeli dos. II. Boruchovitch, Evely. III. Nascimento, Elizabeth do. IV. Sisto, Fermino Fernandes.

10-04086 CDD-150.287

Índices para catálogo sistemático:
1. Avaliação psicológica 150.287
2. Testes psicológicos 150.287

Impresso no Brasil
Printed in Brazil

Casapsi Livraria, Editora e Gráfica Ltda.
Rua Santo Antônio, 1010
Jardim México • CEP 13253-400
Itatiba/SP - Brasil
Tel. Fax: (11) 4524.6997
www.casadopsicologo.com.br

SUMÁRIO

APRESENTAÇÃO

Acácia Aparecida Angeli dos Santos
Fermino Fernandes Sisto
Evely Boruchovitch
Elizabeth do Nascimento

A avaliação psicológica é uma área instigante que tem prosperado muito no Brasil, sobretudo nos últimos anos. Este livro apresenta importantes tendências e temáticas investigadas na área. Contempla uma rica variedade de assuntos sobre a avaliação psicológica, em diversos contextos e diferentes etapas do desenvolvimento, tratados com muita propriedade por seus especialistas provenientes de diversas partes do Brasil. Em sua versão final, é composto por treze capítulos, reunindo um conjunto expressivo de trabalhos e pesquisas desenvolvidos pelos integrantes do Grupo de Trabalho Pesquisa em Avaliação Psicológica da Associação Nacional de Pesquisa e Pós-graduação em Psicologia (Anpepp).

O capítulo 1, "Avaliação intelectual infantil: panorama dos testes utilizados no Brasil", de autoria de Irai Cristina Boccato Alves, Patrícia Waltz Schelini, Elizabeth do Nascimento e Simone Ferreira da Silva Domingues, provê o leitor com uma descrição e análise crítica valiosas sobre os principais instrumentos de avaliação intelectual na infância empregados em nosso meio.

Como a depressão tem alcançado taxas de prevalência e incidência cada vez maiores, no mundo e no Brasil, no capítulo 2, "Avaliação em depressão: principais técnicas", Makilim Nunes Baptista, Fermino Fernandes Sisto, Ana Paula Noronha e Irani Argimon apresentam as formas predominantes de avaliação desse transtorno e o seu impacto na precisão do diagnóstico.

Outro tema de destaque, não só na Avaliação Psicológica, mas também para a Psicologia do Desenvolvimento é o Desempenho Cognitivo de pessoas idosas. Instrumentos de avaliação cognitiva para essa etapa do desenvolvimento é o tema do capítulo 3, "Avaliação cognitiva de idosos". Nele, seus autores, Eliane Ferreira Carvalho Banhato e Elizabeth do Nascimento, apresentam, com muita propriedade, os desafios e as dificuldades desse tipo de avaliação, sobretudo em idosos.

A família é, reconhecidamente, um contexto fundamental para o desenvolvimento sadio do indivíduo. O estudo sobre as interações ente pais e filhos tem recebido destaque tanto da Psicologia quanto da Educação. Não só as várias formas de avaliar as relações familiares, em nível nacional, são analisadas criticamente no capítulo 4, "Avaliação das relações familiares: estado da arte no Brasil", de Marucia Patta Bardagi, Altemir José Gonçalves Barbosa, Makilin Nunes Baptista e Marco Antonio Pereira Teixeira, mas também são apresentados modelos interessantes de intervenção para a promoção da parentalidade.

A metacognição, cognição da cognição, é um conceito-chave da aprendizagem autorregulada, meta da Educação nos dias de hoje. No capítulo 5, "Metacognição: conceituação e medidas", Evely Boruchovitch, Patrícia Waltz Schelini e Acácia Aparecida Angeli dos Santos recuperam historicamente esse conceito, apresentam instrumentos para medi-la, tanto na literatura internacional quanto nacional, tecem importantes considerações sobre as dificuldades e os avanços na sua mensuração e apontam caminhos frutíferos para a continuidade da investigação na área.

No capítulo 6, de autoria de Selma de Cássia Martinelli, Fabián Javier Marín Rueda e Fermino Fernandes Sisto, o estudo e a avaliação do autocontrole são abordados na perspectiva cognitiva comportamental. A revisão da literatura feita pelos autores permite identificar um número reduzido de escalas para avaliação desse construto no contexto escolar. Estudos realizados com as escalas identificadas são reportados, destacando-se o relato sobre a construção e a investigação de uma escala brasileira.

A avaliação da integração do aluno ao Ensino Superior no contexto brasileiro é o tema do capítulo 7, escrito por Acácia Aparecida Angeli dos Santos, Soely Aparecida Jorge Polydoro, Marco Antônio Pereira Teixeira e Marucia Patta Bardagi. Os autores recuperam vários estudos brasileiros que utilizam medidas para a avaliação desse construto e oferecem aos estudiosos do tema reflexões sobre a temática, especialmente no que diz respeito aos instrumentos de avaliação existentes.

No capítulo 8, "Orientações de construção e aplicações de escalas na avaliação de crenças de autoeficácia", Soely Aparecida Jorge Polydoro, Roberta Gurgel Azzi e Diana Vieira recuperam e discorrem sobre orientações importantes de Albert Bandura para a construção de escalas referentes a esse construto, bem como apresentam modelos de alguma delas.

A Escala Diagnóstica Adaptativa Operacionalizada (EDAO), desenvolvida por Ryad Simon, é abordada no capítulo 9 por Elisa Medici Pizão Yoshida, Maria Leonor Espinosa Enéas e Tales Vilela Santeiro. Os autores apresentam o conceito de adaptação, relatam o percurso histórico do desenvolvimento e do aperfeiçoamento da escala (o que culminou em uma versão redefinida), bem como as diversas aplicações em pesquisas, particularmente em contextos de avaliação de intervenções psicoterápicas.

Outra variável-chave em avaliação psicoeducacional é a motivação para aprender. No capítulo 10, "Medidas brasileiras de motivação para o contexto universitário", Katya Oliveira e Evely

Boruchovitch apresentam os resultados de um estudo voltado para estabelecer a validade convergente entre duas medidas de motivação existentes na literatura nacional (EMA e EMA-U) cujas abordagens teóricas são distintas, porém próximas.

O Bender, teste especialmente importante na avaliação psicológica infantil, é abordado no capítulo 11. As autoras Adriana Cristina Boulhoça Suehiro, Acácia Aparecida Angeli dos Santos e Ana Paula Porto Noronha investigam a relação entre a maturidade visomotora e o desempenho em leitura e escrita por meio do sistema de pontuação gradual no Bender. O capítulo representa importante contribuição ao recuperar os antecedentes históricos desse teste e os desenvolvimentos atuais.

Considerando a importância das estratégias de regulação emocional para a compreensão de seu próprio processo, no capítulo 12, "Estratégias de regulação emocional: conceituação e instrumentos de medida", Evely Boruchovitch e Denise Bortoletto apresentam diferentes formas de conceituar a regulação emocional, e analisam os instrumentos existentes para avaliar suas estratégias nas diversas faixas etárias na literatura nacional e internacional.

O capítulo 13, que tem como autores Vera Lucia Marques de Figueiredo, Antonielle Cantarelli Martins, Francielle Cantarelli Martins, Olga Cassal Viedo, Shana Gularte Della Vechia, Tharso de Souza Meyer e William Martins de Oliveira – trata de um tema de importante interesse na área, a avaliação de populações especiais. Os autores fazem uma breve revisão da literatura, numa perspectiva histórica, apontando testes de inteligência e de personalidade tradicionalmente usados para avaliação de surdos. São apontadas algumas das dificuldades em avaliar essa população, dadas as especificidades do ponto de vista da língua. O capítulo constitui um convite à comunidade acadêmica e profissional no sentido de empreender esforços para o desenvolvimento de recursos adequados para a avaliação psicológica de surdos.

A obra é, inegavelmente, uma contribuição muito relevante, não só para o avanço do conhecimento na área, mas também para a melhoria da qualidade do ensino e da prática profissional. Acreditamos que a leitura será de grande valia para alunos, professores, pesquisadores e profissionais que se interessam pela Avaliação Psicológica.

1

AVALIAÇÃO INTELECTUAL INFANTIL: PANORAMA DOS TESTES UTILIZADOS NO BRASIL

Irai Cristina Boccato Alves
Patrícia Waltz Schelini
Elizabeth do Nascimento
Simone Ferreira da Silva Domingues

Antes de qualquer discussão mais específica relativa à avaliação cognitiva de crianças, parece útil levantar as seguintes questões: é mais adequado usar o termo avaliação cognitiva ou avaliação intelectual? É necessário fazer uma escolha pelo uso de um ou de outro termo?

Refletir sobre essas questões é importante porque há uma relação estreita entre teorias, concepções e avaliação (McFall & Towsend, 1998). As avaliações precisam ser planejadas de forma a responder perguntas teóricas específicas (Towsend, 1994). Um psicólogo, ao pretender avaliar uma capacidade (ou um traço latente, de forma geral), precisa saber nomeá-la para, em seguida, eleger as técnicas mais adequadas à sua compreensão. Nesse sentido, avaliar a inteligência é o mesmo que avaliar a cognição?

Em algumas obras de Psicologia Cognitiva (Eysenck & Keane, 2007; Medin, Ross, & Markman, 2005; Sternberg, 2008), os autores tendem a descrever a cognição por meio de estruturas e processos de atenção, percepção, representação mental, memória, linguagem, resolução de problemas, pensamento/raciocínio e criatividade. Sternberg (2008) acrescenta a inteligência a elas.

Do ponto de vista dos teóricos da inteligência, esse construto tende a ser compreendido por meio de três grandes correntes: a psicométrica, a desenvolvimentista e a do processamento de informações. A abordagem psicométrica concebe a inteligência em termos de estruturas ou fatores. O enfoque desenvolvimentista se interessa pela forma como a inteligência se constitui em função do crescimento e do desenvolvimento individual ontogenético (Andrés-Pueyo, 2006). Os modelos de processamento de informações foram formulados por psicólogos cognitivistas com o intuito de explicar os processos mentais que subsidiam o desempenho, daí o fato de esta corrente também ser conhecida como cognitivista.

Comparando, de forma meramente qualitativa, as estruturas que comumente atuam como descritoras da cognição com as capacidades/fatores descritos no Modelo Cattell-Horn-Carroll (CHC), pode-se constatar que a percepção está incluída, principalmente, nos fatores gerais de Processamento Visual e Auditivo do Modelo CHC. A memória seria contemplada pelos fatores de Memória de Curto Prazo, Armazenamento e Recuperação Associativa de Longo Prazo, Processamento Visual (capacidade específica de Memória Visual) e Processamento Auditivo (capacidade específica de Memória para Padrões de Sons). A linguagem seria contemplada pelos fatores de Inteligência Cristalizada, Processamento Auditivo (capacidades específicas de Codificação Fonética e Discriminação da Linguagem Sonora), Armazenamento e Recuperação Associativa de Longo Prazo (Fluência para Expressões, Facilidade de Nomear, Fluência de Palavras) e Leitura-Escrita. O pensamento/raciocínio tende a estar mais associado à Inteligência Fluida. A relação da atenção e da representação mental com as capacidades descritas no modelo CHC não é estabelecida com facilidade. Seria possível levantar a hipótese de que a atenção seria mais facilmente avaliada em tarefas do Modelo CHC referentes às capacidades incluídas nos fatores de Velocidade de Processamento Cognitivo e Tempo de Reação. Quanto à resolução de problemas, não é possível explicá-la apenas sob a ótica de teorias psicométricas, isto é, sem as concepções da abordagem do processamento de informações/cognitivista. A criatividade não é considerada uma capacidade intelectual pelo Modelo CHC.

Mesmo que a tentativa de associação entre as chamadas áreas cognitivas e capacidades intelectuais incluídas no Modelo Cattell-Horn-Carroll seja considerada uma especulação, parece inegável que ao menos a percepção, a memória, a linguagem e o raciocínio estejam claramente incluídos em tal modelo. Nesse sentido, é difícil compreender a razão de conceber a inteligência como diferenciada dessas áreas, tal qual propõem alguns manuais de Psicologia Cognitiva (Sternberg, 2008).

É inegável a influência da psicometria sobre a compreensão da inteligência. O termo “inteligência”, definido pela corrente psicométrica, realmente parece diferir de cognição, ainda que sejam consideradas somente as capacidades-alvo, pois na psicometria as capacidades são descritas sem o objetivo da análise de seus mecanismos de funcionamento, alvo do cognitivismo. Porém, a inteligência não é compreendida apenas pela corrente psicométrica; seu estudo também é marcado pelas abordagens desenvolvimentista e do processamento de informações, que explicam a evolução e o funcionamento da estrutura intelectual.

Assim, considerando todo o horizonte de teorias intelectuais, a inteligência não tende a ser vista como diferente da cognição. Anderson (2004) afirmou que psicólogos e cientistas cognitivos usam a palavra “inteligência” para tratar da propriedade de todo o sistema cognitivo humano, de forma que “cognição” seria sinônimo de “inteligência” e todo o estudo da Psicologia cognitiva refere-se à Psicologia da inteligência. Neste capítulo, a avaliação cognitiva infantil será enfatizada, tanto no que se refere à sua importância quanto e, principalmente, aos instrumentos disponíveis no Brasil. Exceção será feita aos testes de criatividade, não abordados neste momento.

O estudo das capacidades intelectuais/cognitivas das crianças e sua avaliação se justificam pelo fato de influenciarem as emoções e os comportamentos (Schelini, Gomes, & Wechsler, 2006). O funcionamento cognitivo e as características psicossociais tendem a associar-se aos transtornos psicológicos infantis (Sattler, 2001).

A avaliação psicológica, em seus vários tipos (e aqui se inclui a cognitiva/intelectual), não se restringe à aplicação de testes, como amplamente divulgado, inclusive pelo Conselho Federal de Psicologia. Mas a importância dos testes é indiscutível: os resultados dos instrumentos de avaliação cognitiva/intelectual, por exemplo, podem ajudar o avaliador a elaborar hipóteses iniciais, colaborando para a seleção de outras técnicas de avaliação e, posteriormente, para a escolha de estratégias interventivas (Mather & Wendling, 2005). Uma pontuação abaixo da média em medidas cognitivas que envolvam tempo sugere que a criança poderá ser beneficiada por estratégias que promovam a fluência e a velocidade em algum ou vários domínios.

Em relação aos testes, depois da entrada em vigor da Resolução 02/2003 do Conselho Federal de Psicologia (CFP, 2003), que estabeleceu critérios de qualidade e punições para os psicólogos que empreguem aqueles não aprovados pelo CFP, houve uma mudança no panorama dos instrumentos usados para avaliação infantil. Ainda que alguns dos testes aprovados já estivessem publicados antes da Resolução, foram criados novos e outros tiveram seu uso proibido.

Constata-se, porém, que nos últimos anos ocorreu uma sensível diminuição da carga horária destinada às disciplinas de avaliação psicológica na maior parte dos cursos de Psicologia em nosso país, o que tem contribuído para que futuros profissionais conheçam poucos testes psicológicos.

Este capítulo objetiva apresentar um levantamento e uma breve descrição dos testes psicológicos voltados para a avaliação intelectual de crianças, que podem ser usados atualmente pelos psicólogos no Brasil. O capítulo será estruturado em dois segmentos. No primeiro, será feita uma apresentação geral dos testes para avaliação cognitiva infantil, identificados na lista de aprovados pelo CFP até o momento. No segundo segmento, será feita uma síntese de cada um deles.

PANORAMA ATUAL SOBRE OS TESTES DE AVALIAÇÃO INTELECTUAL NO BRASIL

No levantamento feito a partir da lista de testes psicológicos aprovados, disponível no *site* do CFP (2009), foram localizados doze testes para avaliação cognitiva infantil (Quadro 1). Os testes mais adotados e mais conhecidos são o WISC-III, as Matrizes Progressivas Coloridas de Raven, a Escala de Maturidade Mental Colúmbia (CMMS) e o Desenho da Figura Humana proposto por Wechsler. Os demais instrumentos menos conhecidos são: o Teste de Inteligência Não Verbal R-2, o Teste Não Verbal de Raciocínio Infantil (TNVRI), o Toni 3 (Teste de Inteligência Não Verbal), o TIG, o HTM, o Teste do Desenho de Silver (SDT), o Desenho da Figura Humana de Sisto e o Teste Wisconsin de Classificação de Cartas.

Embora a maioria desses testes possa ser classificada como teste de inteligência, dois deles avaliam outros aspectos. O SDT pretende avaliar os aspectos afetivos, psicomotores e cognitivos na relação da criança com a aprendizagem e está baseado nas concepções de Piaget. O Wisconsin avalia o raciocínio abstrato, a capacidade de gerar estratégias de solução de problemas em resposta a condições mutáveis e pode ser considerado uma medida da flexibilidade do pensamento e de avaliação das funções executivas relativas ao lobo frontal. A maior parte dos testes fornece um resultado único, com exceção do WISC-III, que oferece um quadro mais completo da inteligência infantil (QI Total, QI Verbal, QI de Execução e quatro índices fatoriais).

Tabela 1 – Testes de Inteligência publicados no Brasil, siglas e editoras

Nome	Sigla	Editora
Escala de Inteligência Wechsler para Crianças, 3ª ed.	WISC-III	Casa do Psicólogo
Matrizes Progressivas Coloridas de Raven	CPM	CETEPP
Escala de Maturidade Mental Colúmbia	CMMS	Casa do Psicólogo
Desenho da Figura Humana	DFH-III	Psy / IDB
R-2 – Teste Não Verbal de Inteligência para Crianças	R-2	Vetor
Teste de Habilidade para o Trabalho Mental	HTM	Vetor
Teste Não Verbal de Raciocínio Infantil	TNVRI	Vetor
TIG-NV – Teste de Inteligência Geral Não Verbal	TIG-NV	Casa do Psicólogo
Teste do Desenho de Silver	SDT	Casa do Psicólogo
Desenho da Figura Humana de Sisto	DFH-Sisto	Vetor
Teste Wisconsin de Classificação de Cartas	WCST	Casa do Psicólogo
Toni 3 – Teste de Inteligência Não Verbal	Toni 3	Vetor

Outras informações sobre esses testes dizem respeito à classificação do tipo de aplicação, ao tipo de material usado e à origem do teste (Quadro 2). Quanto à aplicação, ela é somente individual no caso do Colúmbia, do WISC-III, do R-2, do Toni 3 e do Wisconsin. Tal como nos testes de inteligência em geral, há o predomínio daqueles que privilegiam estímulos não verbais. Em apenas três testes são também utilizados estímulos verbais. Embora prevaleça o uso de instrumentos construídos em outros países, em particular, nos Estados Unidos, destaca-se que, dentre os testes aprovados atualmente pelo CFP, quatro são brasileiros. Desse modo, ainda predomina no Brasil a condução de pesquisas que visam à adaptação de instrumentos estrangeiros. Os motivos para a manutenção de tal prática em maior escala do que a da construção de testes psicológicos específicos para o nosso contexto é decorrente de vários motivos: menor tradição na construção de instrumentos; número ainda reduzido de especialistas em psicometria; a tendência em confiar mais em medidas amplamente citadas na literatura estrangeira sobre avaliação psicológica; o interesse em conduzir estudos transculturais; e a economia de tempo e de recursos na condução de uma pesquisa de adaptação em relação a uma de construção, entre outras razões. Verifica-se também em outros países uma tendência a empregar na prática profissional e nas atividades de pesquisas adaptações de instrumentos já consagrados mundialmente em razão das evidências de validade e de sua utilidade acumuladas ao longo do tempo. No contexto da pesquisa, o uso desses instrumentos tem permitido a investigação da inteligência tal como esta vendo sendo estudada no cenário internacional.

Tabela 2 – Classificação quanto à aplicação, tipo de material e origem dos testes

Teste	Classificação	Tipo de Material	Origem
WISC-III	Individual	Verbal e não verbal	Americana
RAVEN CPM	Individual ou coletivo	Não verbal	Inglesa
CMMS	Individual	Não verbal	Americana
DFH-III	Individual ou coletivo	Não verbal	Americana / Brasileira
R-2	Individual	Não verbal	Brasileira
HTM	Individual ou coletivo	Verbal e não verbal	Brasileira
TNVRI	Individual ou coletivo	Não verbal	Brasileira
TIG-NV	Individual ou coletivo	Não verbal	Brasileira
SDT	Individual ou coletivo	Verbal e não verbal	Americana
DFH Sisto	Individual ou coletivo	Não verbal	Americana / Brasileira
WCST	Individual	Não verbal	Americana
Toni 3	Individual	Não verbal	Americana

Outras informações que auxiliam na caracterização dos testes listados são apresentadas no Quadro 3. É possível constatar que quase todos avaliam crianças a partir de 5 anos (exceto o CMMS, a partir de 3 anos e 6 meses). O TIG-NV e o HTM são usados a partir de 10 e 11 anos, respectivamente, mas o TIG apresenta uma norma única para a faixa de 10 a 19 anos, o que dificulta sua utilização com crianças. Este teste reflete uma tendência recente de construção de testes de inteligência que possam ser adotados simultaneamente em todas as idades, com o estabelecimento de normas específicas para diferentes faixas etárias, ou seja, tanto para crianças quanto para adultos e idosos. Chama atenção também a escassez de instrumentos que avaliem a inteligência de crianças pré-escolares, o que tem constituído uma lacuna, com reflexos tanto na prática profissional quanto na condução de estudos acadêmicos. Embora existam vários testes estrangeiros para avaliação da inteligência de crianças menores, tal como a Escala Wechsler de Inteligência para Crianças Pré-escolares, Terceira edição (Wechsler, 2002b), nenhuma adaptação dessa escala ou de outros testes foi aprovada pelo CFP.

Tabela 3 – Indicação, número de provas, data do original e da publicação no Brasil

Teste	Indicação	Nº de provas	Data do original	Data no Brasil
WISC-III	6 a 16 anos	13	1991	2002a
RAVEN CPM	5 a 11 anos	1	1956	1988/1999
CMMS	3 anos e 6 m a 9 anos e 11 m	11	1972	1993/2001
DFH-III	5 a 11 anos	1	1963*	1996/ sem data/2003
R-2	5 a 11 anos	1		2000
HTM	11 a 60 anos	3	1983	2005
TNVRI	5 anos e 9 m a 13 anos e 3 m	1		2005
TIG	10 a 79 anos	1		2008

Continuação da Tabela 3

Teste	Indicação	Nº de provas	Data do original	Data no Brasil
SDT	5 anos a adultos	3	1983	1996
DFH-Sisto	5 a 10 anos	1	1926**	2005
WCST	6 anos e 6 m a 17 anos e 11 m	1	1981	2005
TONI 3	6 a 10 anos	1	1997	2007

* Data da revisão Goodenough-Harris.
** Data da Escala de Goodenough.

As datas das publicações das versões originais dos testes levantados apontam que o teste que figura como o mais antigo para avaliação da inteligência é o DFH, quando se toma como referência a data da publicação da Escala Goodenough. As datas das publicações dos manuais dos testes no Brasil indicam que pesquisas psicométricas para fins de levantamento de evidências de validade e elaboração de normas atualizadas foram conduzidas recentemente, em conformidade com a resolução do CFP. Além disso, os profissionais dispõem de testes brasileiros recém-publicados, como o TIG.

Feitas essas considerações gerais sobre o panorama dos testes disponíveis para avaliação da inteligência em crianças, uma breve descrição e análise de cada um dos testes será apresentada, a seguir.

Escala de Inteligência Wechsler para Crianças – 3ª edição – WISC-III

Autor: David Wechsler.

Tradução, adaptação e padronização brasileira: Vera Lúcia Marques de Figueiredo.

Material: materiais específicos para os subtestes de execução, manual e protocolo para anotação das respostas, caderno para aplicação dos Labirintos e caderno para aplicação de Procurar Símbolos.

Descrição do teste: constitui a 3ª revisão do WISC (1964), é composto de treze subtestes, sendo seis verbais (Informação, Compreensão, Aritmética, Semelhanças, Vocabulário e Números) e sete de execução (Completar Figuras, Arranjo de Figuras, Cubos, Armar Objetos, Código, Labirintos e Procurar Símbolos). Alguns subtestes possuem limite de tempo e outros não.

Amostra de padronização: 801 crianças, de ambos os sexos, com idades entre 6 e 16 anos e 11 meses, estudantes de escolas do centro e da periferia da cidade de Pelotas (Rio Grande do Sul).

Normas: em QI de desvio (média = 100 e DP = 15) e percentis, para os resultados verbais, de execução e total, bem como para os quatro índices fatoriais (Compreensão Verbal, Organização Perceptual, Resistência à Distração e Velocidade de Processamento). Não foram estabelecidas normas brasileiras para o subteste de Labirinto, tendo sido incluídas no manual as tabelas americanas.

Precisão: avaliada pelo método Lambda 2 de Guttman para a consistência interna, variando de 0,70 a 0,92 para a amostra total. Para os subtestes de Código e Procurar Símbolos, foi feita a precisão teste-reteste, com uma amostra de 52 participantes, os coeficientes foram 0,70 e 0,63, respectivamente.

Validade: análises fatoriais exploratória e confirmatória para a amostra brasileira, que confirmaram a validade fatorial do WISC-III, em relação a um fator geral de inteligência (QI total) e aos quatro índices fatoriais. As correlações obtidas com o Teste das Matrizes Progressivas Coloridas com 92 crianças na faixa de 8 a 9 anos foram: 0,65 para o QI verbal; 0,68 para o QI de execução; 0,71 para o QI total; 0,62 para Compreensão Verbal; 0,69 para Organização Perceptual; 0,61 para Resistência à Distração e 0,38 para Velocidade de

Processamento. Também foram obtidas correlações com o rendimento escolar e a evidência de diferenciação por idade.

Matrizes Progressivas Coloridas de Raven

Autor: John C. Raven.

Tradução, adaptação e padronização brasileira: Arrigo L. Angelini, Irai C. B. Alves, Eda M. Custódio, Walquiria F. Duarte e José Luciano Miranda Duarte.

Material: caderno de aplicação, folha de resposta, crivo de correção e manual.

Descrição: primeiro teste criado para avaliar o fator geral de inteligência, constituído por três escalas: Geral, Avançada e Especial ou Colorida, esta última para crianças. A tarefa consiste em mostrar um desenho com uma parte faltando e a criança deve escolher, entre as alternativas abaixo do desenho, aquela que o completa. Não há limite de tempo.

Amostra de padronização: constituída de 1.547 crianças, entre 4 anos e 9 meses e 11 anos e 9 meses, da cidade de São Paulo, provenientes de escolas municipais, estaduais e particulares, em proporções correspondentes às das estatísticas oficiais.

Normas: são em percentis e foram construídas três tabelas, uma para a população geral, uma para crianças de escolas públicas e outra para as de escolas particulares As normas foram construídas para cada 6 meses, entre 5 e 11 anos e meio.

Precisão: pelo método das metades, corrigida pela fórmula de Spearman-Brown, para cada faixa etária, os coeficientes variaram de 0,52 a 0,93.

Validade: são apresentados os dados referentes à diferenciação dos resultados com o aumento da idade e da consistência interna referente às correlações item-total.

Escala de Maturidade Mental Colúmbia - CMMS

Autores: Bessie B. Burgemeister, Lucille H. Blum e Irving Lorge.

Adaptação e padronização brasileira: Irai Cristina Boccato Alves e José Luciano M. Duarte.

Material: conjunto de 95 cartões, sendo 92 itens e três exemplos, contendo em cada item três a cinco desenhos, com figuras geométricas, de animais, pessoas, plantas ou objetos comuns na vida diária; folha de respostas e manual.

Descrição: em cada item pede-se à criança que aponte entre as figuras do cartão a que é diferente. A criança faz apenas uma parte do teste, correspondente ao nível mais adequado para sua idade cronológica. O teste é composto de oito níveis (A a H) parcialmente superpostos, determinados para as crianças brasileiras, que variam entre 55 e 66 itens. A aplicação não tem limite de tempo e dura em média de 15 a 20 minutos.

Amostra de padronização: 1.535 crianças entre 3 anos e 6 meses e 9 anos e 11 meses, divididas em faixas de amplitude de 6 meses, provenientes de creches e escolas, particulares, municipais e estaduais, em proporção igual à das matrículas por tipo de escola, de acordo com as estatísticas oficiais, da cidade de São Paulo.

Normas: foram estabelecidas tabelas de normas para a população geral e por tipo de escola, pública e particular. As normas são em Resultado Padrão de Idade (RPI), percentis, estaninos e Índice de Maturidade.

Precisão: pelo método das metades, com a fórmula de Spearman-Brown, variou entre 0,82 e 0,93, para cada idade. Pelo reteste, com um intervalo de 7 a 11 dias, as correlações foram de 0,90 para 6 anos, de 0,73 para 8 anos e 0,80 para os dois grupos.

Validade: as correlações obtidas com o Teste das Matrizes Progressivas Coloridas de Raven foram 0,67 para 6 anos, 0,56 para 8 anos e 0,60 para os dois grupos.

DFH – III: Desenho da Figura Humana

Autora: Solange Muglia Wechsler.

Material: caderno para aplicação e avaliação do desenho e manual.

Descrição: construção do sistema de pontuação baseada nos itens de Harris (1963) para a revisão do Teste de Goodenough e nos itens propostos por Koppitz (1968) como indicadores maturacionais do Desenho da Figura Humana. Solicita-se à criança para fazer o Desenho de um Homem e o da Mulher, na ordem escolhida por ela. A escala é composta de 18 itens com subdivisões, referentes a detalhes dos desenhos. A aplicação não possui limite de tempo.

Amostra de padronização: a amostra de 1996 foi composta de 4.782 crianças de Brasília e de 588 crianças de Campinas, São Paulo. Em 2003 foram estabelecidas novas normas com uma amostra de 3.340 crianças entre 5 e 12 anos, de escolas públicas e particulares, de cinco estados brasileiros.

Normas: são apresentadas tabelas em resultados padronizados (média = 100 e DP = 15), em percentis para cada meio ano entre 5 e 11 anos e em faixas desenvolvimentais para cada ano de idade. As tabelas são separadas por sexo da figura e da criança.

Precisão: pelo reteste com um intervalo de três meses, com coeficientes entre 0,22 e 0,85. Foram também obtidos os coeficientes *alfa* de Cronbach para cada idade, entre 0,77 e 0,89. No manual de 2003 foram obtidos novos dados de precisão por idade, sendo que o *alfa* variou de 0,77 a 0,92. A precisão entre cinco juízes variou entre 0,94 e 0,99.

Validade: em relação à validade de construto, a autora se refere ao fato de que, usando a avaliação de Harris, há um aumento na porcentagem dos acertos dos itens com o aumento da idade. Apresenta ainda correlações entre os resultados na Figura Humana, avaliada de acordo com as propostas de

Harris e de Koppitz, e o Teste de Desenvolvimento Motor de Berry, concluindo que há uma relação entre o desenvolvimento motor e o Desenho da Figura Humana, que variou entre 0,25 e 0,56. No novo manual (sem data), os resultados da análise de variância de dois estudos mostraram diferenças entre as idades na faixa de 7 a 9 anos, ausência de diferença entre os resultados de crianças brasileiras e argentinas e diferenças entre os resultados de crianças de três cidades diferentes na figura masculina. As correlações com o TNVRI para a faixa de 9 a 11 anos variaram de 0,21 a 0,27, sendo baixas, mas significantes. Em 2003, foram incluídos novos dados relativos à diferenciação entre as idades.

R-2: Teste Não Verbal de Inteligência para Crianças

Autor: Rynaldo de Oliveira.

Manual e padronização: Helena Rinaldi Rosa e Irai Cristina Boccato Alves.

Material: 30 pranchas, folha de respostas, manual e crivo de correção.

Descrição: 30 pranchas ou cartões com figuras coloridas de objetos concretos ou figuras abstratas. A tarefa a ser feita pela criança é semelhante à do Teste das Matrizes Progressivas Coloridas de Raven, na qual deve escolher entre as alternativas abaixo da figura, que variam de seis a oito. É derivado do Teste R-1, do mesmo autor, e pretende avaliar o fator *g* de inteligência. Não possui limite de tempo e leva por volta de 10 a 15 minutos.

Amostra de padronização: 1.554 crianças de 4 anos e 9 meses a 11 anos e 8 meses, de ambos os sexos, provenientes de escolas estaduais, municipais e particulares da Cidade de São

Paulo, mantendo a mesma proporção na amostra das matrículas nos três tipos de escolas, de acordo com as estatísticas oficiais.

Normas: em percentis e apresentadas em três tabelas, uma para a população geral, uma para crianças de escolas públicas e outra para as de escolas particulares. As normas foram construídas para faixas etárias correspondentes a um ano, de 5 a 11 anos.

Precisão: pelo método das metades, corrigido pela fórmula de Spearman-Brown para cada faixa etária entre 6 e 11 anos, variou de 0,75 a 0,86, e, para a amostra total, foi de 0,88. O erro padrão de medida por faixa etária variou de 2,0 a 2,3. Pelo reteste, com um intervalo de oito a quinze dias, as correlações foram 0,75 para 6 anos, 0,78 para 9 anos e de 0,85 para os dois grupos.

Validade: as correlações obtidas com o Teste das Matrizes Progressivas Coloridas foram 0,31 para 6 anos, 0,55 para 9 anos e 0,61 para os dois grupos. Os resultados indicaram diferenças estatisticamente significativas entre as faixas etárias. Também são apresentados dados relativos à consistência interna, com as correlações ponto-bisserial e as porcentagens de acerto de cada item.

Teste de Habilidades para o Trabalho Mental - HTM

Autores: Lúcia Maria Costi Santarosa, Olga Wainstein e Zenia Raupp do Prado.

Material: caderno com os itens, folha de respostas, crivo e manual.

Descrição: avalia "os processos de raciocínio lógico configurados por Dedução e Indução". Na Indução, "parte-se de dados conhecidos e particulares para uma generalização na qual se apresenta uma conclusão, hipótese ou teoria que explicará uma próxima evidência". A Dedução é definida como "a aptidão para raciocinar do geral para o particular", enquanto a Indução é definida "como a aptidão para raciocinar do particular para o geral" (Santarosa, Wainstein, & Prado, 1983, p. 7-8). Como é difícil separar os dois processos, na resolução do teste os dois princípios estão envolvidos. É composto de três partes, com limite de tempo de 20 minutos para cada uma, que pode ser prorrogado por mais 5 minutos. Na aplicação com adultos os limites de tempo mudam conforme a escolaridade. As partes são apresentadas a seguir:

I - Raciocínio Lógico Verbal, com 16 itens de escolha múltipla com quatro alternativas e dois exemplos. Avalia a capacidade de pensar e trabalhar com argumentos, em que o sujeito chega a uma conclusão a partir da aplicação de regras lógicas. Exemplo:

Pássaros só podem voar, mas minhocas podem rastejar. Assim sendo:

(A) Pássaros comem minhocas

(B) Pássaros às vezes rastejam

(C) Pássaros não comem minhocas.

(D) Pássaros não rastejam.

Resposta correta: D.

II - Raciocínio Lógico Numérico, com 16 itens e dois exemplos, em que uma sequência numérica deve ser completada com um ou dois números. Avalia a capacidade de lidar com números e descobrir relações entre eles, ou seja, a facilidade de trabalhar com conceitos, relações e operações numéricas. Exemplo: *5 7 9 11 13...*

Resposta: 15.

III -Raciocínio Lógico Abstrato, com 16 itens e dois exemplos, onde aparece uma sequência de figuras ou letras que deve ser completada com uma ou duas respostas. Avalia a capacidade de compreender e raciocinar com ideias expressas de forma não verbal, isto é, a capacidade de perceber a existência de um princípio lógico implícito, que rege a transformação das figuras e a ordem das letras. Exemplo: *R q P o N...*

Resposta: m e L.

Amostra de padronização: 1.471 alunos de escolas da rede estadual de Porto Alegre (RS), de ambos os sexos, de 6ª à 8ª séries do 1º grau, entre 11 e 18 anos de idade. No novo manual (2005) foram incluídos os dados de três amostras diferentes, obtidas em 2001 e 2005, totalizando 4.575 participantes, com idades entre 14 e 60 anos e escolaridade entre Ensino Médio e Superior.

Normas: para a amostra de 1983 são em percentis e notas T normalizadas (média = 50 e DP = 10) por idade e por série para o resultado total. As novas tabelas (2005) são apenas em percentis para amostra total, em função do sexo, da escolaridade e da faixa etária para o total de pontos do teste e para cada parte.

Precisão: pelo *alfa* de Cronbach, para cada parte e escala total. Para a Parte I varia de 0,66 a 0,73; para Parte II de 0,86 a 0,89; para a Parte III de 0,80 a 0,84 e para o Total de 0,89 a 0,92.

Validade: são apresentadas as correlações com o desempenho escolar em Português, Matemática, Ciências, História e Geografia, variando de 0,20 a 0,36 e com testes de inteligência: Raven: Parte I – 0,61; Parte II – 0,69; Parte III – 0,69; Total – 0,74; D.48: Parte I – 0,65; Parte II – 0,75; Parte III – 0,73 e Total – 0,78.

Teste Não Verbal de Raciocínio Infantil – TNVRI

Autor: Luiz Pasquali.

Material: caderno de aplicação, folha de respostas, cartaz para demonstração dos exemplos, crivo de correção e manual.

Descrição: constituído por 58 itens e dois exemplos com figuras de objetos concretos ou figuras abstratas. A tarefa é semelhante à do Teste das Matrizes Progressivas Coloridas de Raven. Avalia dois fatores: Raciocínio Analógico Abstrato (Fator 1) e Raciocínio Analógico Concreto (Fator 2), além de um fator geral. Não há limite de tempo.

Amostra de padronização: 2.081 participantes entre 5 anos e 9 meses e 14 anos e 9 meses, provenientes dos estados de São Paulo, Rio Grande do Sul, Bahia, Ceará e Distrito Federal, com escolaridade variando de pré-escola à 7ª série do 1º grau.

Normas: são em percentis para cada faixa etária com amplitude de 6 meses, entre 5 anos e 9 meses e 13 anos e 2 meses, para cada fator e para o fator geral.

Precisão: foram calculados os índices de consistência interna pelo *alfa* de Cronbach e pelo Lambda de Guttman, que variaram de 0,87 a 0,92.

Validade: estabelecida pela análise fatorial e pela curva de informação do teste.

TIG-NV: Teste de Inteligência Não Verbal

Autor: Silésia Maria Veneroso Delphino Tosi.

Material: caderno de aplicação, folha de resposta, crivo de correção e manual.

Descrição: constituído por 30 itens e dois exemplos, nos quais é mostrado um conjunto de figuras distribuídas em três linhas e três colunas, que têm uma relação entre si, e com um espaço representado por um retângulo cinza. O examinando deve escolher, entre as seis alternativas, indicadas na metade inferior da folha, a que completa o conjunto de acordo com a relação entre as demais figuras. O teste não tem limite de tempo e leva cerca de 30 a 40 minutos.

Amostra de padronização: 2.517 participantes entre 10 e 79 anos de idade, provenientes de cinco estados brasileiros, dos quais 77% eram do estado de São Paulo, com escolaridade variando de Ensino Fundamental à Pós-Graduação. Na amostra, 53% dos participantes tinham entre 10 e 19 anos.

Normas: são em QI de desvio e percentil para três níveis de escolaridade, mas não há tabelas específicas para crianças ou que levem em conta a idade, como seria adequado para a avaliação infantil.

Precisão: os coeficientes de consistência interna para a amostra total foram obtidos pelo *alfa* de Cronbach, pelo Kuder-Richardson e pelas metades distribuídas aleatoriamente e corrigido pela fórmula de Spearman-Brown, variando entre 0,85 e 0,89. A precisão pelo reteste, com uma amostra de 51 participantes, foi de 0,93, mas a autora não apresentou o intervalo entre as aplicações.

Validade: correlação com quatro testes, com os seguintes coeficientes: Raven Geral = 0,56; R-1 = 0,42; D.70 = 0,73 e G-36 = 0,65. Os participantes das amostras para a validade tinham entre 18 e 59 anos, mas não foi feito nenhum estudo com crianças.

Teste do Desenho de Silver: Cognição e Emoção – SDT

Autor: Rawley Silver.

Padronização brasileira: Cristina Dias Alessandrini, José Luciano Miranda Duarte, Margarida Azevedo Dupas e Marisa Pires Fernandes Bianco.

Material: caderno de aplicação, lápis, borracha e manual.

Descrição: composto de três subtestes: Desenho de Antecipação, Desenho de Observação e Desenho de Imaginação. O Desenho de Antecipação mede a habilidade de formar uma sequência e processar situações hipotéticas. Avalia a noção de horizontalidade, verticalidade e ordem sequencial. Os examinandos devem prever mudanças na aparência dos objetos, desenhando essas mudanças. O Desenho de Observação relaciona-se ao conceito de espaço e avalia a capacidade de representar relações de altura, largura e profundidade por meio de desenhos de cilindros em diferentes posições. O Desenho de Imaginação mede as habilidades conceituais e criativas, bem como o conteúdo emocional do desenho. São apresentados 15 desenhos-estímulos e solicita-se ao examinando que escolha duas figuras e as combine fazendo um desenho narrativo e acrescentando um título e uma história. O teste não tem limite de tempo.

Amostra de padronização: 1.995 participantes divididos em dois grupos: escolares e adultos. Os escolares totalizaram 1.691, subdivididos em 52 subgrupos, referentes às variáveis idade (13 faixas etárias), escolaridade (2 séries de pré-escola, 8 séries do 1º grau e 3 séries do 2º grau), sexo e tipo de escola (pública e particular).

Normas: em percentis por série escolar para duas séries de pré-escola, cada série de 1º grau e para o 2º grau, separadas para alunos de escolas particulares e públicas, em cada uma das provas e para o escore total. Também há tabelas para adultos.

Precisão: por meio do reteste de 44 participantes, com um intervalo de 15 a 30 dias, os coeficientes variaram de 0,62 a 0,87. Já as correlações entre três juízes variaram entre 0,79 e 0,95 para cada prova e para o teste completo.

Validade: é apresentada pelo critério de desenvolvimento, indicado pelo aumento de pontos que acompanha o progresso entre as séries escolares.

Desenho da Figura Humana (DFH) - Escala Sisto

Autor: Fermino Fernandes Sisto.

Material: folha de papel-sulfite branco, lápis, borracha, manual, folha de registro da avaliação e cartões com instruções e ilustrações para avaliação dos itens.

Descrição: solicita-se o desenho de uma pessoa, com a maior quantidade de detalhes possível. A escala é composta por 30 itens, baseados no Teste de Goodenough (1926).

Amostra de padronização: 2.750 crianças de 5 a 10 anos, com escolaridade entre pré-escola e 4ª série, de escolas públicas e particulares de cidades do interior paulista.

Normas: são em medida Rasch e em percentil para todas as idades em conjunto para a escala feminina e a masculina. O autor propõe normas em quartis por idade e para a amostra geral, mas nas tabelas são apresentados os percentis 25, 50, 75 e 90.

Precisão: os coeficientes de consistência interna foram calculados pelo modelo Rasch, pelo *alfa* de Cronbach e pelo Spearman-Brown, tendo variado entre 0,71 e 0,89. Pelo reteste as correlações foram de 0,64 a 0,92, para uma amostra de 390 crianças, com um intervalo aproximado de 30 dias. A precisão entre três juízes variou de 0,86 a 0,91.

Validade: é baseada na estrutura interna dos itens avaliada pelo modelo Rasch. Também foram calculadas as correlações com os resultados de cada série e o total do Teste das Matrizes Progressivas Coloridas de Raven, em uma amostra de 279 crianças entre 7 e 10 anos; os coeficientes variaram entre 0,41 e 0,57 para toda a amostra, mas foram bem menores para cada idade. É necessário lembrar que o Teste de Raven não foi construído para se considerar os dados isolados de cada série. Outro critério usado foi a diferenciação entre participantes com resultados extremos no Raven (25% inferiores e superiores), calculada com 136 crianças entre 7 e 10 anos.

Teste Wisconsin de Classificação de Cartas

Autores: Robert K. Heaton, Gordon J. Chelune, Jack L. Talley, Gary G. Kay e Glenn Curtiss.

Adaptação e padronização brasileira: Jurema Alcides Cunha, Clarissa Marceli Trentini, Irani de Lima Argimon, Margareth da Silva Oliveira, Blanca Guevara Werlang e Rita Gomes Prieb.

Material: dois baralhos idênticos de 64 cartas, 4 cartas-estímulos, folha de registro, manual.

Descrição: é constituído por quatro cartas-estímulos e 128 cartas-respostas, que representam figuras de variadas formas (cruzes, círculos, triângulos ou estrelas), cores (vermelho, azul, verde ou amarelo), e número (de uma a quatro figuras). As cartas-estímulos são colocadas na frente do examinando em ordem determinada. Depois ele recebe um baralho de 64 cartas e solicita-se que associe cada carta com qualquer das cartas-estímulos, com a qual ele pensa que combina. O examinador indica apenas se a resposta está certa ou errada, mas não revela o princípio ou a categoria de classificação, que pode ser cor, forma ou número. Depois de 10 acertos, o examinador muda o critério e o examinando tem de descobrir o novo princípio. A aplicação não tem limite de tempo, mas leva por volta de 20 a 30 minutos.

Amostra de padronização: 651 alunos de escolas públicas de Porto Alegre (RS) entre 6 anos e meio e 17 anos e 11 meses. Depois de usados critérios de exclusão, a amostra ficou constituída de 515 participantes, 208 do sexo masculino e 307 do feminino.

Normas: em escores padronizados (média = 100 e DP = 15), notas T (média = 50 e DP =10) e percentis. Foram estabelecidas normas para a amostra selecionada e para a amostra total (com os participantes excluídos), para 6 anos e meio e para as demais faixas com amplitude de um ano.

Precisão: obtida em uma amostra de 46 adolescentes, que foram retestados com um intervalo de um mês. Foram obtidos coeficientes de generalizabilidade, que variaram entre 0,66 e 0,75. O Erro padrão de medida variou de 7,4 a 8,8.

Validade: obtida com uma amostra de 48 crianças, de 7 a 10 anos, sendo 24 com TDAH e 24 sem TDAH. Foi realizada uma análise da função discriminante, que classificou corretamente 75% da amostra.

TONI 3 – Teste de Inteligência Não Verbal – Forma A

Autores: Linda Brown, Rita J. Sherbenou e Susan K. Johsen.

Tradução e adaptação do original: Antônio C. Pacheco e Silva Neto.

Padronização Brasileira: Acácia Aparecida de Angeli dos Santos, Ana Paula Porto Noronha e Fermino Fernandes Sisto.

Material: caderno de aplicação, folha de resposta e manual.

Descrição: tem duas formas paralelas A e B, com 45 itens em cada forma, organizados em ordem de dificuldade crescente. O teste avalia a inteligência geral por meio da resolução de problemas com desenhos de figuras abstratas, que não requerem leitura, escrita, fala ou audição. O examinador apresenta as instruções por meio de gestos, e a tarefa consiste em encontrar, entre as alternativas apresentadas na parte inferior de uma figura, a que completa adequadamente a matriz. O examinando responde apontando ou indicando de algum modo a resposta escolhida, sem limite de tempo para responder a cada item. A aplicação dura cerca de 15 minutos.

Amostra de padronização: 382 crianças de 6 a 10 anos de idade, metade de cada sexo, provenientes de escolas de duas cidades do interior do estado de São Paulo, com escolaridade variando de pré-escola a 4ª série do Ensino Fundamental.

Normas: são em percentil e em medida Rasch para os três grupos etários que se diferenciaram na análise de variância, 6 a 7, 8 a 9 e 10 anos, além da amostra geral.

Precisão: avaliada pela consistência interna, empregando os coeficientes de Spearman-Brown, *alfa* de Cronbach, Guttman e Rasch. Os coeficientes variaram de 0,60 a 0,83. A correlação entre teste e reteste foi de 0,99, com um intervalo de 15 dias, para uma amostra de 95 crianças de 6 a 10 anos.

Validade: a análise de variância e o teste de Tukey indicaram diferenças entre as idades. A correlação com o DFH-Escala Sisto foi de 0,49, com uma amostra de 50 crianças de 6 a 9 anos. Também foi demonstrada a validade pela diferença entre grupos extremos. A correlação com medidas de *cloze* foi de 0,46 e a validade pela diferenciação entre grupos extremos foi obtida em uma amostra de 62 crianças entre 7 e 10 anos.

CONSIDERAÇÕES FINAIS

O objetivo deste capítulo foi apresentar um levantamento e uma breve descrição dos testes psicológicos aprovados pelo CFP destinados à avaliação intelectual de crianças. Inicialmente foi feita uma discussão sobre os construtos teóricos: inteligência e cognição, chegando-se à conclusão de que os dois termos podem ser usados como sinônimos.

Pelo levantamento dos testes aprovados, foram localizados doze para avaliação cognitiva infantil, no qual constatou-se o predomínio de testes construídos em outros países e adaptados para a realidade brasileira. A maioria desses instrumentos privilegia estímulos não verbais e fornece um único resultado. Um dado que merece destaque é que quase todos os testes se destinam a crianças a partir de cinco anos, o que demonstra uma carência de instrumentos para avaliar crianças menores e uma necessidade de pesquisas para preencher essa lacuna. Verificou-se que depois da resolução de 2003 foram conduzidas pesquisas recentes para fins de levantamento de evidências de validade e elaboração de normas atualizadas, o que demonstra um avanço na área. As amostras de padronização variaram entre 382 crianças e 4.782 crianças, sendo predominantemente do estado de São Paulo e Rio Grande do Sul, embora alguns estudos tenham abrangido mais de um Estado.

Entende-se assim que as informações aqui apresentadas possam ser úteis como fontes de consulta e de divulgação de testes pouco conhecidos ou ensinados e estimular novas pesquisas com esses instrumentos, estabelecendo normas locais ou regionais para estes.

REFERÊNCIAS

Anderson, M. (2004). Marrying intelligence and cognition: A developmental view. In R. J. Sternberg & J. E. Pretz (Eds.). *Cognition and intelligence: Identifying the mechanisms of the mind* (pp. 268-287). New York: Cambridge University Pres.

Andrés-Pueyo, A. (2006). Modelos psicométricos da inteligência. In C. Flores-Mendoza & R. Colom (Orgs.), *Introdução à Psicologia das diferenças individuais* (pp. 74-100). Porto Alegre: Artmed.

Angelini, A. L., Alves, I. C. B., Custódio, E. M., Duarte, W. F., & Duarte, J. L. M. (1999). *Matrizes Progressivas Coloridas de Raven. Escala Especial*. São Paulo: CETEPP.

Brown, R. L., Sherbenou, J, & Johsen, S. K. (2007). *TONI-3: Teste de Inteligência Não Verbal: Uma medida de habilidade cognitiva independente da linguagem*. São Paulo: Vetor.

Burgemeister, B. B., Blum. L. H., & Lorge, I. (1993). *Escala de Maturidade Mental Colúmbia. CMMS*. (3ª ed.). São Paulo: Casa do Psicólogo.

Conselho Federal de Psicologia (2003). Resolução CFP: 002/2003. *Caderno especial de resoluções*. Brasília: Conselho Federal de Psicologia.

Conselho Federal de Psicologia (2009). Sistema de Avaliação de Testes Psicológicos (SATEPSI). Acesso em 28 de setembro de 2009, de http://www2.pol.org.br/satepsi/

Eysenck, M. W., & Keane, M. T. (2007). *Manual de Psicologia cognitiva*. Porto Alegre: Artmed.

Goodenough, F. L. (1926). *Measurement of intelligence by drawings*. New York: World Book Co.

Harris, D. B. (1963). *Children's drawings as measure of intellectual maturity*. New York: Harcourt Brace.

Heaton, R. K., Chelune, G. J., Talley, J. L., Kay, G. G., & Curtiss, G. (2005). *Teste Wisconsin de Classificação de Cartas*. São Paulo: Casa do Psicólogo.

Koppitz, E. M. (1968). *Psychological evaluation of children's human figure drawings*. New York: Grune & Stratton.

Mather, N. & Wendling, B. J. (2005). Linking cognitive assessment results to academic interventions for students with learning disabilities. In D. P., Flanagan & P. L., Harrison (Eds.), *Contemporary intellectual assessment: Theories, tests, and issues* (pp. 269-294). New York: The Guilford Press.

McFall, R. M., & Towsend, J. T. (1998). Foundations of psychological assessment: Implications for cognitive assessment in clinical science. *Psychological Assessment, 10*(4), 316-330.

McGrew, K. S. (2009). CHC theory and the human cognitive abilities project: Standing on the shoulders of the giants of psychometric intelligence researches. *Intelligence, 37,* 1-10.

Medin, D. G., Ross, B. H., & Markman, A. B. (2005). *Cognitive Psychology*. Denver: John Wiley & Sons.

Pasquali, L. (2005). *TNVRI: Manual técnico e de aplicação.* São Paulo: Vetor.

Raven, J. C., Raven, J., & Court, J. H. (1988). *Matrizes Progressivas Coloridas. Escala Especial. Manual.* São Paulo: Casa do Psicólogo.

Rosa, H. R., & Alves, I. C. B. (2000). *R-2: Teste Não Verbal de Inteligência para Crianças*. Manual. São Paulo: Vetor.

Santarosa, L. M. C., Wainstein, O., & Prado, Z. R. (1983). *Teste de Habilidade para o Trabalho Mental. H.T.M. – Manual.* São Paulo: Vetor.

Santarosa, L. M. C.; Wainstein, O. & Prado, Z. R. (2005). *Teste de Habilidade para o Trabalho Mental. H.T.M. – Manual* (2ª ed.). São Paulo: Vetor.

Sattler, J. M. (2001). *Assessment of children: Cognitive applications*. San Diego: Sattler.

Schelini, P. W., Gomes, V. L. T., & Wechsler, S. M. (2006). Avaliação psicológica infantil: Aspectos cognitivos e neuropsicológicos. In A. P. P. Noronha, A. A. A. dos Santos & F. F. Sisto (Orgs.), *Facetas do fazer em avaliação psicológica* (pp. 81-94). São Paulo: Vetor.

Silver, R. (1996). *SDT – Teste do Desenho de Silver: Cognição e Emoção. Manual.* São Paulo: Casa do Psicólogo.

Sisto, F. F. (2005). *Desenho da Figura Humana – Escala Sisto (DFH – Escala Sisto)*. Manual. São Paulo: Vetor.

Sternberg, R. J. (2008). *Psicologia cognitiva*. Porto Alegre: Artmed.

Tosi, S. M. V. D. (2008). *TIG-NV: Teste de Inteligência Geral Não Verbal. Instrumento para avaliação psicológica e neuropsicológica. Manual.* São Paulo: Casa do Psicólogo.

Towsend, J. T. (1994). Methodology and statistics in the behavioral sciences: The old and the new. *Psychological Science, 5*, 321-325.

Wechsler, D. (1964). *Escala de Inteligência Wechsler para Crianças. WISC. Manual.* (A. M. Poppovic, trad. e adaptação). Rio de Janeiro: CEPA.

Wechsler, D. (2002a). WISC-III: *Escala de Inteligência Wechsler para Crianças. Manual* (3ª ed.). São Paulo: Casa do Psicólogo.

Wechsler, D. (2002b). WPPSI-III Technical and Interpretive Manual. Texas: The Psychological Corporation.

Wechsler, S. M. (1996). *O Desenho da Figura Humana: Avaliação do Desenvolvimento Cognitivo Infantil.* Campinas: Editorial Psy.

Wechsler, S. M. (s/d.). *O Desenho da Figura Humana: Avaliação do Desenvolvimento Cognitivo Infantil* (2ª ed.). Campinas: Editora Livro Pleno.

Wechsler, S. M. (2003). DFH-III: *O Desenho da Figura Humana. Avaliação do Desenvolvimento Cognitivo de crianças brasileiras* (3ª ed.). Campinas: Impressão Digital do Brasil.

2

AVALIAÇÃO EM DEPRESSÃO: PRINCIPAIS TÉCNICAS

Makilim Nunes Baptista
Fermino Fernandes Sisto
Ana Paula Noronha
Irani Argimon

O conhecimento da epidemiologia dos transtornos do humor é essencial para a compreensão da história natural da depressão, principalmente para os técnicos que convivem com pacientes deprimidos e precisam estar atentos aos procedimentos a serem adotados. Os limites entre flutuações normais do humor e a depressão clínica são sutis e, muitas vezes, difíceis de ser identificados (Lima, 1999).

Ao lado disso, a depressão vem-se caracterizando como um dos transtornos de humor mais prevalentes da população mundial. Os relatórios da Organização Mundial de Saúde (OMS, 2001) têm consistentemente indicado esse transtorno como um dos mais importantes, senão o principal responsável pela causa de incapacitação do ser humano em suas atividades laborais e acadêmicas. A título de exemplo, estima-se que a depressão em 2020, como carga mundial, responderá pela segunda das principais causas de doenças em todas as idades. Nesse sentido, os transtornos mentais merecem atenção especial na saúde pública e, mesmo já sendo responsável por porcentagem substancial dos casos registrados de psicopatologias, não lhe é destinada a parcela de verbas necessárias para o cuidado de pessoas acometidas por eles.

No ano de 2000, dos problemas que mais incapacitavam o ser humano, considerando a faixa etária de 15 a 44 anos, independentemente do sexo, os transtornos depressivos unipolares só perdiam para o HIV/AIDS, seguidos de acidentes de trânsito, tuberculose, transtornos devido ao abuso de álcool e lesões autoprovocadas. Na atenção primária, os diagnósticos mais comuns foram depressão, ansiedade e transtornos de abuso de substância, lembrando que o desencadeamento de transtornos mentais geralmente é uma combinação de aspectos biológicos, sociais e psicológicos (OMS, 2001).

Além dos estudos epidemiológicos citarem o Transtorno Depressivo Maior (TDM) como prevalente na população mundial, em geral esse problema vem acompanhado de um amplo espectro de morbidades, e seu curso é altamente variável. Uma pessoa ter pelo menos um Episódio Depressivo Maior (EDM) deve ser considerado muito mais regra que exceção, pois a probabilidade de uma mulher vir a apresentar um EDM durante a vida pode variar de 10 a 25% e 5 a 12% para os homens. Já a prevalência-ponto para as mulheres vem variando de 5 a 9% e para os homens de 2 a 3%. Independentemente do tempo usado para o diagnóstico (último mês, ano, toda a vida), do tipo de instrumento diagnóstico e do local onde as pesquisas epidemiológicas foram desenvolvidas, a prevalência da depressão maior pode ser considerada elevada, e foi inferido que aproximadamente 121 milhões de pessoas em todo mundo sofrem de depressão (APA, 2002; Branco *et al.*, 2009; Patten, Bilsker, & Goldner, 2008; WHO, 2009).

Embora existam muitos medicamentos largamente empregados no tratamento da depressão, estima-se que em cerca de 30% dos pacientes os antidepressivos não produzam efeitos

(Rupke, Blecke, & Renfrow, 2006; Stimpson, Agrawal, & Lewis, 2002). Dados apresentados por Angst (1999) mostraram que, mesmo com a disponibilidade de terapêuticas farmacológicas e psicológicas efetivas para o tratamento da depressão, as pessoas recebem a droga em níveis reconhecidamente abaixo do que seria adequado. Há que se considerar a favor dessa afirmação que menos de 10% das pessoas com transtorno depressivo maior têm acompanhamento psiquiátrico; entre 10 e 20% dos pacientes não querem tomar medicamentos antidepressivos; cerca de 20% dos pacientes com diagnóstico de depressão não respondem ao primeiro medicamento prescrito e só metade dos pacientes continua com o medicamento após seis meses do início do tratamento.

O PROBLEMA DO DIAGNÓSTICO DA DEPRESSÃO

Segundo Sharp (2005), no mínimo metade dos indivíduos que desenvolvem depressão não são diagnosticados. A autora relata um axioma no sistema de saúde, o qual afirma que o profissional acha o que procura, e a depressão parece ser um dos problemas menos buscados por diversos profissionais de saúde; em decorrência, o problema ou é ignorado ou mal tratado. Essa posição corrobora a de Angst (1999) ao defender que indivíduos com sintomas depressivos frequentemente são subdiagnosticados.

Apesar de os instrumentos de rastreamento serem de importância no processo de identificação de casos de depressão, as entrevistas clínicas ainda são consideradas os métodos mais efetivos para se diagnosticar tal transtorno; no entanto, mais recentemente, há evidências de que duas ou três perguntas inseridas em protocolos de atendimento clínico poderiam aumentar a probabilidade de um diagnóstico mais específico nos casos que respondessem a tais questões afirmativamente (Bernstein, 2006).

Contudo, por mais que o diagnóstico por entrevista clínica seja defendido, há que se ressaltar que a formação e o padrão de avaliação psicológica é bastante variado, e muitas vezes os diagnósticos são feitos com base em indicadores pouco significativos. Apesar da simpatia que a posição de Bernstein (2006) possa produzir e o muito que ela possa trazer de benefício para aumentar o número de diagnósticos, não parece ser suficiente.

Ao lado disso, Stewart (2008) defende uma abordagem um pouco mais exigente, sugerindo o uso dos instrumentos de *screening* (ou rastreamento) como um método de avaliação que reconhecidamente envolvido no aumento de identificação de pacientes que sofrem de depressão, sobretudo em atendimentos primários de saúde. No entanto, o autor questiona se apenas os instrumentos de rastreamento são suficientes para a detecção e diagnóstico fechado do problema.

Nesse contexto, a avaliação psicológica (AP) pode ser de grande valia, pois é entendida como processo de coleta de dados cujo objetivo é o de conhecer o paciente, com vistas à definição da melhor estratégia de intervenção a ser adotada naquela situação específica. É reconhecida como uma prática importante da Psicologia que, em alguma medida, difunde-a socialmente. Embora os processos de avaliação tenham características distintas em razão dos contextos nos quais são realizados e dos profissionais que os elaboram, convém destacar que há consenso entre autores em relação a alguns conceitos.

Pode-se compreender a AP como um processo científico, pois faz uso de instrumentos e de técnicas testadas empiricamente e referendadas pela comunidade científica. No caso do Brasil, por meio da verificação do atendimento de critérios mínimos definidos pelo Conselho Federal de Psicologia (CFP, 2003), e de associações científicas renomadas no estrangeiro (American Educational Research Association [AERA], American Psychological Association [APA], & National Council Measurement in Education [NCME], 1999).

No Brasil, o fato, já conhecido e divulgado amplamente, é que a AP é uma atividade exclusiva do psicólogo, protegida por lei. No entanto, não é recebida por todos os colegas com a mesma simpatia, visto que é muito controvertida, sobretudo quando sua realização inclui o uso de testes. Há o grupo que considera os instrumentos como indispensáveis à prática avaliativa, e aqueles que os consideram passíveis de rotulação.

Noronha (2009) defende o uso com excelência do instrumento psicológico como um recurso auxiliar importante, mas não indispensável, em determinadas situações. Também defende que o *não uso* não seja motivado por ignorância ou pré-conceitos arcaicos. Ao contrário, referendando Zazzo (1981), a autora sugere que haja uma justificativa crítica e que esta seja permeada de amplo e profundo conhecimento sobre o tema.

Talvez seja interessante trazer à baila a definição de Piéron (1952), citado por Pichot (1963), acerca de testes psicológicos, que pode ser resumida da seguinte forma: trata-se de uma "prova", aplicada de maneira idêntica a todas as pessoas e com rigor na pontuação. O último autor, criticando a simplicidade proposta pelo primeiro, define teste mental como uma situação experimental estandardizada que serve de estímulo a um comportamento. Como estímulo, o autor considera escrever uma resposta, executar um trabalho manual, ou ainda, falar. Por sua vez, Cronbach (1990) definiu teste psicológico como um procedimento sistemático usado para descrever o comportamento e compreendê-lo com a ajuda de recursos numéricos.

Em obra mais recente, Muñiz (1996) problematiza que todas as ciências necessitam medir suas variáveis. Tem-se tornado mais habitual a obrigatoriedade da avaliação do funcionamento das instituições, de órgãos públicos ou privados, de serviços, de programas ou atividades, de indivíduos ou grupos, o que justifica a importância de se construir instrumentos psicológicos de qualidade, a fim de atender às variadas demandas. Concepção semelhante é defendida por Arias (1996), já que para ela a meta da ciência é a descrição, predição e esclarecimento dos fenômenos psicológicos, em se tratando de avaliação psicológica. Só dessa forma é possível comparar e estabelecer relações.

Um bom teste deve ter como base uma pesquisa empírica, e não somente um pressuposto teórico, tal como pontuado por Ramsay e Reynolds (2000). Eles acreditam que um bom desenho metodológico e, eventualmente, experimental pode ajudar a explicar características medidas pelo teste. Em contrapartida, alertam para o fato de que nem sempre é possível controlar variáveis importantes, como é o caso de pacientes deprimidos, com tendências suicidas, ou esquizofrênicos, por vicissitudes das patologias e éticas.

O comportamento humano e sua avaliação, por sua vez, são complexos. As tarefas propostas aos indivíduos, como resolver problemas, contar histórias, desenhar, entre outras presentes nos instrumentos de avaliação, são formas de se observar a manifestação de traços latentes (Pichot, 1963). Com base na maneira como as pessoas respondem às tarefas, podem ser depreendidas características psicológicas. Essa associação entre a manifestação ou resposta, e da característica, ou traço latente, é que precisa ser investigada e comprovada por meio das pesquisas (Noronha, Primi, & Alchieri, 2004).

A esse respeito, a American Educational Research Association, a American Psychological Association e o National Council Measurement in Education (1999) elaboraram um guia sobre os testes psicológicos, que tem servido de apoio em âmbito estrangeiro e nacional. No que se refere à construção dos testes, a busca pelas evidências de validade e pelas estimativas de precisão devem estar presentes. A validade, além de ser tida como a mais fundamental consideração na avaliação da qualidade dos testes, envolve o acúmulo de evidências com a finalidade de gerar base científica para a interpretação dos escores resultantes deles. Isso posto, permite indicar o nível de suporte teórico presente na proposta do teste.

Em decorrência, tanto a entrevista clínica quanto o *screening* necessitam de estudos que forneçam evidências de validade, o que nem sempre ocorre (Bernstein, 2006). A entrevista clínica, principalmente, pode conter diferenças no que tange aos sintomas escrutinados pelos profissionais, o que introduziria vieses de monta no diagnóstico diferencial de outras morbidades que podem vir com o quadro depressivo.

Relacionado ao uso de testes, em 2004, uma força-tarefa que objetivava a prevenção da depressão nos Estados Unidos recomendou o uso constante de instrumentos de rastreamento por profissionais de saúde, arguindo que a adequada identificação desse transtorno poderia diminuir a morbidade clínica associada, aumentar a precisão diagnóstica e, consequentemente, implementar tratamentos efetivos seguidos de acompanhamento dos casos (U.S. Preventive Task Force, 2004). De certa forma, essa indicação traz em seu bojo a utilização de procedimentos padronizados e minimamente estudados do ponto de vista de evidência de validade e precisão para diagnóstico.

FORMAS DE AVALIAÇÃO E DIAGNÓSTICO DA DEPRESSÃO

De acordo com Lutz, Stahl, Howard, Grissom e Joske (2002), há diversas formas para avaliação de sintomatologia e transtorno depressivo. A mesma posição foi também defendida por Nezu, Nezu, McClure e Zwick (2002) que apontam ainda que as dificuldades dos pacientes podem apresentar muitas peculiaridades. Em razão disso, sugerem algumas perguntas para direcionar o avaliador, pesquisador ou clínico a pensar em estratégias de avaliação em depressão. Para eles, uma das perguntas mais importantes se refere a quais os objetivos da avaliação, e consideram a importância de outras perguntas, com o intuito de se planejar métodos mais delineados para cada caso (quem está sendo avaliado? Qual é a importância de se obter uma medida? Quem é a fonte da informação?).

As informações solicitadas para um diagnóstico variarão em quantidade e tipo, conforme a finalidade e a situação em que o paciente se encontra. Por exemplo, se se tem por objetivo o rastreamento (*screening*), o instrumento deverá conter poucos itens, mas todos muito bem escolhidos e valendo-se de dados epidemiológicos; quando se quer fechar um diagnóstico baseado em classificações nosológicas bem definidas, como aquelas baseadas nos manuais psiquiátricos (por exemplo, DSM ou CID), o instrumento deverá conter muito mais itens e com evidências de validade e precisão aferidas; mas, se a finalidade é descrever áreas problemáticas do paciente ou os principais sintomas (problemas na escola, trabalho, família, topografia e frequência dos sintomas), a escala deverá trabalhar com os sintomas contextualizados e não possuir afirmações genéricas.

A pergunta que se pode colocar sobre a finalidade e sua técnica correspondente (às vezes mais de uma é possível) é: os instrumentos disponíveis foram construídos de forma a atender às exigências mínimas do ponto de vista psicométrico? Provavelmente a essa pergunta deve ser colocada outra: as pessoas que usam os instrumentos buscam e distinguem essas particularidades nos instrumentos?

Retomando a questão dos principais métodos de avaliação em depressão, Klein, Dougherty e Olino (2005) corroboram que eles são baseados em entrevistas ou escalas. Ao lado disso, medidas observacionais e sistemas de codificação de comportamento depressivo também podem ser úteis na avaliação de depressão.

As entrevistas podem ser divididas em abertas, semi e estruturadas, e variam em relação ao formato, à duração, ao foco, à cobertura de áreas de vida, à quantidade e ao tipo de informações coletadas. Não obstante, há que se considerar que as entrevistas abertas podem ter falhas ao inquirir pontos não fundamentais relacionados aos aspectos psicopatológicos do transtorno avaliado; ao passo que as entrevistas estruturadas poderão ser mais confiáveis, no caso de haver essa preocupação, do ponto de vista da precisão interavaliadores (*inter rater reliability*), ou seja, a probabilidade de vários profissionais independentes avaliando um mesmo caso, chegando ao mesmo diagnóstico.

Como apontam Lutz *et al.* (2002), na categoria entrevista estruturada, provavelmente a SCID (Structured Clinical Interview for DSM-IV), desenvolvida inicialmente por First, Spitzer, Gibbon e Williams (1994), pode ser considerada padrão-ouro (*gold standard*). Essa entrevista, comumente usada no Brasil, tem uma versão adaptada e validade para nossa língua (Del Bem, Zuardi, Vilela, & Crippa, 2009). A vantagem das entrevistas estruturadas se deve à quantidade e qualidade das informações obtidas, além de esta forma de avaliação poder proporcionar um diagnóstico mais seguro. No entanto, alguns pontos nevrálgicos devem ser apontados para esta opção. Um deles refere-se ao fato de que o avaliador deve ter treinamento específico para a aplicação, como também prática clínica. Outro ponto importante concerne ao tempo necessário para se avaliar um paciente/participante, pois a avaliação dos transtornos do Eixo I pode levar horas para ser concluída.

As entrevistas semiestruturadas necessitam de um treinamento maior do avaliador, mesmo em relação às entrevistas estruturadas e também podem ter propriedades psicométricas adequadas, como confiabilidade entre avaliadores, principalmente quando há treinamento especializado. Uma das mais conhecidas (não no Brasil) entrevistas semiestruturadas para crianças e adolescentes é a K-SADS (Kiddie Schedule for Affective Disorders and Schizophrenia), desenvolvida por Puigh-Antich e Chambers (1978). Alguns pontos também importantes nesse tipo de abordagem é o tempo de aplicação, podendo variar entre 35 minutos a duas horas e meia para os pais e para a criança/adolescente, dependendo da severidade da psicopatologia.

Por último, as escalas talvez sejam a abordagem mais adotada na avaliação de sintomatologia depressiva, provavelmente porque tendem a ter melhores propriedades psicométricas, tais como evidências de validade de construto, critério, conteúdo, além da praticidade de aplicação e tempo utilizado para a aplicação e correção. Elas podem ser divididas em relação a quem coleta os dados e/ou se inquire: autorrelatos (*self-report*), pessoa especializada (*clinician-administered*) e parentes ou professores. Algumas escalas permitem respostas abertas e podem ser consideradas entrevistas semiestruturadas, e a classificação depende de um crivo que possibilita interpretação de quem aplica o instrumento, como é o caso da Escala de Depressão de Hamilton (Hamilton, 1960). Já as avaliações feitas com parentes ou professores são tipicamente questionários autoadministrados para se avaliar informações sobre sintomas e comportamentos correntes, geralmente aplicadas no caso do paciente/participante ser criança ou adolescente. Essa última forma de coleta de informações pode ter baixa especificidade e apontar falsos positivos e/ou baixa sensibilidade, deflagrando falsos negativos (Klein, Dougherty, & Olino, 2005).

Como dito anteriormente, as escalas de rastreamento (*screening*) podem ser autoaplicada ou aplicada por pessoa especializada. Devem ter boas qualidades psicométricas, principalmente aquelas relacionadas a critério, à adequada sinalização dos casos positivos e à não sinalização dos negativos, ou seja, boa sensibilidade e especificidade (Klein, Dougherty, & Olino, 2005).

Santor, Gregus e Welch (2006) revisaram os instrumentos de avaliação de depressão construídos desde 1918 até 2006 em vários países, em especial suas principais características e, ao lado disso, verificaram a frequência de utilização no período de 1996 a 2006. Ao todo encontraram mais de 280 medidas de severidade de depressão, com variados conteúdos, formas de aplicação, de resposta e com diferentes objetivos também. A partir de 1960 a curva de crescimento da construção de instrumentos que avaliam depressão se estabilizou (com crescimento entre 25 a cinquenta novas medidas a cada cinco anos), diminuindo de frequência de 1995 a 2000, o que pode indicar uma saturação de escalas. Mais especificamente, cinquenta instrumentos foram construídos no período de 1918 a 1969, 120 de 1979 a 1989 e 117 novos instrumentos de 1990 a 2000. Apesar disso, os próprios autores mostraram que nos últimos anos pesquisados, só algumas escalas foram maciçamente usadas em avaliação e tratamento de depressão, defendendo que esse fato pode sugerir um engessamento da área neste construto.

Nesse mesmo estudo, os autores também apontaram a variação de teorias que abordam a depressão e as diferentes populações a que os instrumentos podem ser direcionados, ocasionando distintas operacionalizações do construto. A respeito das operacionalizações, deve-se trazer à baila que o conceito de depressão e seus sintomas principais também mudaram desde os primeiros manuais psiquiátricos, datados da década de 1950. Por exemplo, os itens sobre avaliação de suicídio e falta de interesse aumentaram, ao passo que os itens relativos à ansiedade diminuíram na porcentagem de itens das escalas. Os instrumentos também podem diferir em termos de que tipo de sintomas está mais propenso a medir, podendo focar, por exemplo, os sintomas somáticos ou cognitivos na avaliação mais específica. Por último, os instrumentos mais utilizados nos últimos vinte anos foram Beck Depression Inventory (BDI), Hamilton Rating Scale for Depression (HRSD), Center for Epidemiological Studies Depression Scale (CES-D), Montgomery-Åsberg Depression Scale (M-A) e o Symptom Checklist 90 Depression (SCL90-D).

No Brasil, apenas as escalas Beck estão disponíveis para uso por psicólogos, apesar de haver estudos com outras escalas em nosso país, como a Escala de Hamilton (HRSD), Montgomery-Åsberg (M-A), Escala de Depressão de Beck-II e Escala de Rastreamento Populacional para Depressão (CES-D), entre outras mais (Goreinstein, Andrade, & Zuardi, 2000). Ainda deve-se considerar a iniciativa de alguns pesquisadores em desenvolver escalas de depressão construídas e validadas no Brasil, baseadas nos principais manuais psiquiátricos e teorias de depressão, como é o caso da Escala de Depressão – EDEP, que atualmente vem sendo estruturada baseada em estudos de validade de construto, critério e conteúdo e, em breve, estará sendo avaliada pelo Satepsi para posterior publicação no mercado editorial (Baptista & Sisto, manual técnico não publicado).

AVALIAÇÃO DA DEPRESSÃO NAS DIFERENTES FAIXAS ETÁRIAS

Nos últimos anos, estudos têm evidenciado o aumento de casos de depressão nas diferentes fases do ciclo vital, assim como seus efeitos deletérios, além da comorbidade com doenças crônicas e situações estressantes (Argimon & Rinaldi, 2009; Fleck *et al.*, 2003; Sartorius, 2005). Ainda assim a depressão é subdiagnosticada, apesar de ser um quadro clínico de elevada prevalência na população geral.

Até os anos 1970 não se discutia a possibilidade da existência de depressão em crianças e adolescentes; somente em 1975 (Bhatara, 1992) o Instituto Nacional de Saúde Mental dos Estados Unidos oficialmente reconheceu a possibilidade de haver um quadro de depressão em crianças e adolescentes e, a partir daí, um número cada vez maior de pesquisas foi desenvolvido nesta área (Cruvinel, Boruchovitch, & Santos, 2008; Bahls,

2002; Kazdin & Marciano, 1998; Lima, 2004; Olsson & Knorring, 1997).

Bahls (2002), em uma revisão sobre a epidemiologia dos transtornos depressivos em crianças e adolescentes, identificou a prevalência de 0,4 a 3,0% para depressão maior em crianças, e de 3,3 a 12,4% em adolescentes. Lima (2004) refere que os sintomas depressivos variam conforme a idade da criança; assim, quanto menor a criança, os sintomas que tendem a ser mais somáticos estão presentes, acrescidos de irritabilidade e, à medida que a criança cresce, tende a apresentar mais sintomas do tipo cognitivo e afetivo.

A depressão na criança e/ou adolescente pode ter início com perda de interesse pelas atividades que habitualmente eram gratificantes, manifestando-se como uma espécie de aborrecimento constante diante de jogos, brincadeiras, esportes e sair com os amigos, entre outros, além de apatia e tristeza. De forma complementar, também se pode encontrar diminuição da atenção e da concentração, perda de confiança em si mesmo, sentimentos de inferioridade e baixa autoestima, ideias de culpa e inutilidade, tendência ao pessimismo, transtornos do sono e da alimentação e, dependendo da gravidade, ideação suicida. As variações são justificadas pelo processo do desenvolvimento na infância e adolescência.

Atualmente têm sido utilizadas escalas e inventários como formas de avaliar a presença de sintomatologia depressiva e níveis de gravidade. Como exemplo, pode-se citar o Inventário de Depressão Infantil, o CDI (Gouveia, Barbosa, Almeida, & Gaião, 1995), que inclui 27 itens de autorrelato e tem como objetivo medir a presença e gravidade de sintomas de depressão, avaliando diferentes dimensões; a Escala de Depressão para Crianças de Reynolds, a RCDS (Reynolds, 1989), que consiste em uma medida de autorrelato; a Escala de Sintomatologia Depressiva para Professores, a ESDM-P (Andriola & Cavalcante, 1999), uma escala para relato dos professores sobre crianças da pré-escola; o Child Behavior Checklist, o CBCL (Achenbach & Rescorla, 2001), um questionário que avalia competência social e problemas de comportamento em crianças e adolescentes de 6 a 18 anos, a partir de informações fornecidas pelos pais (encontra-se em processo de validação no Brasil); o Inventário de Depressão de Beck, validado para o Brasil por Cunha (2001), tem sido adotado em adolescentes a partir dos treze anos de idade. É autoaplicado e constitui-se de 21 itens que medem a presença e níveis de gravidade de sintomas depressivos.

Nos adultos com sintomatologia depressiva observa-se um forte impacto funcional negativo na qualidade de vida em geral, independentemente da presença ou da ausência de um diagnóstico de um transtorno de humor. A esse respeito, Gameiro, Carona, Pereira e Canavarro (2008) ressaltam a importância dessa identificação para intervenções preventiva e terapêutica, principalmente tendo-se em conta que, quando tratados precocemente, os quadros clínicos depressivos podem ser prevenidos em até 70% das situações.

Entre as muitas escalas e inventários utilizados no nosso meio, alguns dos mais citados para adultos são o Inventário de Depressão de Beck, a Escala de Hamilton, além do Inventário de Zung, desenvolvido em 1965, da Escala Analógica Visual do Humor (Aitken, 1969), da Escala de Depressão de Montgomery-Åsberg (1979) e da Escala de autoestima de Janis e Field, traduzida e adaptada para o português (Ângelo, 1994).

À medida que envelhecem, as pessoas tendem a passar menos tempo com os outros e muitas vezes é difícil identificar o que é próprio do envelhecimento do que pode estar relacionado a um transtorno de humor. O transtorno do humor é o mais frequente dos transtornos em idosos, ocorrendo em 5 a 10% da população idosa pertencente à comunidade e em 25% dos residentes em casas geriátricas (Irigaray & Schneider, 2008). O estigma associado com a doença mental faz essas pessoas omitirem sentimentos de depressão, e a alta prevalência de doenças médicas pode auxiliar a confundir seu diagnóstico. Na verdade, entende-se que a avaliação do diagnóstico da depressão no idoso requer abordagem diferenciada.

Sabe-se que nessa fase do ciclo vital pode haver uma diminuição de resposta emocional, acarretando predomínio de sintomas como diminuição do sono, perda de prazer nas atividades habituais, preferir ficar em casa, ruminação sobre o passado e perda de energia (Gazalle, Hallal, & Lima, 2004). Além dos critérios do Manual Diagnóstico e Estatístico de Transtornos Mentais, quarta edição, texto revisado, o DSM-IV TR (Diagnostic and Statistical Manual of Mental Disorders) e da CID-10 (Décima Revisão da Classificação Estatística Internacional de Doenças e Problemas Relacionados à Saúde), existem alguns instrumentos específicos de avaliação e rastreio de saúde mental do idoso, como a Escala de Depressão em Geriatria, a GDS (Yesavage *et al.*, 1982) e o SPES (Short Psychiatric Evaluation Schedule), validado por Blay, Ramos e Mari (1988).

Os inventários e as escalas aqui citados são algumas alternativas usadas para identificar o mais precocemente possível sintomas que estejam interferindo na vida de um número significativo de pessoas e, com isso, poder traçar programas educacionais, estratégias clínicas para orientação e diagnóstico de tratamento.

À GUISA DE CONCLUSÃO OU SOBRE OS PROBLEMAS DE AVALIAÇÃO NO BRASIL

A investigação do comportamento em processos de avaliação psicológica se dá com a aplicação de diversas técnicas, apoiadas no tipo de avaliação que se pretende fazer e nos fenômenos que se pretende investigar. Cada teste é construído com base em um delineamento metodológico específico, com a finalidade de controlar e excluir variáveis intervenientes ao processo e aos resultados.

Para contextualizar a problemática da avaliação da sintomatologia depressiva em brasileiros é importante trazer à tona um artigo de revisão de Bernstein (2006), em que ele aponta a questão cultural como um elemento de muita importância e muitas vezes negligenciado. Nesse estudo, afirma-se que os sintomas mais comuns de depressão podem diferir de cultura para cultura, ou mesmo em relação ao gênero. Por exemplo, em algumas culturas, a depressão pode ser vivenciada de forma a colocar em relevo os sintomas somáticos, ao passo que, em outras, os sintomas cognitivos ou afetivos podem ser mais comumente relatados.

Essa situação traz consigo a necessidade de estudar sistematicamente a sintomatologia de um grupo cultural com vista a selecionar os indicadores mais discriminativos para esse grupo. Nesse contexto, justificar-se-ia a construção de instrumentos desenvolvidos na própria cultura, sendo até mais aconselhável do que a simples retrotradução e validação de instrumentos importados.

Em termos psicométricos, são levantadas dúvidas em relação a vieses de itens (o item ser mais discriminativo para um grupo do que em outro), colocando em questão o funcionamento diferencial dos itens. Caso haja esse viés, ao se usar instrumentos construídos em outras línguas e traduzidos para o Brasil, corre-se o risco de subavaliar o quadro depressivo, o que seria mais problemático do que superavaliá-lo. Ao lado disso, é necessário considerar, que somando-se os indicadores do DSM-IV, CID e da literatura, pode-se chegar a muitos indicadores de depressão; os sintomas não estão escalonados por ordem de prevalência; a prevalência pode variar culturalmente; os instrumentos disponíveis, em geral, não abrangem todos os sintomas registrados na literatura especializada e a combinação de sintomas para constituir o quadro depressivo não é padrão.

Esse contexto está diretamente vinculado à interpretabilidade dos dados, ou seja, à evidência de validade e está se pondo em questão um aspecto que não seria resolvido por análise fatorial ou por correlação com outras escalas que supostamente estariam medindo o mesmo construto. A situação complicar-se-ia mais ainda se ambos os instrumentos tivessem sua origem em pesquisas com pessoas que vivem em culturas distintas.

A partir do exposto, pode-se afirmar que a averiguação da validade de um teste traduzido é uma etapa indispensável, e deve ser feita dentro de certos moldes, com vistas a controlar os vieses e a presença de sintomas não contemplados nela. Isso porque seu objetivo é a compreensão segura de um determinado comportamento. Para que os instrumentos sejam aceitos como científicos é certa a passagem pela verificação dessa qualidade por meio da análise das características do conceito do comportamento a ser avaliado, da análise das diversas manifestações que ele pode expressar e da capacidade preditiva da mensuração, entre outros.

O estabelecimento dos estudos de validade compete ao autor do instrumento ou ao adaptador, quando for o caso, e se tem claro que, por ser um conceito unitário, não se fala em diferentes tipos de validade, e sim em estudos variados dela. No caso específico de instrumentos verbais e que podem sofrer efeitos culturais, pode-se afirmar que quanto mais pesquisas forem apresentadas, mais chance há de se ter um instrumento que represente com mais propriedade um construto psicológico, como também aumentar a exigência de controles mais específicos para não subavaliar as pessoas. Em síntese, nenhum teste é válido irrestritamente para todas as situações e contextos e muitas vezes alguns estudos de validade podem obnubilar uma realidade que, se aferida com precisão, poderia evitar muitos erros de diagnóstico.

Resta comentar o fato de que uma parte importante dos diagnósticos realizados por diversos profissionais de saúde é feita valendo-se de entrevista aberta e que um dos grandes problemas, ademais da questão da validade, relativo a esse procedimento, refere-se à precisão ou fidedignidade da medida. De maneira geral, pode-se afirmar que a medida é composta pela habilidade verdadeira (pontuação) e pelo erro aleatório (Sisto, 2006). A precisão ou fidedignidade indica a extensão em que as diferenças individuais nos escores de teste são atribuíveis a diferenças verdadeiras entre os pesquisados nos construtos psicológicos em consideração, e o quanto elas são atribuíveis a erros. Assim, quanto maior a quantidade de erro, maior a quantidade de informação não pertinente contida na informação obtida. O problema mais comum relativo a entrevistas semiabertas é a precisão entre avaliadores, que pode ser muito melhorada via treinamento específico. Apesar de fácil solução, entretanto, a prática do diagnóstico baseado em métodos com propriedades psicométricas bem estabelecidas para a nossa cultura nem sempre tem sido praticada na nossa realidade educacional dos cursos de psicologia, além da importância do diagnóstico diferencial, já que os sintomas de depressão podem se sobrepor a outros diversos transtornos psiquiátricos/psicológicos.

REFERÊNCIAS

Achenbach, Thomas M., & Rescorla, Leslie A. (2001). Manual for the ASEBA School-Age Forms & Profiles. *Research Center for Children, Youth, & Families*. Burlington, VT: University of Vermont.

Aitken, R. C. (1969). Measurement of Feelings Using Visual Analogue Scales. *Procedings of the Royal Society of Medicine, 62*, 989-993.

Amaral, V. L. A. R., & Barbosa, M. K. (1990). Crianças vítimas de queimaduras: Um estudo sobre depressão. *Estudos de Psicologia, 7*(1), 31-59.

American Educational Research Association, American Psychological Association & National Council Measurement in Education (1999). *Standards for educational and psychological testing*. New York: American Educational Research Association.

American Psychiatric Association – APA (2002). Manual de diagnóstico e estatística das perturbações mentais – DSM-IV-TR. São Paulo: Artmed.

Anastasi, A., & Urbina, S. (2000). *Fundamentos da testagem psicológica*. Porto Alegre: Artes Médicas.

Andriola, W. B., & Cavalcante, L. R. (1999). Avaliação da depressão infantil em aluno da pré-escola. *Psicologia: Reflexão e Crítica, 12*(2), 419-428.

Ângelo, D.A.D. (1994). A autoestima em adolescentes com e sem fissuras de lábio e/ou palato. Dissertação. EERP/USP, Ribeirão Preto.

Angst, J. (1999). Major depression in 1998: are we providing optimal therapy? *Journal of Clinical Psychiatry, 60*, Supl. 6, 5-9

Argimon, I. I. L., & Rinaldi, J. (2009). Terapia cognitivo-comportamental em grupo para idosos. In M. Macedo, *Fazer psicologia: Uma experiência em clínica-escola*. São Paulo: Casa do Psicólogo.

Arias, R. M. (1996). *Psicometria: Teoria de los tests psicologicos y educacionais*. Madrid: Sintesis Psicologia.

Arzeno, M. E. G., Ocampo, M. L. S., & E. G. (1987). O *proceso psicodiagnóstico e as técnicas projetivas*. São Paulo: Martins Fontes.

Bahls, S. C. (2002). Epidemiology of depressive symptoms in adolescents of a public school in Curitiba, Brasil. *Revista Brasileira de Psiquiatria, 24*(2), 63-67.

Baptista, M. N., & Sisto, F. F. (manual técnico não publicado). Escala de Depressão (EDEP). Programa de Pós Graduação Stricto-Sensu em Psicologia da Universidade São Francisco.

Bernstein, K. S. (2006). Clinical assessment and management of depression. *MDSURG Nursing, 15*(6), 333-342.

Bhatara, V. S. (1992). Early detection of adolescent mood disorders. S. D. *J. Med, 45*(3), 75-78.

Blay, S. L., Andreoli, S. B., Fillenbaum, G. G., & Gastal, F. L. (2007). Depression morbidity in later life: Prevalence and correlates in a developing country. *Am. J. Geriat.r Psychiatry, 15*, 790-799.

Blay, S. L., Ramos, L. R. & Mari, J. J. (1988). Validity of a Brazilian version of the older Americans resources and services (0ars) mental health screening questionnaire. *Journal of the American Geriatrics Society, 36*, 697-692.

Branco, B. M., Fernandes, F. N., Powell, V. M. B., Quarantini, L. C., Miranda-Scippa, A. M. A., & Lacerda, A. L. T. (2009). Depressão: considerações diagnósticas e epidemiológicas. In A. L. T. Lacerda, L. C. Quarantini, A. M. A. Miranda-Scippa & J. A. Del Porto *et al*. *Depressão: Do neurônio ao funcionamento social*. São Paulo: Artmed.

Cronbach, L. J. (1990). *Fundamentos da testagem psicológica*. Porto Alegre: Artes Médicas.

Cruvinel, M., Boruchovitch, E. & Santos, A. A. A. (2008). Inventário de depressão infantil (CDI): Análise dos parâmetros psicométricos. *Fractal: Revista de Psicologia, 2*(20), 473-490.

Cunha, J. A. *et al*. (2000). *Psicodiagnóstico V*. Porto Alegre: Artes Médicas.

Del Bem, C. M., Zuardi, A. W., Vilela, J. A. A., & Crippa, J. A. S. (2009). *Entrevista Clínica Estruturada para Transtornos do Eixo I do DSM-IV – SCID-I*. Disponível em < http://www.pesquisabipolar.com.br/entrevistaSCID.pdf>

First, M. D., Spitzer, R. L., Gibbon, M., & Williams, J. B. W. (1994). *Structural clinical interview for axis I DSM-IV disorders: Patient edition (SCID-I/P, version 2.0)*. New York: Biometrics research Departament. New York State Psyquiatric Institute.

Fleck, M., Lofer, B., Sougey, E. B., Del Porto, J. A., Brasil, M. A., & Juruena, M. F. (2003). Diretrizes da Associação Médica Brasileira para o tratamento da depressão. *Rev. Bras. Psiquiatria, 25*(2), 114-122.

Gameiro, S., Carona, C., Pereira, M. Canavarro, M. C. (2008). Sintomatologia depressiva e qualidade de vida na população geral. *Psicologia, Saúde & Doenças, 9*(1), 103-112.

Gazalle, F. K., Hallal, P. C., & Lima, M. S. (2004). Depression in the elderly: Are doctors investigating it? *Rev. Bras. Psiquiatria. 26*(3), 145-9.

Goreinstein, C., Andrade, L. H. S. G., & Zuardi, A. W. (2000). Escalas de avaliação clínica em psiquiatria e psicofarmacologia. São Paulo: Lemos.

Gouveia, V. V., Barbosa, G. A., Almeida, H. J. F. & Gaião, A. A. (1995). Inventário de depressão infantil – CDI: Estudo de adaptação com escolares de João Pessoa. *Jornal Brasileiro de Psiquiatria, 44*(7), 345-349.

Hamilton, M. (1960). Rating scale for depression. London. *Journal of Neurology, Neurosurgery and Psychiatry, 23*, 56-61.

Irigaray, T. Q., & Schneider, R. H. (2008). Impact on the quality of life and on the depressive state of elderly women attending a senior citizens university. *Estudos de Psicologia. 25*(4).

Kazdin, A. E., Marciano, P. L. (1998). Childhood and adolescent depression. In Mash E. & Barkley R. (Eds.), *Treatment of childhood disorders* (2ª ed.). New York: The Guilford Press.

Klein, D. N.; Dougherty, L. R. & Olino, T. M. (2005). Toward guidelines for evidence-based assessment of depression in children and adolescent. *Journal of Clinical Child and Adolescent Psychology, 34*(3), 412-432.

Lima, D. (2004). Depressão e doença bipolar na infância e adolescência. *Jornal de Pediatria, 80*(2).

Lima, M. S. (1999). Epidemiologia e impacto social. *Ver. Bras Psiquiatria 21-maio.*

Lutz, W., Stahl, S. M., Howard, K. I., Grissom, G. R., & Joske, R (2002). Some relantionship among assessments of depression. *Journal of Clinical Psychology, 58*(12), 1545-1615.

Montgomey, S. A., & Åsberg, M. (1979). A new depression rating scale designed to be sensitive to change. *British Journal of Psychiatry,134*, 382-389.

Muñiz, J. (1996). *Psicometria.* Madrid: Editorial Universitas.

Nezu, A. M., Nezu, C. M., McClure, K. S., & Zwick, M. L. (2002). Assessment of depression. In Gotlib, I. H. & Hammen, C. L., *Handbook of depression.* New York: The Guilford Press.

Noronha, A. P. P. (2009). Testes psicológicos: Conceito, uso e formação do psicólogo. In: Hutz, C. S. (Org.), *Avanços e polêmicas em avaliação psicológica* (pp. 71-91). São Paulo: Casa do Psicólogo.

Noronha, A. P. P., Primi, R., & Alchieri, J. C. (2004). Parâmetros psicométricos: Uma análise de testes psicológicos comercializados no Brasil. *Psicologia Ciência e Profissão, 24*(4), 88-99.

Olsson, G., Von Knorring, A. L. (1997). Depression among swedish adolescents measured by the self-rating scale Center for Epidemiology Studies Depression Child (CES-DC). *Eur Child Adolesc Psychiatry, 6*, 81-87.

Organização Mundial de Saúde – OMS (2001). Relatório sobre a saúde no mundo – 2001 – saúde mental: Nova concepção, nova esperança.

Patten, S. B., Bilsker, D., & Goldner, E. (2008). The evolving understanding of major depression epidemiology: Implications for practice and policy. *The Canadian Journal of Psychiatry, 53*(10), 689-694.

Pichot, P. (1963). *Los tests mentales*. Buenos Aires: Paidos.

Piéron, H. (1952). *Vocabulaire de psychologie*. Buenos Aires: Paidos.

Puigh-Antich, J., & Chambers, W. (1978). *The schedule for affective disorders and schizophrenia for school age children (Kiddie SADS)*. New York: New York State Psyquiatric Institute.

Ramsay, M. C., & Reynolds, C. R. (2000). Development of a scientific test: A practical guide. In Goldstein, G. & Hersrn, M. (Orgs.), *Handbook of psychological assessment*. Oxford: Pergamon.

Reynolds, W. M. (1989). *Reynolds Child Depression Scale – RCDS – Professional manual*. U.S.A.: PAR, Psychological Assessment Resources, Inc.

Rupke, S. J., Blecke, D., & Renfrow, M. (2006). Cognitive therapy for depression. *American Family Physician, 73*, 83-86.

Santor, D. A., Gregus, M. & Welch, A. (2006). Eight decades of measurement in depression. *Measurement, 4*(3), 135-155.

Sartorius, N. (2005). *Transtornos depressivos*. São Paulo: Artmed.

Sharp, K. (2005). Depression: The essentials. *Clinical Journal of Oncology Nursing, 9*(5), 519-525.

Sisto, F. F. (2006). *Precisão*. Manuscrito não publicado.

Stewart, D. E. (2008). Battling depression. *Canadian Medical Association Journal, 178*(8), 1023-1024.

Stimpson N., Agrawal, N., & Lewis G. (2002) Randomised controlled trials investigating pharmacological and psychological interventions for treatment refractory depression: A Systematic Review, *British Journal of Psychiatry, 181*, 284-294.

U. S. Preventive Task Force (2004). Statement on depression. Retirado de http://www.ahrq.gov/clinic/3rduspstf/depression/

World Health Organization - WHO (2009). Depression. Acesso em 27 de fevereiro de 2009, de http://www.who.int/mental_health/management/depression/definition/en/print.html

Yesavage, J. A., Brink, T. L., Rose, T. L., Lum, O., Huang, V., Adey, M., *et al.* (1983). Development and validation of a geriatric depression screening scale: A preliminary report. *Journal of Psychiatric Research, 17*, 37-49.

Zazzo, R. (1981). *Manual para o exame psicológico da criança.* São Paulo: Mestre Jou.

Zung, W. W. K. (1965). A self rating depression scale. *Arch. Gen. Psych., 12*, 63-70.

3

AVALIAÇÃO COGNITIVA DE IDOSOS

Eliane Ferreira Carvalho Banhato
Elizabeth do Nascimento

O envelhecimento populacional, decorrente do progresso e do alcance de conquistas médico-sanitárias e da melhoria dos serviços de infraestrutura básica, tem gerado grande impacto social e econômico (Chaimowicz, 2007). Na área da saúde verifica-se uma transição epidemiológica, caracterizada pela substituição do predomínio das doenças infectoparasitárias pelas de natureza crônico-degenerativas. Particularmente, na saúde mental, é de especial importância a observação das queixas relacionadas a distúrbios cognitivos (Ramos, 2002).

Nesse cenário, tornou-se questão de fundamental importância o conhecimento e a identificação dos fatores de risco e de proteção para o envelhecimento com qualidade de vida. A avaliação cognitiva pode contribuir na construção do saber sobre os idosos, na medida em que visa a avaliar a qualidade das funções intelectuais, a identificar alterações sutis das mesmas e a fornecer subsídios no caso de diagnóstico de comprometimento ainda em fase precoce. Um dos requisitos fundamentais em uma avaliação de qualidade é a utilização de instrumentos psicometricamente confiáveis e adequados para a investigação da cognição, tanto no aspecto global quanto no específico.

Este capítulo aborda de forma sintética as alterações cognitivas consideradas próprias do envelhecimento normal e os prejuízos oriundos do comprometimento cognitivo leve e dos processos patológicos conhecidos como quadros demenciais. Em seguida, serão discutidos alguns aspectos relacionados ao uso de testes para avaliação cognitiva. Nesse contexto, será dado destaque ao teste WAIS-III na sua versão completa e formas abreviadas propostas. No fim do capítulo, dificuldades encontradas na avaliação cognitiva de idosos serão consideradas.

ENVELHECIMENTO HUMANO: PERCURSOS E DIMENSÕES

Dentre as inúmeras definições para envelhecimento, citamos o conjunto de transformações do organismo que ocorrem após a maturação sexual e que implicam diminuição gradual da plasticidade comportamental, com aumento da vulnerabilidade e maior probabilidade de morte (Neri, 2001). Segundo a Organização Mundial de Saúde (OMS, 2005), idoso é o indivíduo com sessenta ou mais anos de idade nos países em desenvolvimento, como o Brasil, e maiores de 65 anos nos países desenvolvidos.

O envelhecimento pode ser compreendido como um processo heterogêneo, ou seja, cada indivíduo pode apresentar uma trajetória diferente no curso de vida. Atualmente, os pesquisadores aceitam a possibilidade de haver não um único fator associado ao envelhecimento, mas um somatório de fatores que interagem em diferentes planos, desde a biologia molecular até os sistemas reguladores (Francheschi *et al.*, 2000). Foi sob essa perspectiva que Rowe e Khan (1998) propuseram três possibilidades para o envelhecimento: normal, bem-sucedido e patológico.

O envelhecimento normal resultaria das alterações físicas, cognitivas e sociais esperadas para essa fase da vida, como aumento da pressão arterial, déficits visuais e diminuição da velocidade do processamento de informações. Ele pode ser sistematizado em dois níveis: o primário, presente em todas as pessoas, por ser geneticamente determinado, e o secundário, que varia entre indivíduos e decorre de fatores cronológicos, geográficos e culturais (Caldas, 2006).

Para além do envelhecimento normal, há um consenso entre os pesquisadores da cognição de que o envelhecimento pode acarretar um declínio normal de início e com progressão variável e dependente de outros fatores, como escolaridade, doenças prévias, nível intelectual e capacidades específicas de cada indivíduo. Essas perdas da competência cognitiva estagiariam num período de transição denominado Comprometimento Cognitivo Leve, podendo ou não avançar para os processos demenciais propriamente ditos.

Outra possível trajetória de envelhecimento é conhecida como saudável ou envelhecimento bem-sucedido (Baltes & Baltes, 1991). Seria uma variação do envelhecimento normal marcado pela funcionalidade física e mental, em que as alterações ocorressem tão lentamente de modo que o funcionamento dos idosos fosse melhor do que o da maioria das pessoas de mesma faixa etária. O envelhecimento bem-sucedido é dependente da capacidade de adaptação às mudanças físicas, emocionais e sociais (Caldas, 2006). Segundo Baltes e Baltes, envelhecer bem dependeria da interação entre a capacidade de o indivíduo selecionar os domínios em que tem boa funcionalidade e otimizá-los, bem como compensar as perdas em outros domínios, mecanismo conhecido como modelo SOC[1] (Seleção, Otimização, Compensação).

---

[1] Seleção pode ser vista como o resultado da redução na capacidade de reserva (plasticidade) associada com a idade. Assim, indivíduos idosos selecionariam domínios que são

O envelhecimento patológico seria o decorrente de alterações globais e irreversíveis que comprometem o funcionamento do indivíduo. As doenças que colocam a vida em risco, a morte de pessoa próxima, a saída dos filhos de casa, as mudanças de residência, a privação da autonomia e as perdas materiais são fatores importantes para que se estabeleça um processo de envelhecimento patológico. Sentimentos de fragilidade, incapacidade, baixa autoestima, dependência, desamparo, solidão, desesperança, ansiedade, depressão, hipocondria e fobias são geralmente associados ao envelhecimento mal-sucedido.

ALTERAÇÕES COGNITIVAS QUE ACOMPANHAM O ENVELHECIMENTO: ENTRE A SAÚDE E A DOENÇA

Os estudos sobre o envelhecimento humano, segundo diferentes abordagens e disciplinas, colocam em evidência que, para melhor compreender tal processo, faz-se necessário investigar as diferentes funções cognitivas de forma a distinguir entre os aspectos benignos e os patológicos da cognição no envelhecimento. Dentre as funções cognitivas, estão a memória, a atenção, as funções executivas, a linguagem, as habilidades visoespaciais e a velocidade de processamento das informações.

Podemos abordar a cognição formulando as seguintes questões: quais são as principais mudanças identificadas em cada uma dessas funções cognitivas em virtude do processo de envelhecimento normal? Quais aspectos devem ser observados

essenciais à sua sobrevivência e bem-estar para investir suas energias e potencialidades, deixando de lado os domínios menos importantes ou com pior desempenho. A otimização consiste em fazer o que é possível para manter altos níveis de funcionalidade em algumas áreas, como a prática e a aquisição de novas tecnologias. A compensação torna-se importante quando as capacidades estão aquém do necessário para realizar as tarefas usuais, de forma que se torna necessário lançar mão de meios alternativos para alcançar as metas pretendidas (Baltes & Baltes, 1991).

ao avaliarmos essas funções cognitivas em idosos? Trataremos a seguir as funções cognitivas buscando responder a essas indagações.

A **memória**, função que compreende o armazenamento e a recuperação de informações e experiências, é um processo complexo que envolve diferentes áreas cerebrais, das quais o hipocampo apresenta papel fundamental. Das várias classificações de memória, uma das mais simples é a que considera o período de tempo em que a informação é mantida, ou seja, memória de curto prazo (MCP) e memória de longo prazo (MLP).

Compreendida como o armazenamento temporário de acontecimentos do passado imediato, a MCP dura não mais do que alguns minutos e se subdivide em memória imediata e memória de trabalho. A memória imediata compreende a manutenção da informação por breve período de tempo na ausência de processamento. Uma forma clássica de avaliá-la é pela repetição de uma lista de números, memória para números, ou letras e palavras, memória para palavras etc. (Stuart-Hamilton, 2002).

A memória de trabalho, que consiste na capacidade de operar duas ou mais informações ao mesmo tempo, envolve as funções de armazenamento e processamento da informação. Com duração breve e fugaz, ela não deixa traços ou arquivos e parece depender basicamente da atividade de neurônios do córtex pré-frontal (Izquierdo, 2002). Ainda que vários modelos teóricos busquem explicar seu funcionamento, até o momento não se tem uma compreensão detalhada de como funciona esse tipo de memória.

Em relação ao envelhecimento, observam-se alterações na MCP em grande parte dos idosos. Em geral, as perdas ocorrem de forma gradual e lenta até os sessenta anos e mais aceleradamente após os setenta anos. Vários fatores parecem contribuir para isso, como as diferenças nos níveis de saúde, a dieta, a prática de atividades, aspectos sociais, psicológicos e econômicos. Na memória de trabalho, o efeito da idade é atribuído à redução na capacidade de estocagem em curto tempo e da lentificação na velocidade de processamento da informação (Salthouse, 1989, 1996). Apesar do declínio mnésico de curta duração, no envelhecimento normal geralmente não se verificam prejuízos nas atividades de vida diária dos indivíduos.

A memória de longo prazo (MLP) envolve o armazenamento da informação por alguns minutos, horas ou vários anos. Acredita-se que isso seja possível pelas mudanças físicas ocorridas nos neurônios que processam a informação (Digiovanna, 1994). Assim, quanto mais um mesmo estímulo for transmitido aos neurônios, maiores são as chances de provocarem alterações físicas no sistema neuronal e melhor será a memorização. Shacter (2003) subdividiu a MLP em declarativa ou explícita – que registra fatos, eventos ou conhecimentos e não declarativa ou de procedimentos, relativa às capacidades ou às habilidades motoras ou sensoriais denominadas comumente por "hábitos". A memória declarativa referente a eventos dos quais participamos e/ou assistimos é denominada episódica ou autobiográfica, ao passo que as de conhecimentos gerais são denominadas memórias semânticas.

A MLP parece não sofrer alterações significativas no processo de envelhecimento normal. É possível observar até mesmo o aumento da memória semântica, decorrente do acúmulo de experiências vivenciadas ao longo dos anos. Entretanto, o idoso pode apresentar certa dificuldade de se lembrar de conteúdos recentemente aprendidos, sobretudo quando estes se referem a situações episódicas ou isoladas. O prejuízo nesse tipo de memória é mais evidenciado em tarefas de evocação, ou seja, as que envolvem a recordação espontânea. A memória de reconhecimento, que exige menos esforço e menor quantidade de comunicação entre as redes neuronais, em geral, também está preservada (Shacter, 2003).

No que se refere à memória implícita, quer dizer, à capacidade de evocação inconsciente de fatos e habilidades adquiridas, parece não sofrer prejuízo com o envelhecimento normal. A Tabela 1 resume as possíveis alterações da memória com o envelhecimento normal.

Tabela 1 – Alterações mnésicas no envelhecimento normal

Função mnésica	Descrição	Alteração com idade
Memória de curto prazo		
Memória imediata	Retenção por segundos	Discreta diminuição
Memória de trabalho	Retenção e manipulação de informações	Diminui
Memória de longo prazo		
• Evocação	Retenção por minutos a horas	Diminui
• Reconhecimento	Recordação sem "pistas" Itens associados a "pistas" ou estímulos	Diminui Discreta diminuição
Implícita	Recordação de fatos, regras ou habilidades	Sem alteração
Explícita	Recordação consciente de informações específicas	Diminui
• Episódica	Recordação de informações tempo-dependente	Diminui
• Semântica	Recordação de eventos atemporais	Preservada/aumentada

A quantificação do desempenho mnésico do examinando é importante, porém os aspectos qualitativos da memória também devem ser investigados. Assim, devem ser observadas que estratégias estão sendo utilizadas pelo examinando e se estas são compatíveis com seu grau de escolaridade. Outro aspecto importante a se observar é a presença de intrusões, ou seja, resgate de palavras ou situações de tarefas anteriores e os reconhecimentos falsos, quando o examinando identifica itens distratores como itens vistos anteriormente. A presença desses elementos merece atenção por parte do avaliador, pois indicam possibilidade de comprometimento da memória (Yassuda & Abreu, 2006).

A **atenção**, fenômeno por meio do qual se processa uma limitada quantidade de informação retirada de grande quantidade de estímulos disponíveis, é uma habilidade complexa e multidimensional. Apresenta vários componentes que se mesclam a outras funções, como a memória e as funções executivas, o que dificulta sua avaliação.

Sternberg (2000) identificou quatro tipos de atenção: concentrada, vigilância, dividida ou alternada e seletiva. A atenção concentrada refere-se à habilidade de se manter o foco consistente da atenção em determinada atividade. A vigilância é o tipo de atenção flutuante, ou seja, a habilidade de detectar sinais mesmo que o foco esteja em outra tarefa. Um exemplo de vigilância ocorre no trânsito, quando o motorista, ainda que com a atenção mantida à sua frente, capta o barulho de uma sirene e se prepara para dar passagem a esta. A atenção dividida é decorrente da flexibilidade mental, ou seja, a capacidade de manter a atenção em diferentes estímulos simultaneamente. Um exemplo desse tipo de atenção é a realização de duas tarefas, como atender ao telefone e assistir à TV. A atenção seletiva é a capacidade de fazer discriminação entre estímulos. Uma vez que se prioriza um estímulo, inibe-se o outro. Um exemplo de tarefa que demanda esse tipo de atenção é a dança: ora se foca mais no ritmo, ora nos passos da dança.

No envelhecimento, observam-se alterações básicas na atenção seletiva e dividida. Isso porque, com o passar do tempo, ocorre uma redução na capacidade inibitória, ou seja, a habilidade de inibir um estímulo irrelevante e selecionar o estímulo alvo (Woodruff-Pak, 1997). Outra alteração esperada com a idade é o "barulho perceptual", definido como o aumento da suscetibilidade em sofrer interferência na exploração auditiva (Hasher & Zacks, 1997). Entretanto, apesar de diversos estudos evidenciarem déficits atentivos com o envelhecimento normal, as mudanças podem não comprometer as atividades de vida diária dos idosos, uma vez que estes podem desenvolver recursos e estratégias para lidar com suas habilidades. Por outro lado, nos estágios iniciais de demência há comprometimento significativo dos processos atentivos, com tendência de amplificação do efeito de interferência e dificuldade na inibição de estímulos irrelevantes. Assim, compreender as mudanças que ocorrem com a função atentiva no envelhecimento é tarefa relevante por favorecer a identificação de fatores que interferem no desempenho e propiciar o estabelecimento de parâmetros de risco, bem como medidas de prevenção a acidentes comuns em idosos.

As **funções executivas** são definidas de modo amplo como a habilidade em associar ideias simples em direção à resolução de problemas de maior complexidade. Compreendem um sistema cognitivo hipotético, responsável pelo processamento de tarefas como o planejamento, a organização, a flexibilidade mental, o pensamento abstrato, a inibição de ações irrelevantes, além da adequação do comportamento às experiências do dia a dia (Yassuda & Abreu, 2006).

Segundo Tirapu-Ustárroz, Muñoz-Céspedes e Pelegrin-Valero (2002), não há um conceito claro, único, sólido e firme para tal função, o que provoca confusão e dificuldade na investigação desta. O que se pensa, no entanto, é que as funções executivas são controladas pelos lobos frontais.

De modo geral, acredita-se que o declínio dessas funções ocorra de forma gradual e lenta até os sessenta anos e, mais acelerado a partir dos setenta anos. No envelhecimento, tanto normal quanto patológico, as funções executivas tendem a estar prejudicadas. Essa inespecificidade provoca dificuldades na elaboração de um diagnóstico diferencial.

Variáveis demográficas podem influenciar no desempenho executivo, devendo ser consideradas no processo avaliativo. No âmbito patológico, Jacobson, Delis, Bondi e Salmon (2002) detectaram mudanças sutis no desempenho executivo uns sete a dez anos antes do diagnóstico de demência de Alzheimer, o que as caracterizariam como marcadoras de processos demenciais.

Em relação à **linguagem**, que compreende não apenas a produção e a compreensão da fala, mas também a escrita e a leitura, pode ser entendida como um instrumento de comunicação inter-humana, o veículo do pensamento (Gil, 2002). Os signos que compõem a linguagem não são códigos com significado dado e imutável, mas compreendem estruturas dinâmicas, cujo sentido é construído pelos interlocutores a partir de determinados objetivos, estratégias, pressupostos, inferências e imagens culturalmente estabelecidas (Damasceno, 1999).

De modo geral, o idoso saudável mantém as funções linguísticas relativamente preservadas. O vocabulário se mantém estável, podendo mesmo aumentar com o passar dos anos, assim como o processamento e a organização sintática das frases. A partir dos setenta anos, é comum ocorrer certa dificuldade na recordação, nomeação e significado de palavras do discurso cotidiano (Yassuda & Abreu, 2006). Também pode estar presente a troca de palavras ou parafasias, uma discreta dificuldade na narração de eventos, com omissões de situações. Entretanto, esses fenômenos não trazem prejuízo à comunicação cotidiana.

Nos processos patológicos, como nos estágios iniciais da Demência de Alzheimer, é possível que o idoso apresente problemas semântico-lexicais similares aos encontrados na afasia semântica, ou seja, o avaliando esquece ou troca palavras, demonstra empobrecimento do vocabulário, parafasias semânticas, pleonasmos, excesso de paráfrases, apesar de ainda manter o *insight* sobre os seus erros. Também é possível detectar dificuldades semântico-discursivas na interpretação de metáforas, provérbios, moral de histórias e material humorístico. Já nos estágios moderados, além da piora nas alterações supracitadas também é possível encontrar violação de leis conversacionais, perda de função epilinguística e início de alterações fonológicas e sintáticas (Damasceno, 1999).

Uma vez que a linguagem tende a apresentar-se estável no envelhecimento, a avaliação cognitiva dessa função inclui poucas provas linguísticas. No entanto, elas devem fazer parte do processo avaliativo, uma vez que a detecção de alterações importantes pode estar associada a patologias como as afasias.

As **habilidades visoespaciais**, relacionadas ao lobo parietal, particularmente o direito, envolvem a capacidade de copiar um desenho, de estabelecer padrões com determinados objetos e de raciocinar sobre relações espaciais. Pequenas perdas nessa função são consideradas normativas no processo de envelhecimento. Por outro lado, problemas perceptivos como não reconhecimento de padrões visuais – as agnosias, as dificuldades no estabelecimento de relações espaciais – as apraxias e a negligência unilateral estão presentes no envelhecimento patológico. Nesse caso, o indivíduo teria dificuldade frente ao comando verbal e imitação, não conseguindo discriminar atos bem realizados dos mal realizados (Yassuda & Abreu, 2006). Desse modo, estabelecer a distinção na capacidade de realizar tarefas que envolvem as habilidades visoespaciais é importante numa avaliação psicológica com pessoas idosas.

Quanto à estrutura e **velocidade do processamento da informação**, verifica-se que o idoso normalmente tende a apresentar uma lentificação no curso do pensamento e isso pode resultar numa lentificação global das funções cognitivas. Isso quer dizer que, se um indivíduo vive o suficiente, é inevitável que, com o passar dos anos, tenha um tempo de reação para a realização das atividades diárias mais lentificado. Entretanto, a estrutura lógica do pensamento mantém-se estável ao longo da vida, sem prejuízo do desempenho das atividades cotidianas compatíveis com a idade.

Diversos estudos (Bryan & Luszcz, 1996; Sliwinski, 1997) investigaram evidências que confirmassem tal possibilidade. Em primeiro lugar, citam-se os trabalhos em que as tarefas envolviam a rapidez perceptual, ou seja, as que medeiam o tempo de reação ou de resposta. Em geral, tais tarefas solicitam funções de memória e raciocínio e a velocidade de processamento é medida a partir da quantidade de comparações corretas em um período fixo de tempo. Nesse caso os resultados mostraram diferenças marcantes entre as diferentes idades (Parente & Wagner, 2006). Em consequência dos resultados descritos, foi possível a elaboração de uma teoria de velocidade de processamento (Salthouse, 1996), a qual postula que a base do declínio cognitivo encontra-se no mecanismo fundamental de maior lentidão do processamento com a idade.

As considerações anteriores sobre o processo de envelhecimento permitem identificar que o indivíduo tende a apresentar mudanças cognitivas com o passar do tempo. Na maioria das vezes elas são de natureza normativa, apesar de também poderem ser evidenciadas as alterações cognitivas que causem prejuízo para as atividades de vida diária.

Uma vez conhecido que o declínio da capacidade cognitiva ocorre de forma progressiva, tornou-se possível buscar detectar a fase intermediária desse processo, ou seja, o momento em que a doença propriamente dita não está instalada, mas quando já se evidencia algum tipo de comprometimento (Charchat-Fichaman, Caramelli, Sameshima, & Nitrini, 2005). A identificação dessa fase intermediária, denominada atualmente de Comprometimento Cognitivo Leve (CCL), pode ser útil na avaliação e na antecipação de fatores de risco para o declínio cognitivo, além de possibilitar o diagnóstico precoce de desvios que possam resultar no envelhecimento cognitivo patológico (Damasceno, 2006). Os principais critérios diagnósticos para o CCL, segundo a reunião de Estocolmo em 2003, podem ser assim resumidos: a) o indivíduo não é normal nem demente, ou seja, não preenche os critérios DSM-IV ou CID-10 de demência; b) há uma evidência de declínio cognitivo mensurado objetivamente ou baseado em percepção subjetiva, que se encontra combinada a um comprometimento cognitivo objetivo e; c) há a manutenção das atividades da vida diária e as atividades instrumentais diárias complexas intactas ou minimamente comprometidas.

Atualmente, o CCL pode ser classificado em quatro categorias distintas: 1) comprometimento cognitivo amnésico puro (alteração apenas da memória); 2) comprometimento cognitivo amnésico de múltiplos domínios (memória e mais alguma função levemente alterada); 3) comprometimento cognitivo não amnéstico de múltiplos domínios (outras funções alteradas, menos a memória), e 4) comprometimento não amnésico de um único domínio – outra função alterada, que não a memória (Damasceno, 2006).

Os estudos mostram que o CCL é uma condição heterogênea quanto à trajetória clínica, podendo permanecer estável ou desenvolver alguma síndrome demencial. O CCL amnésico é o que apresenta maior risco de desenvolver demência do tipo Alzheimer (DA), ao passo que o CCL não amnésico de um único domínio tem maior risco de evoluir para demência frontotemporal ou afasia progressiva primária. No entanto, todos os grupos podem permanecer estáveis (Charchat-Fichaman *et al.*, 2005).

Smid, Nitrini, Bahia e Caramelli (2001) sugerem algumas recomendações para o diagnóstico de CCL que incluem: a) não confiar em testes muito simples; b) no caso de CCL amnéstico aplicar algum teste que avalie memorização, como a lista de palavras do Cerad (Bertolucci *et al.*, 2001) ou de figuras (Nitrini, 2006); c) realização de avaliação neuropsicológica para auxiliar no diagnóstico e acompanhamento; d) realização de exames complementares como neuroimagem e biomarcadores.

A senilidade ou envelhecimento patológico é o que ocorre quando há grandes danos e prejuízos neuronais acarretando alterações ou déficit cognitivo. As repercussões das modificações podem ser expressas por inabilidade em perceber, lembrar, tomar decisões, planejar, sequenciar e produzir respostas adequadas aos estímulos externos (Manfrim & Schmidt, 2006).

Dentre as queixas cognitivas mais frequentes sobressaem as relacionadas com a memória e podem ter diferentes causas, entre elas, as síndromes demenciais. Caracterizadas pela presença de déficit progressivo na função cognitiva, com maior ênfase na perda de memória e interferência nas atividades sociais e ocupacionais, as síndromes demenciais só podem ser diagnosticadas quando for afastada a possibilidade de estado confusional ou *delirium* (Manfrim & Schmidt, 2006). Apesar de altamente incapacitantes, ainda não há diagnóstico de certeza em demências, sendo que este só pode ser obtido em estudos *post mortem* do cérebro.

Por outro lado, há critérios bem definidos para o diagnóstico de diferentes distúrbios mentais. Os mais conhecidos são o Manual de Diagnóstico e Estatística de Distúrbios Mentais (DSM-IV-TR, 2002) e os do Código Internacional de Doenças, 10ª Revisão (CID-10) (OMS, 1993). Especificamente para as demências, os critérios NINCDS-ADRDA propostos por McKhann *et al.* (1984) estabelecem que seu diagnóstico deva ser estabelecido por exame clínico, documentado pelo Mini-Exame do Estado Mental (MEEM) ou exames similares e confirmado por avaliação neuropsicológica (Nitrini *et al.*, 2005).

De modo geral, as demências se caracterizam pelo comprometimento cerebral e mental com declínio das funções cognitivas e perda progressiva da capacidade funcional. Podem ser classificadas em primariamente degenerativas ou secundárias a alguma patologia, e em consequência apresentam diferentes formas de evolução – para mais detalhes consultar, por exemplo, Stella (2004).

O USO DE TESTES NA AVALIAÇÃO DE FUNÇÕES COGNITIVAS DE IDOSOS

Como tem sido sistematicamente apontado em importantes publicações sobre o tema, o uso de testes constitui apenas uma das etapas do processo de avaliação psicológica, sendo indispensáveis para uma avaliação cognitiva em profundidade a realização de entrevistas, a observação clínica e os resultados de exames complementares (Cunha, 2000; Lezak, 1995). Embora o destaque aqui esteja sendo dado ao uso de testes, vale reforçar que a entrevista, técnica por excelência na condução de atividades de avaliação, é fundamental para o profissional conhecer o propósito da avaliação, levantar o histórico de saúde e de doença do paciente compreendido no seu próprio contexto social e cultural.

Na seleção dos testes a serem utilizados no processo de avaliação, diversas variáveis intrínsecas ao caso devem ser consideradas, como o propósito explícito da avaliação, as queixas do paciente e os dados obtidos nas entrevistas. Além desses, outros fatores interferem na escolha dos testes a serem usados na avaliação, que, embora não sejam específicos à avaliação de idosos, colocam questões importantes que permeiam toda avaliação cognitiva. Um desses fatores de especial importância diz respeito às propriedades psicométricas dos testes.

Recomendamos que o profissional conheça a lógica de construção dos testes e compreenda a relevância das propriedades psicométricas. Em linhas gerais, uma tarefa assume o *status* de teste psicológico quando, em seu processo de elaboração, bases teóricas e empíricas são estabelecidas para sustentar que as interpretações feitas sobre a característica psicológica a partir do escore no teste são pertinentes. As investigações psicométricas para levantamento de evidências de validade e de precisão de um teste oferecem essas bases empíricas e devem ser feitas para os diferentes grupos de interesse e enquanto o teste for utilizado (Pasquali, 2003; Urbina, 2007).

No Brasil, predomina ainda a prática de adaptação de testes estrangeiros em detrimento da construção de testes novos e específicos para o nosso contexto. Cabe ressaltar que a adaptação de um teste não se limita à tradução das instruções e dos itens. A tradução constitui em apenas uma das etapas do processo de adaptação, sendo, portanto, necessário, tal como no processo de construção, levantar evidências de precisão e de validade, além de estabelecer os parâmetros normativos que servirão de referência para a interpretação dos escores.

Além desses aspectos, os critérios de sensibilidade e especificidade de um teste devem ser observados no momento da sua escolha, particularmente para fins de diagnóstico. A sensibilidade avalia a capacidade do teste em detectar a doença quando ela está de fato presente. A especificidade, por outro lado, é a proporção de verdadeiros negativos entre todos os sadios. De modo geral, os testes sensíveis são usados quando há necessidade de se diagnosticar uma doença potencialmente grave em fases iniciais do diagnóstico diferencial para reduzir as possibilidades diagnósticas de outras doenças. Também se utiliza testes sensíveis no rastreamento de doença em grupos populacionais. Já os testes específicos são empregados para confirmar um diagnóstico (Medronho, 2004). Para mais detalhes sugerimos consultar Fachel e Camey (2000).

Ainda em relação às propriedades psicométricas, um aspecto importante a ser observado em um teste é sua normatização. Cabe ao profissional, no processo de escolha de testes para a avaliação, analisar se o instrumento tem normas para o contexto, se estão atualizadas e se são apropriadas para o indivíduo que se pretende avaliar. As normas ou os dados normativos assinalam o grau de desempenho do avaliando em relação a uma amostra de indivíduos sadios que compartilham do mesmo contexto. Uma vez que o desempenho dos indivíduos está relacionado com a idade, a educação formal, o nível sociocultural e, em alguns casos, com o gênero, é fundamental que as normas dos testes adotados pelo profissional estejam de acordo com essas características da pessoa em avaliação (Drake, 2007).

Um último aspecto a ser considerado na seleção de testes está relacionado aos propósitos da avaliação cognitiva. De modo geral, os testes disponíveis podem ser classificados em fixos ou de rastreio e flexíveis ou confirmatórios, conforme se destinem a medir a cognição de forma global ou medir funções específicas, respectivamente.

Um teste de **rastreio** para ser ideal, deve preencher algumas premissas básicas como ser de aplicação rápida, ter um sistema de correção fácil, ser relativamente independente da cultura, linguagem e educação, apresentar boa confiabilidade, ter bons níveis de sensibilidade e especificidade, apresentar validade concorrente e ter boa validade preditiva (Shulman, 2000). Entretanto, apesar desses instrumentos serem muito eficientes em relação ao tempo, são bastante simples e apresentam a desvantagem de não conseguirem avaliar todas as funções ou mesmo acarretar falsos positivos ou negativos em casos iniciais de declínio cognitivo (Abrisqueta-Gomez, 2004). Entre os testes de rastreio, podemos citar o Mini-Exame do Estado Mental (Folstein, Folstein, & Mc Hugh, 1975) e o Teste do Desenho do Relógio (Shulman, 1986). O MEEM faz parte do *Consortium to Establish a Registry for Alzheimer Disease* (Morris *et al.*, 1989), consórcio criado para estabelecer uma avaliação simples e precisa de indivíduos com a Doença de Alzheimer. Essa bateria tem sido usada em vários centros diagnósticos desde sua criação, sendo considerada confiável, de fácil aplicação para avaliar pacientes com Alzheimer e relativamente breve, na medida em que demora de 50 a 70 minutos para aplicá-la integralmente.

Os testes **flexíveis** permitem a avaliação mais aprofundada das funções cognitivas. Em linhas gerais, pode-se dizer que há uma ampla variedade de tarefas e testes disponíveis para avaliação de funções cognitivas. No entanto, testes que contemplem a população idosa e que tenham sido aprovados pelo Conselho Federal de Psicologia, segundo a Resolução 002/2003 (CFP, 2003), ainda são muitos poucos. Dentre os testes para avaliação cognitiva aprovados pelo CFP, temos a Escala Wechsler de Inteligência para Adultos, terceira edição (WAIS-III), que será aqui contemplada mais detalhadamente.

Escala Wechsler de Inteligência para Adultos - Terceira edição (WAIS-III)

A WAIS-III é uma edição revisada das Escalas Wechsler de Inteligência, cuja primeira forma foi publicada em 1939 com o objetivo de oferecer um teste apropriado para a avaliação da inteligência de adultos. Diversas revisões foram elaboradas posteriormente, sempre com o objetivo de aprimorar as versões anteriores, tanto do ponto de vista teórico quanto prático.

As principais informações sobre o teste WAIS-III podem ser consultadas no manual técnico (Wechsler, 2004) e no manual de aplicação e correção (Nascimento, 2004). Apesar de ser uma continuidade da escala WAIS-R, a terceira edição introduz aperfeiçoamentos decorrentes da revisão efetuada. Entre as alterações, ressaltam-se aquelas voltadas para o aprimoramento do teste na avaliação de idosos, a saber: a) aumento do tamanho dos estímulos; b) expansão das normas para idosos longevos com idades até 89 anos; c) redução na ênfase do tempo de realização da tarefa; e d) inclusão de testes para medir o raciocínio fluido, a memória de trabalho e a velocidade de processamento, domínios de grande importância na avaliação do funcionamento cognitivo.

A escala é de aplicação individual, com tempo de aplicação estimado em aproximadamente 90 minutos. É constituída por catorze subtestes, subdivididos em dois conjuntos: um verbal e outro de execução. A aplicação da escala completa permite que sejam estimados pelos menos sete escores de sumário, sendo três em QI de desvio (QI Total, QI Verbal e QI de Execução), além de quatro índices fatoriais (Compreensão Verbal, Memória de Trabalho, Organização Perceptual e Velocidade de Processamento). Desse modo, tanto os escores específicos nos subtestes quanto os escores de sumário (QI's e Índices Fatoriais) obtidos no WAIS-III oferecem informações sobre as funções cognitivas de linguagem, memória, atenção, funções executivas, habilidades visoespaciais e velocidade de processamento.

Os parâmetros psicométricos obtidos no processo de adaptação, validação e normatização demonstraram que o WAIS-III pode ser recomendado na avaliação de habilidades cognitivas de adultos brasileiros (Nascimento, 2000; Nascimento & Figueiredo, 2002). No entanto, embora esse primeiro estudo conduzido para levantamento das normas do WAIS-III para o contexto brasileiro tenha incluído 788 adultos, com idades entre 16 anos e 89 anos, um número reduzido de idosos foi contemplado, o que limitou o estabelecimento de normas específicas para idosos para apenas duas faixas etárias (com idades entre 60 e 64 anos e outra para idosos com idade igual ou superior a 65 anos).

Tendo em vista aumentar a utilidade clínica do WAIS-III para fins de avaliação de indivíduos na terceira idade, Nascimento (2009) desenvolveu um estudo para ampliar a amostra normativa que serve de referência para a interpretação dos resultados no teste. Com base em uma amostra composta de 315 participantes com idades entre 65 e 96 anos estabeleceu normas para mais quatro faixas etárias (65-69; 70-74; 75-79; 80-96 anos).

Considerado padrão-ouro da avaliação intelectual no cenário internacional, o WAIS-III tem sido utilizado em estudos brasileiros para investigação do funcionamento intelectual em idosos. Citaremos aqui quatro pesquisas brasileiras recentes.

Banhato (2005) pesquisou, por meio de delineamento transversal, as funções executivas em uma amostra de 346 idosos, com idades entre 61 e 100 anos. Os resultados demonstraram declínio de leve a moderado nas funções executivas avaliadas pelos subtestes da WAIS-III. Os desempenhos médios dos homens foram superiores aos das mulheres e não houve variabilidade significativa entre as médias de desempenho executivo, atenção e memória de trabalho segundo o critério de escolaridade. A idade correlacionou negativa e significativamente com funções executivas para a amostra. Os resultados também revelaram haver lentificação na velocidade do processamento da informação. Dos 70% da amostra que apresentaram preservação de habilidades cognitivas no teste de rastreio MEEM, 40,3% obtiveram fraco desempenho em tarefas de atenção, memória de trabalho e execução, demonstrando que as funções executivas podem estar comprometidas mesmo quando ainda não se observam comprometimentos cognitivos mais amplos.

Xavier *et al.* (2006) investigaram o desempenho de 127 idosos acima de oitenta anos e com poucos anos de escolaridade formal, residentes no sul do Brasil. Para tal, valeram-se de vários testes neuropsicológicos (teste de Buschke, Memória de lista de palavras, Fluência verbal, Mini-Exame do Estado Mental e os subtestes Semelhanças, Dígitos e Cubos da escala WAIS-III). Os autores apresentam os desempenhos em cada teste nas duas comunidades, reportando-os segundo a faixa de escolaridade e o grau de saúde física. Para alguns testes relatam os desempenhos médios obtidos em países desenvolvidos. Diante dos resultados que apontaram para um pior desempenho dos idosos longevos brasileiros, os autores ressaltam a importância na prática profissional de se usar referências para interpretação dos escores nos testes que sejam mais próximas da realidade brasileira, considerando as variáveis idade, escolaridade e as especificidades culturais.

Camargos (2007) investigou a relação entre menopausa, terapia de reposição hormonal (TRH) e desempenho intelectual por meio do WAIS-III. Seu estudo foi motivado pelas descobertas recentes de que a TRH poderia proteger as mulheres contra o declínio cognitivo associado à idade. O estudo transversal e exploratório contou com 125 mulheres entre 65 e 94 anos de idade. A autora encontrou que as mulheres com histórico de TRH se saíram melhor em tarefas que demandam habilidades relacionadas à inteligência fluida.

Menezes (2008) também usou o teste WAIS-III em seu estudo para investigar o desenvolvimento intelectual de idosos em um delineamento longitudinal. Foram avaliados 47 participantes que compuseram um grupo de idosos-jovens (até 74 anos) e outro de idosos-idosos (acima de 75 anos). Os resultados mostraram que os idosos-jovens apresentaram ganhos nas habilidades avaliadas ao passo que os idosos-idosos tiveram decréscimos após o intervalo de oito anos nas habilidades vulneráveis (organização perceptual, aprendizagem, memória, resolução de problemas e velocidade de processamento). A única habilidade que apresentou queda importante foi a velocidade de processamento.

O tempo relativamente longo despendido na aplicação de toda a escala talvez possa limitar o uso do WAIS-III. As médias do tempo de aplicação de 60 a 90 minutos obtidas em amostra de adultos jovens tendem a ser mais elevadas em pessoas mais velhas. Tal fato pode provocar fadiga, dispersão atencional e baixa motivação para colaborar, comprometendo a eficácia da avaliação.

Uma forma de minimizar tais problemas tem sido apresentada pela literatura, que tem proposto e investigado formas alternativas de aplicação das Escalas Wechsler de Inteligência, em que se elegem subtestes que contemplem o domínio a ser pesquisado, configurando uma forma abreviada do instrumento. Essa estratégia resulta em uma redução entre 20 e 50% do tempo de aplicação (López, González, Vilariño, & Linares, 2003), o que é particularmente útil no caso de avaliação de amostra idosa.

Diferentes composições de Formas Abreviadas (FA) para o WAIS-III são referidas na literatura, cujo número de subtestes selecionados varia entre dois e nove. No Brasil, enquanto Pereira (2008) investigou a precisão de uma FA com sete subtestes, Coutinho (2009) analisou os parâmetros psicométricos de quatro diferentes FA's para o WAIS-III. Em ambos os estudos os resultados da precisão foram satisfatórios e confirmaram a redução substantiva do tempo de aplicação. No estudo de Coutinho os coeficientes de validade também foram estimados e indicaram que as FA's analisadas com quatro e oito subtestes mostraram-se mais adequadas.

Banhato e Guedes (2009) compararam o desempenho cognitivo de 118 idosos da comunidade, hipertensos e normotensos, usando o Exame do Estado Mental (MEEM) e a FA8 do WAIS-III investigada por Coutinho (2009). Os resultados apontaram que, entre aqueles com baixa escolaridade, apenas no índice de compreensão verbal não houve diferença significativa entre hipertensos e não hipertensos. Nos de alta escolaridade não foram encontradas diferenças significativas na cognição. Identificaram-se associações fortes entre MEEM e FA8 nos grupos de hipertensos e não hipertensos.

DIFICULDADES NA AVALIAÇÃO COGNITIVA DE IDOSOS

Como vimos nas seções anteriores, a avaliação cognitiva de idosos tem sido conduzida tanto para fins de investigação científica quanto para fins aplicados. No entanto, várias dificuldades podem interferir nessa tarefa. Uma delas refere-se à dificuldade de detecção de comprometimentos discretos de funções cognitivas. Quando a observação que o examinador faz do paciente se dá predominantemente em situações estruturadas, como na aplicação de testes, muitas vezes o paciente não expressa livremente sua capacidade de organização e gerenciamento de recursos cognitivos, o que poderia oferecer elementos para a detecção de eventuais comprometimentos (Magilla & Caramelli, 2000).

É importante ressaltar a influência de comorbidades. Entre elas, a depressão é uma patologia que tem relação complexa com as síndromes demenciais, pois são vários os sintomas comuns, como a restrição do campo de interesses, a redução da atividade, a lentificação e até mesmo uma agitação psicomotora (Gil, 2002). O diagnóstico diferencial entre essas duas condições é bastante relevante, principalmente nas fases mais precoces dos processos demenciais.

O conhecimento do nível pré-mórbido de eficiência cognitiva também constitui uma dificuldade na avaliação de idosos. Os critérios diagnósticos descritos no DSM IV (2002) definem como primordial a presença de declínio no funcionamento cognitivo suficiente para comprometer as atividades de vida diária do indivíduo. No entanto, algumas variáveis parecem interferir nesse critério. Um exemplo é a escolaridade. Falsos negativos poderiam ocorrer em casos de demência muito iniciais ou em indivíduos com alta escolaridade e ainda falsos positivos seriam observados em indivíduos com baixa escolaridade (Kaufman, 2001; Schaie, 1996; Wecker, Kramer, Wisniewsky, Delis, & Kaplan, 2000).

Um quarto fator a ser abordado diz respeito aos próprios instrumentos de avaliação cognitiva. Especificamente no grupo de idosos, evidencia-se como um aspecto complicador na seleção de quais testes usar em uma avaliação cognitiva o fato de a maioria dos testes disponíveis no Brasil apresentar normas que não contemplam o grupo etário acima de sessenta anos. Xavier *et al.* (2006) no estudo que conduziram com idosos longevos destacam a importância de se observar a adequação das normas dos testes em função das características de idade, escolaridade e fatores culturais da pessoa avaliada. Outro aspecto relacionado aos testes é o estabelecimento de tempos limites para a realização das tarefas propostas. Uma vez que os estudos têm encontrado que os idosos são mais lentos, revisões de testes voltados para a população de idosos têm incluído como objetivo diminuir a ênfase na medida do tempo de execução das tarefas.

Um último fator, não menos importante, que pode dificultar a avaliação cognitiva em idosos, diz respeito às funções sensoriais, especialmente a visão e a audição, que se encontram alteradas no envelhecimento. O uso de medicação também pode dificultar, uma vez que certas drogas podem interferir no funcionamento executivo.

CONSIDERAÇÕES FINAIS

Neste capítulo, procuramos abordar a avaliação cognitiva de idosos de maneira abrangente, tomando como ponto de partida os diferentes percursos do processo de envelhecimento. Nosso intuito foi apontar que o envelhecimento não se dá de forma homogênea, portanto, não necessariamente marcado por perdas e declínios. Nessa perspectiva, discorremos sobre as funções cognitivas levantando as principais mudanças identificadas no processo de envelhecimento normal e alguns aspectos a serem observados ao avaliarmos essas funções cognitivas em idosos. Essas considerações permitiram identificar que o idoso tende a apresentar algumas mudanças normativas das funções cognitivas, diferentes daquelas que causam prejuízo para as atividades de vida diária. Procuramos também diferenciar o curso do envelhecimento normal de prejuízos oriundos do comprometimento cognitivo leve e dos processos patológicos conhecidos como quadros demenciais.

Consideramos também que, ao abordar a avaliação cognitiva de idosos, questões relativas à escolha de testes são relevantes. Destacamos entre essas questões as propriedades psicométricas dos testes. Neste capítulo, dada sua utilidade clínica na avaliação cognitiva, aliada às suas propriedades psicométricas, o WAIS-III foi apresentado. Relatamos pesquisas brasileiras recentes que usaram esse instrumento tendo em vista suas contribuições para o entendimento do processo de envelhecimento em idosos saudáveis. Concluímos o capítulo alertando sobre algumas dificuldades encontradas na avaliação cognitiva de idosos.

REFERÊNCIAS

Abrisqueta-Gomez, J. (2004). Avaliação e reabilitação neuropsicológica no idoso. In Andrade, V. M., Santos, F. H. & Bueno, O. F. A., *Neuropsicologia hoje* (pp. 403-417). Porto Alegre: Artes Médicas.

Baltes, P. B., & Baltes, M. M. (1991). Psychological perspectives on successful aging: The model of selective optimizations with compensation. In *Successful aging: Perspectives from the behavioral sciences* (pp. 1-34). New York: Cambridge Univ. Press.

Banhato, E. F. C. (2005). *Avaliação das funções executivas em uma amostra de idosos da comunidade de Juiz de Fora/MG.* Dissertação não publicada. Mestrado em Psicologia do desenvolvimento humano, Universidade Federal de Minas Gerais, Belo Horizonte.

Banhato, E. F. C., & Guedes, D. V. (2009). *Influência da escolaridade na relação entre cognição e hipertensão: Estudo com uma forma abreviada da WAIS-III.*

Bertolucci, P. H. F., Okamoto, I. H., Bruccki, S. M. D., Siviero, M. O., Toniolo Neto, J., Ramos, L. R. (2001). Applicability of the CERAD neuropsychological battery to brazilian elderly. *Arquivos de Neuropsiquiatria, 59*, 532-536.

Bryan, J., & Luszcz, M. A. (1996). Speed of information processing as a mediator between age and free-recall performance. *Psychology and Aging, 11*(1), 3-9.

Caldas, C. P. (2006). O autocuidado na velhice. In Freitas, E. V., Py, L., Cançado, F. A. X., Doll, J. & Gorzoni, M. L. (Orgs.). *Tratado de geriatria e gerontologia* (pp. 1117-1121). Rio de Janeiro: Guanabara Koogan,.

Camargos, A. L. (2007). *Menopausa, terapia de reposição hormonal e desempenho intelectual: um estudo transversal.* Dissertação não publicada, Programa de pós-graduação em psicologia, Universidade Federal de Minas Gerais, Belo Horizonte.

Chaimowicz, F. (2007). O envelhecimento populacional no mundo. In Forlenza, O. V., *Psiquiatria geriátrica: Do diagnóstico precoce à reabilitação* (pp. 11-15). São Paulo: Atheneu.

Charchat-Fichaman, H., Caramelli, P., Sameshima, K., & Nitrini, R. (2005). Declínio da capacidade cognitiva durante o envelhecimento. *Revista brasileira de psiquiatria, 27*(12), 79-82.

Conselho Federal de Psicologia. *Resolução 002/2003*. Acesso em 01 de outubro de 2009, de http://www.pol.org.com

Coutinho, A. C. A. M. (2009). *Investigação psicométrica de quatro formas abreviadas do WAIS-III para avaliação da inteligência*. Dissertação não publicada, Programa de pós-graduação em psicologia, Universidade Federal de Minas Gerais, Belo Horizonte.

Cunha, J. A. (2000). *Psicodiagnóstico – V*. Porto Alegre: Artmed.

Damasceno, B. P. (1999). Envelhecimento cerebral: O problema dos limites entre o normal e o patológico. *Arquivos de neuropsiquiatria, 57*(1), 78-83.

Damasceno, B. P. (2006). Comprometimento cognitivo leve e doença de Alzheimer incipiente. In Caixeta, L., *Demência: Abordagem multidisciplinar* (pp. 201-209). São Paulo: Atheneu.

Digiovanna, A. G. (1994). *Human aging: Biological perspectives*. New York: The Mc Graw Hill Companies.

Drake, M. (2007). Introducción a la evaluación neuropsicológica. In Burin, D. I., Drake, M. A. & Harris, P. *Evaluación neuropsicológica en adultos*. Buenos Aires: Paidós.

DSM-IV-TR (2002). *Manual diagnóstico e estatístico de transtornos mentais* (4ª ed.). Porto Alegre: Artmed.

Fachel, J. M. G., & Camey, S. (2000). Avaliação psicométrica: A qualidade das medidas e o entendimento dos dados. In Cunha, J. A., *Psicodiagnóstico – V*. Porto Alegre: Artmed.

Folstein, M. F., Folstein, S. E., & Mc Hugh, P. R. (1975). Mini-mental state: A practical method for grading the cognitive state of patients for the clinician. *J. Psychiat. Res. 12*(3), 189-198.

Francheschi, C., Valensi, S., Bonafé, M., Paolisso, G., Yashin, A. I., Monti, D., & De Benedictis, G. (2000). The network and the remodeling theories of aging: Historical background and new perspectives. *Experimental Gerontology, 35*(67), 879-898.

Gil, R. (2002). *Neuropsicologia*. São Paulo: Santos Editora.

Hasher, L., & Zacks, R. (1997). Cognitive gerontology and atencional inhibition: A reply to burke and mc dowd. *Journal of gerontology: psychological sciences, 52*(B6), 274-283.

Izquierdo, I. (2002). *Memória*. Porto Alegre: Artmed Editora.

Jacobson, M. W., Delis, D. C., Bondi, M. W., & Salmon, D. P. (2002). Do neuropsychological tests detect preclinical Alzheimer's disease: Individual-test versus cognitive-discrepancy score analyses? *The american psychological associations, 16*(2), 132-139.

Kaufman, A. S. (2001). WAIS-III IQs, Horn's theory, and generational changes from young adulthood to old age. *Science direct, 29*(2), 131-167.

Lezak, M. D. (1995). *Neuropsychological assessment*. Oxford: Oxford University Press.

López, M. J. L., González, J. M. R., Vilariño, C. S., & Linares, E. T. (2003). Utilidad de las formas cortas de la Escala de Inteligência de Wechsler para Adultos (WAIS). *Anales de Psicologia, 19*, 53.

Magilla, M. C., & Caramelli, P. (2000). Funções executivas no idoso. In Forlenza, O. V. & Caramelli, P., *Neuropsiquiatria geriátrica*. São Paulo: Atheneu.

Manfrim, A., & Schmidt, S. L. (2006). Diagnóstico diferencial das demências. In Freitas, E. V., Py, L., Cançado, F. A. X., Doll J. & Gorzoni, M. L.. *Tratado de geriatria e gerontologia* (pp. 242-251). Rio de Janeiro: Guanabara-Koogan.

McKhann, G., Drachman, D., Folstein, M., Katzman, R., Price, D., & Stadlan, E. M. (1984). Clinical diagnosis of Alzheimer's disease: Report of the NINCDS-ADRDA Work Group under the auspices of Department of Health and Human Services Task Force on Alzheimer's Disease. *Neurology, 34*(7), 939-944.

Medronho, R. A. (2004). *Epidemiologia*. São Paulo: Atheneu.

Menezes, A. C. Z. (2008). *Habilidades intelectuais de idosos: Um estudo longitudinal*. Dissertação não publicada, Programa de pós-graduação em psicologia, Universidade Federal de Minas Gerais, Belo Horizonte.

Morris, J. C., Heyman, A., Mohs, R. C. Hughes, J. P., van Belle, G., Fillenbaum, G., Mellits, E. D., & Clark, C. (1989). The consortium to establish a registry for Alzheimer's disease (CERAD). Part I. Clinical and neuropsychological assessment of Alzheimer's disease. *Neurology, 39*, 1159-1165.

Nascimento, E. (2000). *Adaptação e validação do teste WAIS-III para um contexto brasileiro*. Tese não publicada. Doutorado em Psicologia, Universidade de Brasília, Brasília.

Nascimento, E., & Figueiredo, V. L. M. (2002). A terceira edição das Escalas Wechsler de Inteligência. In Primi, R. (Org.), *Temas em Avaliação Psicológica* (61-79). Campinas: Impressão digital do Brasil.

Nascimento, E. (2009). Ampliação das normas do teste WAIS-III para a terceira idade. *Resumos das mesas redondas do IV Congresso Brasileiro de Avaliação Psicológica*. Campinas: IBAP, 479.

Neri, A. L. (2001). O fruto dá sementes: Processos de amadurecimento e envelhecimento. In Neri, A. L., *Maturidade e velhice: Trajetórias individuais e socioculturais* (pp. 11-52). Campinas: Papirus.

Nitrini, R., Caramelli, P., Bottino, C. M. C., Damasceno, B. P., Brucki, S. M. D., & Anghinah, R. (2005). Diagnóstico de doença de Alzheimer no Brasil: Avaliação cognitiva e funcional. *Arq. Neuropsiquiatria, 63*(3A), 720-727.

Nitrini, R. (2006). Epidemiologia das demências. In Caixeta, L., *Demência: Abordagem multidisciplinar* (pp. 13-18). São Paulo: Atheneu.

Organização Mundial de Saúde (OMS) (1993). *Classificação de transtornos mentais e de comportamento da CID 10: Descrições clínicas e diretrizes diagnósticas*. Porto Alegre: Artes Médicas.

Organização Mundial de Saúde (2005). Envelhecimento ativo: Uma política de saúde. Brasília: *Organização Pan-Americana da Saúde.*

Parente, M. A. M. P., & Wagner, G. P. (2006). Teorias abrangentes sobre o envelhecimento cognitivo. In Parente, M. A. M. P., *Cognição e envelhecimento* (pp. 31-45). Porto Alegre: Artmed.

Pasquali, L. (2003). *Psicometria: Teoria dos testes na psicologia e na educação*. Petrópolis: Vozes.

Pereira, L. F. (2008). Avaliação exploratória do critério de fidedignidade da forma abreviada da Escala de Inteligência Wechsler para Adultos – WAIS III conforme o Modelo de Ward para um contexto brasileiro. *Horizonte Científico, 1*(8), 1-18.

Ramos, L. R. (2002). Epidemiologia do envelhecimento. In Freitas, E. V., Py, L., Neri, A. L., Cançado, F. A. X., Gorzoni, M. L. & Rocha, S. M., *Tratado de geriatria e gerontologia* (pp. 72-78). Rio de Janeiro: Guanabara Koogan.

Rowe, J. W., & Kahn, R. L. (1998). *Successful aging*. New York: Pantenon Books.

Salthouse, T. A. (1989). Aging and skilled performance. In Colley, A. M. & Beech, J. R. (Eds.), *Acquisition and performance of cognitive skills* (pp. 247-263). Chichester, UK: John Wiley & Sons.

Salthouse, T. A (1996). The processing-speed theory of adult age differences in cognition. *Psychological review, 103*, 403-428.

Shacter, D. L. (2003). *Os sete pecados da memória: Como a mente esquece e lembra*. Rio de Janeiro: Rocco.

Schaie, K. W. (1996). *Intellectual development in adulthood: The Seatle longitudinal study*. New York: Cambridge University Press.

Shulman, K. L. (1986). The challenge of time: Clock-drawing and cognitive function in the elderly. *International journal of geriatric psychiatry, 1*, 135-140.

Shulman, K. L. (2000). Clock-drawing: Is it the ideal cognitive screening test. International *Journal of geriatric psychiatry, 15*, 548-61.

Sliwinski, M. (1997). Aging and couting speed: Evidence for process-specific slowing. *Psychology and aging, 12*, 38-49.

Smid, J., Nitrini, R., Bahia, V. S., & Caramelli, P. (2001). Caracterização clínica da demência vascular. *Arq. neuropsiquiatria, 59*(2-B), 390-393.

Stella, F. (2004). Envelhecimento cognitivo. In Py, L., Pacheco, J. L., Sá, J. L. M. & Goldman, S. N., *Tempo de envelhecer: Percursos e dimensões psicossociais*. Rio de Janeiro: Nau Editora.

Sternberg, R. J. (2000). *Psicologia cognitiva*. Porto Alegre: Artes Médicas.

Stuart-Hamilton, I. (2002). *A psicologia do envelhecimento: Uma introdução*. Porto Alegre: Artmed.

Tirapu-Ustárroz, J., Muñoz-Céspedes, J. M., & Pelegrin-Valero, C. (2002). Funciones ejecutivas: Necesidad de una integración conceptual. *Revista de Neurología, 34*(7), 673-685.

Urbina, S. (2007). *Fundamentos da testagem psicológica*. Porto Alegre: Artmed.

Wechsler, D. (2004). *WAIS-III: Manual técnico*. São Paulo: Casa do Psicólogo.

Wecker, N., Kramer, J. Wisniewsky, A., Delis, D., Kaplan, E. (2000). Age effects on executive ability. *Neuropsychology, 14*(3), 409-414.

Woodruff-Pak, D. S. (1997). *The neuropsychology of aging*. Malden: Blackwell Publishers.

Xavier, F. M. F., Argimon, I. I. L., Zuppo, L., Lucchesi, L. M. S., Heluanyc, C. C. V., & Trentini, C. M. (2006). O desempenho em testes neuropsicológicos de octagenários não dementes e com baixa escolaridade em duas comunidades do sul do Brasil. *Psico, 37*(3), 221-231.

Yassuda, M. S., & Abreu, V. P. S. (2006). Avaliação Cognitiva. In Freitas, E. V., Py, L., Cançado, F. A. X., Doll, J. & Gorzoni, M. L., *Tratado de geriatria e gerontologia* (pp. 1252-1259). Rio de Janeiro: Guanabara-Koogan.

4

AVALIAÇÃO DAS RELAÇÕES FAMILIARES: ESTADO DA ARTE NO BRASIL

Marucia Patta Bardagi
Altemir José Gonçalves Barbosa
Makilin Nunes Baptista
Marco Antonio Pereira Teixeira

A qualidade das relações familiares é, há muito tempo, descrita como um dos principais fatores que contribuem para o desenvolvimento de competências na infância, na adolescência e na vida adulta. A família é considerada um sistema em constante mudança e de alta complexidade, que pode favorecer a aprendizagem de códigos sociais, sistemas de regras específicas, funções, valores, tipos de relações e vínculos. As características de cada família também estão associadas à saúde mental e física de seus membros, sendo que aquelas baseadas na aceitação facilitam o ajustamento social deles (Bell & Bell, 2005; Connor & Rueter, 2006; Minzi, 2006).

No âmbito das relações familiares, as interações pais-filhos têm recebido especial atenção por parte dos pesquisadores em Psicologia e Educação. Há várias formas de se avaliar essas relações, sendo possível descrever, por exemplo: a) as atitudes parentais, que são as crenças e/ou os valores dos pais que servem de base para suas práticas de socialização (Barbosa,

Rosini, & Pereira, 2007; Cunningham, 2001); b) as práticas educativas parentais, comportamentos específicos a diversos domínios de socialização (Hoffman, 1975; Salvo, Silvares, & Toni, 2005); c) os estilos parentais, conjunto de atitudes, práticas e expressões que caracterizam as interações pais-filhos nas diversas situações (Baumrind, 1967, 1971; Maccoby & Martin, 1983); d) o suporte familiar, percepção de comunicação, conflito, resolução de problemas, vínculos/coesividade, afetividade/emocionalidade, intimidade/autonomia, diferenciação/individuação, adequação, triangulação e regras em uma família (Bray, 1995; Olson, Russell, & Sprenkle, 1983), entre outros.

Neste capítulo, serão enfatizadas algumas perspectivas de análise das relações parentais – especificamente, os estilos parentais e o suporte familiar – além dos estudos de intervenções relacionadas ao desenvolvimento da parentalidade. Ao longo do texto serão definidas teoricamente as perspectivas e descritos os instrumentos brasileiros disponíveis para sua avaliação, com apresentação de estudos que os tenham empregado. Assim será possível, em futuros estudos, identificar as melhores estratégias de investigação, conforme os objetivos, e refletir sobre as potencialidades e fragilidades dos instrumentos em questão, de forma que também seja possível criar estudos para aperfeiçoá-los.

AVALIAÇÃO EM SUPORTE FAMILIAR

O construto suporte familiar pode ser considerado multidimensional e de difícil operacionalização, já que a literatura não oferece uma definição padrão do mesmo e sim sua constituição dimensional. Basicamente, pesquisadores e teóricos que trabalham com o suporte familiar concordam que algumas dimensões desse fenômeno estão presentes na maioria dos instrumentos que o avaliam, como coesão, adaptabilidade, conflito, resolução de problemas, vínculos, afetividade, intimidade, individuação, autonomia, regras/papéis e comunicação (Barker, 1992; Bray, 1995). O que se observa é que os pesquisadores adotam nomenclaturas diferentes para a mesma dimensão ou mesmo nomenclaturas iguais para dimensões diferentes, provavelmente porque os instrumentos provém de diferentes teorias de base; além disso, como relatado anteriormente, não há homogeneidade na definição do construto. A seguir serão descritos instrumentos brasileiros que abordam o tema. É importante observar o número reduzido de instrumentos que avaliam o suporte familiar ou construtos análogos no Brasil.

A preocupação em avaliar as relações familiares data do início da década de 1960. Já em 1965, Schaefer desenvolveu um conjunto de escalas para avaliar o comportamento dos pais na opinião dos filhos. As principais dimensões hipotéticas que Schaefer propôs na época foram autonomia, amor, controle e hostilidade. Já os aspectos avaliados para os pais no quesito "autonomia" e "autonomia e amor" eram a disciplina relaxada, encorajamento de sociabilidade nos filhos, encorajamento de pensamento independente e tratamento igualitário. Nos quesitos "amor" e "amor e controle" os itens avaliavam a expressão de afetividade dos pais, demonstração de avaliações positivas em relação aos filhos, priorização, suporte emocional, estimulação da intelectualidade, possessão e proteção. Nos quesitos "controle" e "controle e hostilidade" o autor propunha a avaliação de intrusividade, supressão de agressão, controle de pensamentos de culpa e diretividade parental, severidade, punitividade e irritabilidade. Por último, no quesito "hostilidade" e "hostilidade e autonomia", os itens se relacionavam à irritabilidade, avaliações negativas em relação aos filhos, rejeição, negligência e o quanto os pais ignoravam seus filhos.

INSTRUMENTOS BRASILEIROS PARA AVALIAÇÃO DE SUPORTE FAMILIAR

No Brasil, as iniciativas para construir um teste que avaliasse o suporte familiar ocorreram na década de 1980 e merecem breve descrição. Por exemplo, Carneiro (1983) desenvolveu a Entrevista Familiar Estruturada (EFE), constituída de tarefas verbais e não verbais aplicadas aos membros da família com o intuito de avaliar a dinâmica familiar por meio de uma visão sistêmica processual. Essa entrevista fornece dados para um diagnóstico familiar em clínica, necessita de toda a família reunida e seu tempo de aplicação pode variar de 30 a 90 minutos. A EFE avalia dimensões relativas à comunicação, regras, papéis, liderança, conflitos, manifestação de agressividade, afeição física, interação conjugal, individualização, integração, autoestima e interação familiar como facilitadora de saúde emocional. Por se tratar de uma entrevista, podem-se observar algumas características no seu uso e avaliação, como, por exemplo, a presença de um profissional experiente para conduzir o processo, bem como a necessidade de a avaliação familiar ser feita por um profissional familiarizado com a teoria sistêmica. Por último, por ser uma entrevista que utiliza tarefas e permite a fala aberta dos integrantes da família, a avaliação dos seus resultados exige habilidades específicas, além de favorecer a interpretação subjetiva dos resultados. Essa entrevista foi aprovada pelo Satepsi em 2005 e pode ser considerada a primeira entrevista aprovada que avalia a família com os requisitos psicométricos mínimos para ser utilizada pelo profissional de psicologia.

Outros instrumentos desenvolvidos na década de 1980 que avaliam variáveis associadas às relações na família – por exemplo, Pasquali Sul Araújo (1986) – não chegaram a gerar estudos posteriores. Apesar de possíveis falhas na recuperação da literatura, já que nem todos os periódicos são indexados, encontraram-se somente mais dois instrumentos de avaliação familiar construídos nos últimos anos, entre eles o Familiograma (Teodoro, 2006) e o Inventário de Percepção de Suporte Familiar (Baptista, 2005, 2007).

O Familiograma avalia a percepção da afetividade e o conflito familiar nas díades familiares (por exemplo, pai-mãe, filho-pai, filho-mãe etc.). Afetividade é definida como um conjunto de emoções positivas existentes no relacionamento interpessoal. Já conflito é caracterizado como uma gama de sentimentos negativos que podem ser tanto uma fonte geradora de estresse como de agressividade no sistema familiar. Para cada uma das díades avaliadas, o participante tem de informar, por meio de uma lista de adjetivos e uma escala Likert variando de 1 a 5, como se caracteriza cada relacionamento em termos de afetividade e conflito. A pontuação do Familiograma varia de 11 a 55 para cada construto, sendo que escores mais elevados denotam que maior será a percepção de afetividade e conflito. O Familiograma permite a classificação das famílias em quatro diferentes categorias de acordo com a intensidade da afetividade e do conflito familiar e possui, pelo menos, evidência de validade de construto e critério. As famílias pertencentes ao Tipo I são aquelas descritas como tendo alta afetividade e baixo conflito. Famílias do Tipo II têm alta afetividade e alto conflito. Já as famílias classificadas como Tipo III têm baixa afetividade e baixo conflito, enquanto as do Tipo IV têm baixa afetividade e alto conflito.

O Inventário de Percepção de Suporte Familiar (IPSF) é a primeira escala aprovada em 2009 pelo Satepsi especificamente sobre suporte familiar. O IPSF foi arquitetado com o intuito de se ter disponível um instrumento construído no e para o Brasil com características psicométricas adequadas.

O IPSF contém 42 itens distribuídos em três dimensões, sendo o primeiro fator nomeado como "Afetivo-Consistente" (21 itens), refletindo perguntas que versam sobre a expressão de afetividade entre os membros familiares (verbal e não verbal), interesse, proximidade, acolhimento, comunicação, interação, respeito, empatia, clareza nas regras intrafamiliares, consistência de comportamentos e verbalizações e habilidades na resolução de problemas. O fator 2, denominado de "Adaptação" ficou composto por 13 itens, sendo expresso por perguntas referentes a sentimentos e comportamentos negativos em relação à família, como raiva, isolamento, incompreensão, exclusão, não pertencimento, vergonha, irritação, relações agressivas (brigas e gritos), além de percepção de que os familiares competem entre si, são interesseiros e se culpam nos conflitos, em vez de tentarem inter-relações mais pró-ativas. Essa dimensão é pontuada inversamente, sendo que quanto maiores as pontuações, mais o indivíduo estaria adaptado em sua família, expressando mais comportamentos positivos em relação a esta (pouca ou nenhuma raiva, isolamento, sentimentos de incompreensão, exclusão, vergonha, irritação, relações agressivas etc.). Por último, o fator denominado "Autonomia" foi composto por oito itens e tem questões que podem assinalar relações de confiança, liberdade e privacidade entre os membros.

O IPSF contém diversos estudos de evidência de validade, tanto de construto quanto de critério, já tendo sido avaliado fatorialmente e com outras tantas medidas convergentes e externas, como afetividade e conflito familiar, traços de personalidade, suporte social, autoconceito, saúde geral/mental, *locus* de controle, autoeficácia e vulnerabilidade ao estresse no trabalho, entre outros (Aquino, 2007; Baptista, Alves, & Santos 2008; Baptista, Alves, Souza, & Lemos, 2008; Baptista & Dias, 2007; Baptista, Santos, Alves, & Souza, 2009; Rigotto, 2006; Souza, 2007).

Dessa forma, parece haver esforços, desde a década de 1980, em desenvolver instrumentos brasileiros capazes de avaliar a dinâmica familiar. Atualmente, observam-se, aprovadas pelo

Satepsi, uma escala (IPSF) e uma entrevista (EFE) com qualidades psicométricas adequadas, o que amplia as possibilidades de avaliação na área de família, especificamente da dinâmica familiar. Ainda não é o suficiente para um país de grandes proporções e diferenças familiares tão significativas como o Brasil, mas pode ser um bom começo, principalmente porque outros instrumentos devem ser desenvolvidos.

OS ESTILOS PARENTAIS

A análise dos estilos parentais permite olhar para padrões globais de comportamento dos pais, não apenas para dimensões específicas. A primeira definição de estilos parentais vem dos estudos da pesquisadora americana Diana Baumrind (1967, 1971). Em sua abordagem tipológica das práticas parentais de socialização, ela descreveu três tipos de padrões de controle parental, definidos como uma medida de disciplina. Os tipos (estilos) de controle encontrados foram chamados de autoritário, autoritativo e permissivo. A análise dos estilos parentais tem sido amplamente usada para o estudo das ligações entre os padrões de interação familiar e o funcionamento de crianças, mas também de adolescentes e adultos jovens, tanto em estudos nacionais quanto internacionais (Bardagi & Hutz, 2006; Lamborn, Mounts, Steinberg, & Dornbusch, 1991; Pacheco, 1999; Strage & Brandt, 1999; Teixeira & Lopes, 2005; Uehara, Sakado, Sato, & Someya, 1999).

Nos anos 1980, Maccoby e Martin (1983) analisaram os estilos parentais em termos das dimensões de exigência (controle do comportamento e estabelecimento de metas e padrões de conduta) e responsividade (capacidade dos pais em serem contingentes ao atender às necessidades e particularidades dos filhos) em relação aos filhos. Nessa análise, os autores mantiveram os padrões autoritário e autoritativo, descritos por Baumrind (1967, 1971), e transformam o padrão permissivo em dois novos padrões: indulgente e negligente, referentes a distintos graus de responsividade. Essa nova classificação é a mais utilizada na literatura, com quatro estilos de criação dos filhos: autoritativo, autoritário, negligente e indulgente. A Tabela 1 apresenta um resumo das características e principais resultados da criação nos diferentes estilos parentais (Reppold, Pacheco, Bardagi, & Hutz, 2002).

Tabela 1 – Características dos pais e de filhos segundo os diferentes padrões parentais

Estilo	Características dos pais	Características dos filhos	Estudos revisados
Autoritário	– restritivos – têm expectativa de obediência; – usam estratégias punitivas em excesso; – buscam modelar, controlar e avaliar o comportamento dos filhos de acordo com regras rígidas; – encorajam pouco o diálogo e a autonomia.	– baixos índices de problemas de comportamento e altos índices de desempenho acadêmico; – exibem baixa autoestima, hostilidade, medo e frustração e índices elevados de ansiedade e depressão.	Adalbjarnardottir & Hafsteinsson, 2001; Aunola, Sttatin & Nurmi, 2000; Baumrind,1967, 1971; Lamborn *et al.*, 1991; Wolfradt, Hempel & Miles, 2003.
Autoritativo	– encorajam a liberdade e a autonomia; – controlam o comportamento, mas dirigem as atividades dos filhos de uma maneira racional; – estabelecem padrões de conduta e valorizam o respeito às regras que consideram razoáveis.	– responsabilidade social, cooperação, amizade, boa autoestima, sentimentos de controle sobre os eventos de vida, competência social e cognitiva; – baixa agressividade e baixos índices de problemas de internalização e comportamento; – melhores índices de ajustamento entre os quatro estilos.	

Continuação da Tabela 1

Estilo	Características dos pais	Características dos filhos	Estudos revisados
Indulgente	- têm alto grau de responsividade, tolerância e afeto; - baixo uso do controle do comportamento dos filhos; - apresentam alta aceitação e encorajamento da independência; - não mostram atitudes restritivas com frequência.	- baixa competência social, maior agressividade e egoísmo; - menor índice de realização.	
Negligente	- pouco envolvidos com a criação dos filhos; - não se mostram interessados nas atividades dos filhos, nem atendem suas necessidades.	- menores índices de competência social e cognitiva; - maiores índices de problemas de internalização e comportamento; - piores índices de ajustamento entre os quatro estilos parentais.	

Instrumentos brasileiros para avaliação de estilos parentais

Um dos primeiros instrumentos disponíveis no Brasil para avaliar estilos parentais foram as escalas de responsividade e exigência de Costa, Teixeira e Gomes (2000) para uso com adolescentes, adaptadas das escalas adotadas no estudo de Lamborn *et al.* (1991), que seguem o modelo de estilos parentais proposto por Maccoby e Martin (1983). A partir da combinação de escores altos e baixos em cada dimensão, é possível categorizar os quatro estilos parentais. É importante ressaltar que se trata de escalas de heterorrelato respondidas pelos adolescentes a respeito do modo como percebem os comportamentos e as atitudes de seus pais para consigo. Cada escala é respondida levando em consideração a mãe e o pai separadamente, o que possibilita trabalhar com escores e classificações para mães, pais e a dupla parental (fazendo a combinação dos escores de pais e mães). A escala de exigência tem 6 itens, enquanto a escala de responsividade tem 10 itens. O instrumento mostrou evidências de validade (por análise de componentes principais) e bons índices de fidedignidade (*alfas* de Cronbach entre 0,78 e 0,83).

Estas escalas já foram empregadas em alguns estudos. Weber, Brandenburg e Viezzer (2003) adaptaram-nas para serem aplicadas a crianças e investigaram a relação dos estilos com o otimismo das crianças. As autoras observaram que o estilo autoritativo associou-se com escores mais altos de otimismo e mais baixos de passividade, ao passo que o estilo negligente esteve relacionado com escores mais baixos de otimismo e mais altos de passividade. Em outra pesquisa, o objetivo foi verificar a concordância entre a percepção de estilos por parte dos pais e das crianças (Weber, Prado, Viezzer, & Brandenburg, 2004). Os resultados sugeriram que os pais se percebem mais responsivos e exigentes do que os filhos os percebem, mas que há uma correlação positiva e convergente entre a percepção de pais e filhos. Pacheco, Teixeira e Gomes (1999) investigaram a relação entre os estilos parentais avaliados por estas escalas e habilidades sociais em adolescentes. Nesse estudo, verificou-se que os diferentes grupos de estilos não diferiam quanto às habilidades sociais, mas apresentaram diferenças em outras variáveis relacionadas às habilidades, mais especificamente ansiedade e agressividade (os grupos de estilo autoritário e autoritativo tenderam a apresentar maior ansiedade que os demais, ao passo que o grupo de estilo negligente teve escore maior em agressividade do que o autoritativo).

As escalas de responsividade e exigência (Costa *et al.*, 2000) foram posteriormente refinadas por Teixeira, Bardagi e Gomes (2004). Esta versão segue a mesma lógica da anterior, mas tem escalas de responsividade e exigência com maior número de itens, abarcando conteúdos que a escala original não contemplava (a escala original usou apenas os itens que constavam no instrumento norte-americano). Assim, tanto a escala de exigência quanto a de responsividade passaram a contar com doze itens cada uma. Também foi modificado o sistema de respostas aos itens, de uma escala Likert de 3 pontos para 5 pontos, aumentando a variabilidade das respostas. As escalas apresentaram boas evidências de validade (por análise de componentes principais) e fidedignidade (*alfas* entre 0,78 e 0,80), indicando tratar-se de instrumento com propriedades psicométricas adequadas para pesquisa (Teixeira *et al.*, 2004).

A versão refinada das escalas de exigência e responsividade foi empregada em diversas pesquisas. Tatsch, Teixeira e Gomes (2003) aplicaram o instrumento em adolescentes de comunidades com ascendência germânica e italiana e observaram uma tendência a predominar o estilo autoritário na comunidade germânica e o indulgente na comunidade italiana. Em um estudo com estudantes universitários, Teixeira e Lopes (2005) observaram associações entre os estilos percebidos retrospectivamente e alguns valores humanos. De modo geral, verificou-se que os jovens criados sob estilo negligente atribuíram menor importância aos valores, além de serem percebidas algumas diferenças nos valores entre os grupos. Bardagi e Hutz (2006) verificaram que adolescentes que percebiam seus pais como autoritários ou negligentes apresentaram maiores índices de depressão e ansiedade. Reichert e Wagner (2007) investigaram a relação entre estilos parentais e a autonomia na adolescência, tendo verificado que adolescentes criados sob estilo materno autoritário apresentavam menores índices de autonomia funcional (capacidade de tomar decisões de forma autônoma e de gerir o próprio comportamento) do que aqueles criados sob os estilos autoritativo e indulgente. Mais recentemente, Pacheco, Silveira e Schneider (2008) correlacionaram as escalas de responsividade e exigência com diversos itens indicadores de práticas educativas parentais, e encontraram convergências teoricamente esperadas nos resultados. Neste estudo, chamou a atenção a correlação entre exigência e controle por meio de culpa. Isto sugere que a exigência, conforme medida pela escala, não discrimina uma monitoração branda do comportamento de um controle psicológico mais negativo, sendo um aspecto que necessita ser mais bem investigado em novas pesquisas.

O Inventário de Estilos Parentais, o IEP (Gomide, 2006), o único comercializado entre os instrumentos, propõe uma avaliação do estilo parental (conforme terminologia da autora) em termos do predomínio de práticas educativas parentais tidas como positivas ou negativas na adolescência. Ele avalia sete dimensões de práticas educativas: duas positivas (monitoria positiva e comportamento moral) e cinco negativas (negligência, abuso físico, disciplina relaxada, punição inconsistente e monitoria negativa). As escalas podem ser respondidas tanto pelos adolescentes quanto por seus pais. A avaliação dos adolescentes é feita separadamente em relação ao pai e à mãe. A autora propõe tanto a avaliação de cada dimensão isoladamente quanto o cálculo de um índice global de estilo parental, obtido subtraindo-se o somatório dos escores de práticas negativas do somatório dos escores de práticas positivas. Quanto mais positivo o índice, mais adequado é o estilo parental em termos de favorecer um desenvolvimento saudável. Percebe-se, portanto, que, apesar de usar o termo "estilo parental", esse instrumento não avalia categorias de estilos e sim considera apenas a qualidade geral das práticas educativas. O manual do IEP (Gomide, 2006) não exibe resultados de análise fatorial do instrumento que tenha identificado as sete dimensões propostas; apenas traz análises que sugerem a unidimensionalidade de cada escala isoladamente. Medidas de fidedignidade estimadas por meio de coeficientes *alfa* de Cronbach apontaram valores entre 0,47 e 0,87.

Estudos que buscaram obter evidências de validade para o IEP revelaram que as escalas são capazes de discriminar grupos de risco (crianças e jovens provenientes de instituições de abrigo) e não risco, tendo-se observado menos indicadores positivos e mais negativos de práticas parentais no grupo de risco. Na comparação entre grupos de nível socioeconômico (NSE) alto e baixo, observou-se predomínio de práticas positivas no grupo de NSE alto (monitoria positiva) e de práticas negativas no grupo de NSE baixo (negligência, disciplina relaxada e abuso físico). Ainda, foram identificadas associações de práticas parentais negativas com estresse e depressão nos pais, e com estresse nos filhos (Gomide, 2006).

Outro instrumento que avalia dimensões de estilos parentais é o Questionário de Estilos Parentais (Boeckel & Sarriera, 2005), uma versão adaptada ao Brasil do *Parental Authoritative Questionnaire, o* PAQ (Buri, 1991). Este instrumento tem três subescalas, cada uma delas avaliando diferentes estilos parentais: autoritário, autorizante (equivalente ao termo autoritativo, neste capítulo) e permissivo (inspirados nas ideias de Baumrind, 1965). Note-se que Boeckel e Sarriera (2005) usam o termo estilos quando se referem às escalas desse instrumento. Porém, estilos aqui não são vistos em sentido tipológico. Dessa forma, o instrumento não fornece uma classificação de estilos e sim escores em cada uma das três dimensões. É possível imaginar que a escala com escore mais alto seria o "tipo" predominante para um dado sujeito; porém, os autores não sugerem esse tipo de classificação no artigo. Uma característica importante do PAQ é que seus itens foram formulados para ser respondidos por adultos considerando "situações hipotéticas referentes às estratégias educacionais usadas pelos pais durante a infância de seus filhos" (Boeckel & Sarriera, 2005, p. 3). As escalas têm um sistema Likert de resposta de 5 pontos. A adaptação brasileira foi testada em uma amostra de jovens adultos universitários, tendo o instrumento apresentado evidência de validade (por análise de componentes principais) e bons níveis de consistência interna (*alfas* de 0,74, 0,85 e 0,88). Outras pesquisas que tenham utilizado esse instrumento não foram localizadas.

INTERVENÇÕES PARA PROMOVER A PARENTALIDADE

Promover estilos, práticas, atitudes e/ou suporte familiar mais positivos, aqui reduzidos ao termo parentalidade, tem sido o foco para muitos programas de intervenção que objetivam o desenvolvimento saudável de crianças e adolescentes. Essa ênfase é decorrente tanto do senso comum quanto de pesquisas que demonstram associação entre as relações parentais e desenvolvimento socioemocional (Shaw, 2006). Kaminski, Valle, Filene e Boyle (2008) destacam que o fim dos anos 1960 testemunhou uma mudança de foco nas intervenções com crianças e adolescentes, que passaram a incorporar também a mudança de comportamento dos pais. Essa mudança, segundo os autores, decorreu tanto da constatação de que os pais contribuem de forma decisiva para os comportamentos ajustados e desajustados dos filhos quanto do fato de que não somente psicoterapeutas devidamente treinados, mas também os pais podem modificar substancialmente o comportamento de crianças e adolescentes.

Ao longo do tempo, embora alguns autores como Lundah, Tollefson, Risser e Lovejoy (2008, p. 97) destaquem que "os programas de treinamento parental são baseados na premissa que as práticas parentais contribuem para a gênese, o progresso e a manutenção de comportamentos disruptivos" dos filhos, as intervenções também passaram a ter caráter preventivo e de promoção de saúde ao longo do tempo. Kaminski *et al.* (2008) citam intervenções que tiveram como objeto o desenvolvimento cognitivo, a diminuição da ansiedade, a melhoria da saúde física e a melhoria da parentalidade em famílias de risco, entre outros. Ao longo dos anos, as intervenções para pais também variaram em relação ao foco (autoeficácia parental, habilidades de comunicação etc.), aos contextos em que são realizadas (clínicas, comunidades, escola etc.), às técnicas empregadas (dinâmicas de grupo, atividades para casa etc.) e aos tipos de famílias-alvo (pais de crianças com problemas de comportamento, adolescentes em conflito com a lei etc.) (Kaminski *et al.*, 2008). Embora os termos adotados variem significativamente, todas as intervenções têm como meta principal a promoção de uma parentalidade saudável. Atualmente, um dos principais desafios é determinar quais são as características que as intervenções devem ter para atingir essa meta.

Estudos metanalíticos (Kaminski *et al.*, 2008), de revisão sistemática (Moran, Ghate, & van der Merwe, 2004) ou teóricos (Shaw, 2006) têm buscado identificar quais são as características das intervenções que efetivamente promovem o desenvolvimento da parentalidade. Há ainda pesquisas sobre aspectos específicos que podem facilitar ou obstar a promoção da parentalidade, como a participação do pai nas intervenções (Lundahl *et al.*, 2008).

Moran *et al.* (2004) descrevem uma série de aspectos gerais que caracterizam as intervenções "que funcionam": a) combinam intervenções precoces e intervenções em situação de crise, pois, no primeiro caso, os efeitos positivos são melhores e mais duradouros para as crianças, mas, na segunda situação, as ações podem auxiliar os pais a lidarem melhor com eventos estressantes; b) têm uma base teórica robusta e um modelo acerca dos mecanismos de mudança; c) têm objetivos concretos e mensuráveis, bem como metas bem estabelecidas; d) promovem intervenções amplas, destinadas à prevenção primária para toda a comunidade, focada em necessidades e problemas menos severos relacionados à parentalidade; e) fazem intervenções focais, ou seja, destinadas a populações específicas ou indivíduos considerados de risco para certas dificuldades parentais, ou para dificuldades parentais mais complexas; f) atentam para fatores que atraem, mantêm e engajam os pais; g) empregam múltiplas vias para acessar as famílias; h) adotam múltiplas estratégias de intervenção; i) usam o formato grupal para que os pais se beneficiem ao compartilhar o trabalho com os pares; j) adotam trabalho individual para problemas severos ou complexos ou para pais que não estão preparados para o trabalho em grupo; k) são planejadas de tal forma que as intervenções específicas são estruturadas e controladas para manter a integridade; l) contam com uma equipe de profissionais capacitada adequadamente, supervisionada e apoiada por uma gerência competente; m) têm caráter longitudinal, fazendo acompanhamentos (*follow-up*) frequentes, para casos de elevada severidade ou para grupos de pais de alto risco; n) fazem intervenções pontuais para transmitir informações e sistemas de ajuda sobre o desenvolvimento humano, encorajando mudanças simples de comportamento; o) implantam intervenções comportamentais com foco em habilidades parentais específicas e "lições de casa" práticas que facilitam a mudança de comportamento dos pais e têm impacto na conduta dos filhos; p) promovem intervenções de caráter cognitivo para mudar crenças, atitudes e autoconceito relacionados à parentalidade; e q) promovem atividades paralelas, não necessariamente ao mesmo tempo, com pais, familiares e filhos.

Para Shaw (2006), as intervenções bem-sucedidas com pais têm como características a especificidade no que diz respeito ao público-alvo, a ênfase em múltiplos aspectos que determinam uma parentalidade bem-sucedida, a preparação cuidadosa dos profissionais envolvidos, a capacidade que os profissionais têm de envolver os pais no trabalho, e o contato intensivo com os pais durante o período de um a dois anos. Há que se acrescentar ainda a necessidade de os pais participarem ativamente. As autoras detectaram que o fato de os pais praticarem ativamente as interações positivas e as comunicações afetivas ensinadas durante as intervenções com os filhos pode gerar melhores resultados (Kaminski *et al.*, 2008).

Não obstante os avanços no que diz respeito às bases teóricas, à avaliação e às intervenções que têm a parentalidade como foco, poucos estudos a esse respeito têm sido produzidos no Brasil. Quando se trata das estratégias capazes de promovê-la, a carência é ainda maior. Uma busca nas principais fontes de publicações científicas eletrônicas em Psicologia no país corroborou a afirmação anterior. Ao consultar as bases de dados Scielo e Pepsic, bem como o Banco de Teses da Capes, foram recuperadas somente dez investigações que descrevem intervenções feitas com pais e que têm entre seus objetivos – gerais ou específicos – a promoção da parentalidade. Destaca-se que foram usados os termos suporte familiar, suporte parental, estilos parentais, práticas parentais, atitudes parentais e habilidades educativas parentais no processo de busca e que se delimitou um intervalo temporal de cinco anos (2004-2008) com intenção de focar a produção científica mais recente nessa área.

Da mesma forma que Kaminski *et al.* (2008), foram selecionados somente relatos de intervenções que tinham como meta a aquisição e/ou a mudança na parentalidade, sendo desconsiderados os textos com ações de caráter exclusivamente informativo – transmitir informações sobre parentalidade e/ou desenvolvimento da infância e adolescência para os pais. Relatos de intervenções psicoterapêuticas também não foram selecionados. Assim, é possível afirmar que as intervenções selecionadas têm caráter psicoeducacional. O resultado dessa busca é sumarizado na Tabela 2. Características relevantes de uma intervenção como o êxito e a faixa etária da prole não foram descritas, pois a meta principal desse capítulo é destacar o papel central da avaliação e das medidas psicológicas relacionadas à parentalidade, mesmo em se tratando de intervenção.

Dentre os autores que têm feito pesquisas para avaliar a promoção da parentalidade, há que se destacar Bolsoni-Silva. A pesquisadora tem se dedicado ao estudo das habilidades educativas parentais há praticamente uma década, tanto em seus estudos de pós-graduação (Bolsoni-Silva, 2003) quanto em publicações com revisão de literatura (Bolsoni-Silva & Marturano, 2002) e que relatam pesquisas como as constantes na Tabela 2. Trata-se de pesquisas com intervenção que tiveram como objetivo o desenvolvimento de habilidades sociais educativas parentais, um dos principais construtos enfatizados nos estudos recuperados.

Tabela 2 – Características de pesquisas brasileiras que descrevem estratégias para promover a parentalidade.

Autores	Ano	Amostra	Duração*	Procedimento	Medidas	Construto
Andrada	2007	Não clínica de mães (n = 38) e pais (n = 38)	6 sessões (≡ 9 horas)	Grupal, quase experimental	Inventário HOME: Home Observation for Measurement of the Environment (Bradley & Caldwell, 1979), Protocolo de acompanhamento do Treinamento de Suporte Parental e Roteiro de entrevista	Suporte Parental
Bolsoni-Silva, Salina-Brandão, Versuti-Stoque, Rosin-Pinola	2008	Não clínica de mães (n = 7) e pais (n = 2)	22 sessões (não especificado)	Grupal, quase experimental	Questionário de Habilidades Sociais Educativas Parentais (QHSE-P)	Habilidades Sociais Educativas

Continuação da Tabela 2

Autores	Ano	Amostra	Duração*	Procedimento	Medidas	Construto
Bolsoni-Silva, Silveira, Marturano	2008	Não clínica de mães (n = 10) e pais (n = 4)	20 sessões (≡35 horas)	Grupal, quase experimental	Roteiro de Entrevista de Habilidades Sociais Educativas Parentais (RE-HSE-P, Bolsoni-Silva, 2008)	Habilidades Sociais Educativas
Bolsoni-Silva, Silveira, Ribeiro	2008	Mista de mães (n = 2) e avó (n = 1)	14 sessões (≡28 horas)	Grupal, quase experimental	Roteiro de Entrevista de Habilidades Sociais Educativas Parentais (RE-HSE-P, Bolsoni-Silva, 2008)	Habilidades Sociais Educativas
Coelho, Murta	2007	Clínica de mães (n = 5) e pais (n =2)	18 sessões (≡ 27 horas)	Grupal, quase experimental	Roteiro de entrevista	Habilidades Sociais Educativas
Lambertucci, Carvalho	2008	Não clínica de mães (n = 13) e pai (n = 1)	6 sessões (≡ 12 horas)	Grupal, quase experimental	—	Práticas Educativas
Pinheiro, Haase, Del Prette, Amarante, Del Prette	2006	Não clínica de mães (n = 32) e pais (n = 2)	9 sessões (≡ 17h)	Grupal, quase experimental	Entrevistas	Habilidades Sociais Educativas
Rios	2006	Não clínica de mães (n = 5)	10 sessões (≡ 9 horas)	Grupal, quase-experimental	Escala de Senso de Competência Parental, Escala Parental	Práticas Educativas
Santos	2007	Clínica (pacientes oncológicos) de mães (n = 7) e uma avó (n = 1)	**	Grupal, quase-experimental	Instrumento de Avaliação das Relações Familiares (PBI), Roteiro de entrevista	Práticas Educativas
Weber, Brandenburg, Salvador	2006	Não clínica de mães (n = 73) e pais (n = 20)	8 sessões (** horas)	Grupal, quase-experimental	Observação e Ficha de Avaliação Final	Práticas Educativas

*Desconsideraram-se as sessões exclusivas de pré e pós-testes.
**Informação não identificada.

Del Prette e Del Prette (2001, p. 94) definem habilidades sociais educativas como "aquelas intencionalmente voltadas para a promoção do desenvolvimento e da aprendizagem do outro, em situação formal ou informal". Esses propuseram, em 2008, um sistema de habilidades sociais educativas com classes e subclasses que se pode aplicar a pais, professores e outros agentes educacionais. Estabelecer contextos interativos potencialmente educativos, transmitir e expor conteúdos sobre habilidades sociais, estabelecer limites e disciplina e monitorar positivamente são as quatro classes de habilidades sociais educativas propostas. Apesar da terminologia distinta, é evidente a proximidade entre esse construto e o de práticas educativas (Gomide, 2006), que aparece como conceito-chave para estudo da parentalidade em quatro das dez investigações sumarizadas na Tabela 2.

Quanto à temporalidade, foram encontradas publicações somente em três dos cinco anos-alvo: 2006 ($n = 3$); 2007 ($n = 3$) e 2008 ($n = 4$). É tentador afirmar que os estudos sistemáticos que relatam intervenções para a promoção da parentalidade passaram a ser feitos recentemente e tendem a aumentar com o tempo no Brasil. Porém, as limitações temporais e na recuperação de informação não permitem essa assertiva. As amostras investigadas tendem a ser do tipo não clínico. Porém, dois estudos contaram com amostras clínicas e um teve participantes que se enquadram nos dois grupos. Torna-se evidente que, da mesma forma que em outros países, as intervenções para a promoção da parentalidade no Brasil tendem a possuir caráter psicoeducacional.

No geral, as amostras pesquisadas são relativamente pequenas ($M = 26,30$; ≥ 3; ≤ 93). Todas as intervenções contaram com a presença das mães, porém três delas não tiveram a participação dos pais. Além disso, a quantidade de genitores que participam ($M = 7,10$; $DP = 12,35$) é menor ($Z = -2,67$; $p < 0,001$) que a de genitoras ($M = 21,11$; $DP = 22,92$). Trata-se de um padrão já identificado em outros países (Lundahl *et al.*, 2008). "Historicamente, treinamento parental tem sido sinônimo de treinamento materno, o que é consistente com a ênfase do passado de que as mães são as agentes primárias de socialização" (Lundahl *et al.*, 2008).

Em quatro das dez investigações analisadas não foi usada uma medida de parentalidade com evidências de validade. Foram adotados instrumentos elaborados especificamente para o estudo como roteiro de entrevista ou, ainda, somente medidas de comportamento dos filhos que deveriam sofrer alterações a partir da promoção de uma parentalidade saudável. Assim, por desconhecimento ou por opção metodológica não muito justificável, deixou-se de usar medidas de parentalidade com indicadores de validade bastante robustos, como as descritas neste texto. Mesmo no caso da adoção de medidas padronizadas de parentalidade, parece que os instrumentos adotados apresentam insuficiências psicométricas.

CONSIDERAÇÕES FINAIS

Deve-se levar em consideração que diversos construtos e nomenclaturas vêm sendo adotados nas avaliações familiares, às vezes se referindo à mesma definição e às vezes utilizando nomenclaturas iguais para definições operacionais diferentes (Pedersen & Revensonm, 2005). A avaliação familiar (funcionamento e relações) também dependerá das múltiplas perspectivas e teorias que embasam os instrumentos construídos. Por exemplo, Bray (1995) cita que, no desenvolvimento de teorias e instrumentos para as avaliações familiares, podem ser observados fatores em comum, no entanto é difícil estabelecer nessa área instrumentos considerados *"gold standards"*. Pode-se, ainda, observar na literatura científica instrumentos desenvolvidos empiricamente, baseados em teorias psicológicas e/ou sociais ou ainda instrumentos que são uma mistura de construtos sem uma teoria básica por trás e/ou desenvolvidos com bases empíricas. De modo geral, Bray afirma que os fatores mais encontrados nas avaliações familiares são a comunicação, o conflito, a resolução de problemas, vínculos/coesividade, afetividade/emocionalidade, a intimidade, diferenciação/individuação, a triangulação e as regras.

Os instrumentos brasileiros relacionados à parentalidade descritos neste capítulo contemplam, em maior ou menor grau, as dimensões especificadas por Bray (1995). Muitos deles, porém, têm sido usados apenas em estudo de caráter teórico, não sendo investigada a sensibilidade dessas medidas às mudanças advindas de intervenções. Por outro lado, os estudos que focam nas intervenções não têm empregado usualmente o instrumental disponível na literatura nacional. Essa constatação sugere uma possível cisão entre o conhecimento produzido na área de avaliação psicológica e a adoção das ferramentas aí desenvolvidas em pesquisas de intervenção. Esse é um ponto que precisa ser considerado tanto pelos pesquisadores em avaliação quanto pelos que pesquisam as intervenções, para fomentar uma discussão sobre as contribuições que os modelos teóricos que embasam os instrumentos de avaliação podem trazer para o campo aplicado e vice-versa. Somente promovendo uma reflexão crítica sobre o ciclo teoria-avaliação-intervenção a área poderá avançar e trazer contribuições ainda mais relevantes nos campos teórico e aplicado da parentalidade.

REFERÊNCIAS

Adalbjarnardottir, S., & Hafsteinsson, L. G. (2001). Adolescents' perceived parenting styles and their substance use: Concurrent and longitudinal analyses. *Journal of Research on Adolescence, 11*(4), 401-423.

Andrada, E. G. C. O. (2007). *Treinamento de Suporte Parental (TSP) como fator de promoção do suporte parental e do desempenho escolar de crianças na primeira série*. Tese de Doutorado, Universidade Federal de Santa Catarina, Florianópolis:.

Aquino, R. R. (2007). *Inventário de Percepção de Suporte Familiar (IPSF) e Escala de Vulnerabilidade ao Estresse no Trabalho (EVENT): Evidências de validade*. Dissertação de Mestrado não publicada. Programa de Pós-Graduação Stricto-Sensu em Psicologia, Universidade São Francisco, Itatiba/São Paulo/Brasil.

Aunola, K., Sttatin, H., & Nurmi, J. (2000). Parenting styles and adolescents' achievement strategies. *Journal of Adolescence, 23*(2), 205-222.

Baptista, M. (2007). Inventário de Percepção de Suporte Familiar (IPSF): Estudo componencial em duas configurações. *Psico-USF, 10*(1), 11-19.

Baptista, M. N. (2005). Desenvolvimento do Inventário de Percepção de Suporte Familiar (IPSF): Estudos psicométricos preliminares. *Psico-USF, 10*(1), 11-19.

Baptista, M. N., Alves, G. A. S., Souza, M. S., & Lemos, V. A. (2008). Inventario de percepción del soporte familiar: Evidencia de validez con grupos criterio. *Sistemas Familiares, 24*, 49-61.

Baptista, M. N., Alves, G. A. S., & Santos, T. M. M. (2008). Suporte familiar, autoeficácia e lócus de controle: Evidências de validade entre os construtos. *Psicologia: Ciência e Profissão, 28*(2), 260-271.

Baptista, M. N., & Dias, R. R. (2007) Fidedignidade do Inventário de Percepção de Suporte Fatorial – IPSF. *Avaliação psicológica, 6*(1), 33-37.

Baptista, M. N., Santos, T. M. M., Alves, G. A. S., & Souza, M. S. (2009). Correlation between perception on family support and personality trait in an university sample. *International Journal of Hispanic Psychology, 1*, 167-186.

Barbosa, A. J. G., Rosini, D. C., & Pereira, A. A. (2007). Atitudes parentais em relação à educação inclusiva. *Revista Brasileira de Educação Especial, 13*(3), 447-458.

Bardagi, M. P., & Hutz, C. S. (2006). Indecisão profissional, ansiedade e depressão na adolescência: A influência dos estilos parentais. *Psico-USF, 11*(1), 65-76.

Barker, P. (1992). Models for the assessment of families. In Barker, P., *Basic family therapy*. Oxford: Oxford University Press.

Baumrind, D. (1967). Child care practices anteceding three patterns of preschool behavior. *Genetic Psychology Monographs, 75*, 43-88.

Baumrind, D. (1971). Current patterns of parental authority. *Developmental Psychology Monograph, 4*(1), 1-103.

Bell, L. G., & Bell, D. C. (2005). Family dynamics in adolescence affect midlife well-being. *Journal of Family Psychology, 19*(2), 198-207.

Boeckel, M. G., & Sarriera, J. C. (2005). Análise fatorial do Questionário de Estilos Parentais (PAQ) em uma amostra de adultos jovens universitários. *Psico-USF, 10*, 1-9.

Bolsoni-Silva, A. T. (2003). *Habilidades sociais educativas, variáveis contextuais e problemas de comportamento: Comparando pais e mães de pré-escolares*. Tese de Doutorado não publicada, Universidade de São Paulo, Ribeirão Preto.

Bolsoni-Silva, A. T., & Marturano, E. M. (2002). Práticas educativas e problemas de comportamento: Uma análise à luz das habilidades sociais. *Estudos em Psicologia, 7*(2), 227-235.

Bolsoni-Silva, A. T., Salina-Brandão, A., Versuti-Stoque, F. M., & Rosin-Pinola, A. R. (2008). Avaliação de um programa de intervenção de habilidades sociais educativas parentais: Um estudo-piloto. *Psicologia: Ciência e Profissão, 28*(1), 18-33.

Bolsoni-Silva, A. T., Silveira, F. F., & Marturano, E. M. (2008). Promovendo habilidades sociais educativas parentais na prevenção de problemas de comportamento. *Revista Brasileira de Terapia Comportamental e Cognitiva, 10*(2), 25-42.

Bolsoni-Silva, A. T., Silveira, F. F., & Ribeiro, D. C. (2008). Avaliação dos efeitos de uma intervenção com mães/cuidadoras: Contribuições do treinamento em habilidades sociais. *Contextos Clínicos, 1*(1), 19-27.

Bray, J. H. (1995). Family assessment: Current issues in evaluating families. *Family Relations, 44*, 469-477.

Buri, J. R. (1991). Parental authority questionnaire. *Journal of Personality Assessment, 57*, 110-119.

Carneiro, T. F. (1983). Entrevista Familiar Estruturada – EFE: Um novo método de avaliação das relações familiares. In Carneiro, T. F., *Família: Diagnóstico e terapia* (pp. 31-52). Rio de Janeiro: Zahar.

Coelho, M. V., & Murta, S. G. (2007). Treinamento de pais em grupo: Um relato de experiência. *Estudos de Psicologia, 24*(3), 333-341.

Connor, J. J., & Rueter, M. A. (2006). Parent-child relationships as systems of support or risk for adolescent suicidality. *Journal of Family Psychology, 20*(1), 143-145.

Costa, F. T., Teixeira, M. A. P., & Gomes, W. B. (2000, no prelo). Responsividade e exigência: Duas escalas para avaliar estilos parentais. *Psicologia: Reflexão e Crítica, 13,* 465-473.

Cunningham, M. (2001). The influence of parental attitudes and behaviors on children's attitudes toward gender and household labor in early adulthood. *Journal of Marriage and Family, 63(1),* 111-122.

Del Prette, A., & Del Prette, Z. A. P. (2001). *Psicologia das relações interpessoais: Vivências para o trabalho em grupo.* Petrópolis, RJ: Vozes.

Gomide, P. I. C. (2006). *Inventário de Estilos Parentais* – IEP. Petrópolis: Vozes.

Hoffman, M. (1975). Moral internalization, parental power, and the nature of parent-child interaction. *Developmental Psychology, 11,* 228-239.

Kaminski, J. W., Valle, L. A., Filene, J. H., & Boyle, C. L. (2008). A meta-analytic review of components associated with parent training program effectiveness. *Journal of Abnormal Child Psychology, 36,* 567–589

Lambertucci, M. R., & Carvalho, H. W. (2008). Avaliação da efetividade terapêutica de um programa de treinamento de pais em uma comunidade carente de Belo Horizonte. *Contextos Clínicos, 1*(2), 106-112.

Lamborn, S. D., Mounts, N. S., Steinberg, L., & Dornbusch, S. M. (1991). Patterns of competence and adjustment among adolescents from authoritative, authoritarian, indulgent, and neglectful families. *Child Development, 62,* 1049-1065.

Lundahl, B. W., Tollefson, D, Risser, H., & Lovejoy, C. (2008) A meta-analysis of father involvement in parent training. *Research on Social Work Practice, 18*(2), 97-106.

Maccoby, E., & Martin, J. (1983). Socialization in the context of the family: Parent-child interaction. In Hetherington, E. M. (Org.), P. H. Mussen (Org. Série), *Handbook of child psychology* (vol. 4.). *Socialization, personality, and social development* (4a ed., pp. 1-101). New York: Wiley.

Minzi, M. C. R. (2006). Loneliness and depression in middle and late childhood: The relationship to attachment and parental styles. *The Journal of Genetic Psychology, 167*(2), 189-210.

Moran, P., Ghate, D., & van der Merwe, A. (2004). *What works in parenting support? A review of the international evidence*. Annesley Nottingham: Queen's Printer and Controller. Acessado em 10 abril de 2009, de http://www.dfes.go.uk/research

Olson, D. H., Russell, C. S., & Sprenkle, D. H. (1983). Circumplex model of marital and family systems: Theoretical update. *Family Process, 22*, 69-83.

Pacheco, J. T. B. (1999). *Estilos parentais e o desenvolvimento de habilidades sociais na adolescência.* Dissertação de mestrado não publicada. Programa de Pós-Graduação em Psicologia Universidade Federal do Rio Grande do Sul, Porto Alegre, RS.

Pacheco, J. T. B., Silveira, L. M. de O. B, & Schneider, A. M. de A. (2008). Estilos e práticas educativas parentais: Análise da relação desses construtos sob a perspectiva dos adolescentes. *Psico, 39*, 66-73.

Pacheco, J. T. B., Teixeira, M. A. P., & Gomes, W. B. (1999). Estilos parentais e habilidades sociais na adolescência. *Psicologia. Teoria e Pesquisa, 15*, 117-126.

Pasquali, L., & Araújo, J. M. A. (1986). Questionário de percepção dos pais. *Psicologia: Teoria e Pesquisa, 2*, 56-72.

Pedersen, S., & Revensonm T. A. (2005). Parental illness, family functioning, and adolescent well-being: A family ecology framework to guide research. *Journal of Family Psychology, 19*(3), 404-419.

Pinheiro, M. I. S., Haase, V. G., Amarante, C. L. D., Prette, A. D., & Del Prette, Z. A. P. D. (2006). Treinamento de habilidades sociais educativas para pais de crianças com problemas de comportamento. *Psicologia: Reflexão e Crítica, 19*(3), 407-414.

Reichert, C. B., & Wagner, A. (2007). Autonomia na adolescência e sua relação com os estilos parentais. *Psico, 38*, 292-299.

Reppold, C. T., Pacheco, J. T. B., Bardagi, M. P., & Hutz, C. S. (2002). Prevenção de problemas de comportamento e desenvolvimento de competências psicossociais em crianças e adolescentes: Uma análise das práticas educativas e dos estilos parentais. In Hutz, C. S. (Org.), *Situações de risco e vulnerabilidade na infância e adolescência: Aspectos teóricos e estratégias de intervenção* (pp. 7-51). São Paulo: Casa do Psicólogo.

Rigotto, D. M. (2006). *Evidências de validade entre suporte familiar, suporte social e autoconceito.* Dissertação de Mestrado não publicada. Programa de Pós-Graduação Stricto-Sensu em Psicologia, Universidade São Francisco, Itatiba/São Paulo/Brasil.

Rios, K. S. A. (2005). *Efeitos de um programa de prevenção de problemas de comportamento em crianças pré-escolares em famílias de baixa renda.* Dissertação de Mestrado não publicada, Universidade Federal de São Carlos, São Carlos.

Salvo, C. G. de., Silvares, E. F. de M., & Toni, P. M. de. (2005). Práticas educativas como forma de predição de problemas de comportamento e competência social. *Estudos de Psicologia, 22*(2), 187-195.

Santos, A. R. R. (2007). *Câncer pediátrico: Impacto de intervenção psicoeducacional sobre enfrentamento e práticas parentais.* Tese de Doutorado não publicada. Faculdade De Medicina de São José Do Rio Preto, São José Do Rio Preto.

Schaeffer, E. S. (1965). Children's reports of parental behavior: An inventory. *Child Development, 36,* 413-424.

Shaw, D. S. (2006). Parenting programs and their impact on the social and emotional development of young children. In Tremblay, R. E., Barr, R. G. & De V. Peters, R. (Eds.), *Encyclopedia on early childhood development* [online]. Montreal, Quebec: Centre of Excellence for Early Childhood Development (pp. 1-7). Acessado em 10 de maio de 2009.

Souza, M. S. (2007). *Suporte familiar e saúde mental: Evidência de validade baseada na relação entre variáveis.* Dissertação de Mestrado não publicada. Programa de Pós-Graduação Stricto-Sensu em Psicologia. Universidade São Francisco, Itatiba/São Paulo/Brasil.

Strage, A., & Brandt, T. S. (1999). Authoritative parenting and college student's academic adjustment and success. *Journal of Educational Psychology, 91*(1), 146-156.

Tatsch, D. T., Teixeira, M. A. P., & Gomes, W. B. (2003). Estilos parentais na percepção dos adolescentes de comunidades ítalo e teuto-gaúchas. *Revista Psico, 34*(2), 389-406.

Teixeira, M. A. P., Bardagi, M. P., & Gomes, W. B. (2004). Refinamento de um instrumento para avaliar responsividade e exigência parental percebidas na adolescência. *Avaliação Psicológica, 3,* 1-12.

Teixeira, M. A. P., & Lopes, F. M. de M. (2005). Relações entre estilos parentais e valores humanos: Um estudo exploratório com estudantes universitários. *Aletheia, 22,* 51-62.

Teodoro, M. L. M. (2006). Afetividade e conflito em díades familiares: Avaliação com o familiograma. *Revista Interamericana de Psicologia, 40*(3), 385-390.

Uehara, T., Sakado, K., Sato, T., & Someya, T. (1999). Do perceived parenting styles influence stress coping in patients with major depressive disorders? *Stress Medicine, 15*, 197-200.

Weber, L. D. B., Brandenburg, O. J., & Viezzer, A. P. (2003). A relação entre o estilo parental e o otimismo da criança. *Psico-USF, 8*, 71-79.

Weber, L. N. D., Brandenburg, O. J., & Salvador, A. P. V. (2006). Programa de Qualidade na Interação Familiar (PQIF): Orientação e treinamento para pais. *Psico, 37*(2), 139-149.

Weber, L. N. D., Prado, P. M., Viezzer, A. P., & Brandenburg, O. J. (2004). Identificação de estilos parentais: O ponto de vista dos pais e dos filhos. *Psicologia: Reflexão e Crítica, 17*, 323-332.

Wolfradt, U., Hempel, S., & Miles, J. N. V. (2003). Perceived parenting styles, depersonalisation, anxiety and coping behaviour in adolescents. *Personality and Individual Differences, 34*, 521-532.

5

METACOGNIÇÃO: CONCEITUAÇÃO E MEDIDAS

Evely Boruchovitch
Patrícia Waltz Schelini
Acácia Aparecida Angeli dos Santos

A metacognição se refere ao "conhecimento e cognição sobre o fenômeno cognitivo" (Flavell, 1979, p. 906) ou conhecimentos que se tem sobre os próprios processos cognitivos e seus produtos (Flavell, 1976). Esta definição pode parecer pouco elucidativa, mas a metacognição é facilmente observável em nosso dia a dia. Quando uma pessoa percebe que só uma lista de produtos é capaz de evitar esquecimentos no momento em que faz compras em um supermercado, demonstra compreender os limites de sua capacidade de memorizar elementos. Esse tipo de compreensão é uma forma de metacognição porque diz respeito às crenças e aos conhecimentos sobre a própria memória. Da mesma forma, quando um estudante dedica mais tempo ao estudo de um assunto em particular por perceber que, dentre todos os outros, é o que lhe parece mais difícil, está usando uma estratégia metacognitiva.

A definição de Flavell (1976, 1979), apresentada na abertura deste capítulo, é citada por autores ao longo das décadas, porém, mesmo antes dos dois estudos referidos, Flavell, Friedrichs e

Hoyt (1970) fizeram uma pesquisa com conotação metacognitiva, envolvendo pré-escolares e escolares, que foram solicitados a estudar itens até que estivessem certos de que poderiam recordar-se de todos. Muitos alunos, principalmente os mais novos, disseram estar prontos para ser testados, no entanto, não conseguiram lembrar-se de todos os itens. Anos depois, Markman (1977) estudou escolares que eram solicitados a auxiliar o experimentador quanto à adequação comunicativa de instruções verbais. Essas instruções apresentavam algumas omissões e pontos mal explicados (ou obscuridades) em relação a seu conteúdo e que comprometiam o entendimento. Apesar das instruções apresentarem omissões e obscuridades muito evidentes, as crianças mais novas não foram bem-sucedidas em detectar que essas duas características impediam-nas de seguir as instruções corretamente. Brown (1978) publicou um capítulo de livro intitulado "Sabendo quando, onde e como lembrar: Um problema da metacognição" ("Knowing when, where, and how to remeber: A problem of metacognition"), em que concluiu que a distinção entre o conhecimento e a compreensão sobre o que é o conhecimento seria de grande importância. Portanto, esses estudos iniciais enfatizaram a importância do conhecimento metacognitivo, conceito a ser explorado mais adiante.

Narvaja e Jaroslavsky (2004) observam que no conceito de metacognição, tal como definido por Flavell (1976), são utilizados dois enfoques diferentes para o termo. O primeiro deles é concernente ao conhecimento sobre o próprio conhecimento, e o outro, referente ao controle que a pessoa tem sobre a própria cognição. Também Romero *et al.* (2005) referem-se à metacognição como um processo complexo com duas dimensões. A primeira envolve o conhecimento que se tem do próprio conhecimento, ou seja, o conhecimento que as pessoas têm sobre seus processos cognitivos e de como estes influenciam a forma como enfrentam uma tarefa. A segunda diz respeito à regulação da cognição e inclui os processos regulatórios que favorecem o desenvolvimento de estratégias cognitivas cada vez mais estáveis. A regulação permite o estabelecimento e o controle de um plano de ação, desde a seleção das estratégias até seu emprego diferenciado em função do tipo de atividade. Assim, implica utilização de operações cognitivas de planejamento, autorregulação e avaliação, concomitantemente.

O crescente interesse pela metacognição deu origem ao clássico e influente artigo de Flavell (1979), que promoveu a importância desse termo, principalmente no que diz respeito ao desenvolvimento cognitivo (Dunlosky & Metcalfe, 2009). No manuscrito, nota-se a preocupação de Flavell em retomar estudos anteriores, como os já citados, para esboçar algumas conclusões: 1) crianças pequenas podem apresentar limitações quanto a seu conhecimento sobre o fenômeno cognitivo, demonstrando pouco monitoramento de suas memórias, compreensões e outros aspectos; 2) a metacognição tem um papel importante na aquisição da linguagem, na comunicação e na compreensão oral, na leitura, escrita, atenção, memória, resolução de problemas e em vários tipos de autocontrole e autoinstrução.

Flavell (1979) promoveu um avanço na teoria metacognitiva ao apresentar o Modelo de Monitoramento Cognitivo. De acordo com esse modelo, o monitoramento da cognição ocorre por meio de quatro classes de fenômenos: conhecimento metacognitivo, experiências metacognitivas, objetivos e ações ou estratégias.

O conhecimento metacognitivo corresponde ao conhecimento declarativo sobre a cognição ou sobre quais variáveis afetam a atividade cognitiva e seus resultados. Fatos, crenças e episódios passíveis de verbalização e de acesso consciente caracterizam o conhecimento declarativo (Squire, 1986). De acordo com Flavell (1979), o conhecimento metacognitivo não seria diferente daqueles armazenados na memória de longo prazo e, como tais, poderia ser impreciso. Além da imprecisão, pode ser resistente à mudança.

Para exemplificar, um estudante pode incorretamente pensar que estuda para provas de matemática por um tempo suficiente, apesar de repetidas falhas ou notas baixas (Veenman, Hout-Wolters, & Afflerbach, 2006).

Há três categorias de variáveis que afetam a atividade cognitiva: pessoa, tarefa e estratégia (Flavell, 1979). Essas três categorias são denominadas por autores como Dunlosky e Metcalfe (2009) como subdivisões do conhecimento metacognitivo. Desse modo, um indivíduo pode ter conhecimento sobre: como processa a informação (categoria ou variável pessoa), uma tarefa cognitiva específica (variável tarefa) e eficácia de estratégias (variável estratégia). O conhecimento metacognitivo envolve algum tipo de combinação dessas três categorias.

Especificando um pouco melhor as categorias, a variável pessoa inclui todos os conhecimentos ou crenças sobre si ou sobre outras pessoas, ambos entendidos como "processadores cognitivos" (Flavell, 1979). Ela é relativa a conhecimentos: 1) sobre diferenças intraindividuais ou, de acordo com Ribeiro (2003), diferenças existentes na própria pessoa em termos de áreas fortes ou fracas, interesses e atitudes (por exemplo, "aprendo melhor se estudar sozinho do que em grupo"); 2) sobre diferenças interindividuais, relativas às diferenças entre si e os outros ("meus amigos entendem muito sobre tipos de música, mas eu sei mais sobre artes marciais"); e 3) universais, referentes ao conhecimento geral sobre a cognição, veiculado pela cultura ("estudamos melhor na ausência de sons muito altos", "a capacidade de memorização é limitada").

Em relação à variável tarefa, ela se refere ao conhecimento sobre a natureza da informação com a qual o sujeito despará ou sobre as características da atividade cognitiva a ser realizada (Ribeiro, 2003). A informação pode estar presente em grande ou pequena quantidade, pode ser familiar ou não, redundante ou complexa, bem ou mal organizada, interessante ou não. O conhecimento metacognitivo, nesse tipo de subcategoria ou variável, está representado no entendimento de quais características da atividade influenciam como o processo cognitivo ocorrerá, bem como se as metas poderão ser plenamente atingidas. A variável tarefa também inclui o conhecimento sobre demandas ou objetivos, de modo a possibilitar a discriminação do nível de dificuldade de realização (Flavell, 1979). Para exemplificar esta variável, é possível citar que as pessoas sabem que tarefas muito simples demandam pouco esforço atencional.

A variável estratégia diz respeito ao conhecimento metacognitivo porque implica a quantidade de informações que as pessoas têm sobre as maneiras ou ações (estratégias) mais eficientes para alcançar determinados objetivos. Essa variável está presente quando um profissional, ao estudar uma apresentação, primeiro lê todas as informações que irá transmitir e depois dedica mais tempo à leitura do que lhe parece mais difícil de explicar (Flavell, 1979).

No que tange à classe "experiências metacognitivas", pode-se dizer que são impressões conscientes, de natureza cognitiva ou afetiva, de curta ou longa duração, que podem ocorrer antes, durante ou após a realização de uma tarefa. Muitas vezes estão relacionadas à percepção do sucesso, podendo exercer grande influência sobre a atividade cognitiva, incluindo a mudança de objetivos. Um exemplo seria o súbito sentimento de ansiedade (experiência metacognitiva) por não ter compreendido o que uma pessoa acabou de dizer (Flavell, 1979, 1987).

Os objetivos correspondem às metas do processo cognitivo, e as ações ou estratégias referem-se às cognições ou comportamentos usados na execução dos objetivos. Nas últimas décadas, foram incorporados novos conceitos ao modelo inicial proposto por Flavell (1979). Essa evolução ocorreu graças à contribuição da Psicologia Cognitiva, por meio da abordagem do Processamento de Informação, e de estudos empíricos provenientes de correntes diversas (Jou & Sperb, 2006). Provavelmente, uma quantidade maior de trabalhos teóricos precise ser feita para que uma definição, mais concisa ou unificada sobre a metacognição, seja alcançada (Winne, 1996).

Nelson e Narens (1990, 1996) deram um importante passo no sentido da unificação da teoria quando propuseram um modelo para explicar o fluxo de informação no sistema metacognitivo. De acordo com o modelo, o sistema metacognitivo é formado pelo nível meta e pelo nível objeto, além de dois tipos de relação de fluxo de informação entre os níveis: controle e monitoramento. Para os autores, o nível objeto seria o nível de atuação das capacidades e processos cognitivos (atenção, percepção, memória, linguagem, aprendizagem, resolução de problemas) e o nível meta, o de atuação metacognitiva (Nelson, 1996; Nelson & Narens, 1990, 1996).

O monitoramento ocorre quando a informação flui do nível objeto para o meta, sendo que o monitoramento do nível objeto se dá por meio da construção de um modelo, entendido como a representação mental da realidade do momento cognitivo. Assim, esse tipo de fluxo de informação caracteriza-se pelo acesso ou pela avaliação do progresso, ou estado atual, de determinada atividade cognitiva. De acordo com Dunlosky e Metcalfe (2009), para pesquisar o monitoramento metacognitvo é comum solicitar que os participantes julguem um estado cognitivo. Um exemplo seria questionar o quanto acreditam terem se aproximado da solução correta de um problema matemático. Em uma sala de aula, um professor também poderia perguntar-se: "estou seguindo meu plano de aula?", ou "este plano está funcionando?" O monitoramento, portanto, pode ser útil na identificação de problemas e na modificação de planos ou estratégias (Desoete, 2008).

O controle surge quando a informação flui do nível meta para o nível objeto, dando origem à regulação do processo cognitivo. Assim, o controle pode interromper uma atividade cognitiva, dar continuidade a ela ou modificá-la. Pode-se considerar, então, que o nível meta é capaz de alterar o nível objeto, daí a existência de uma hierarquia no sistema metacognitivo. No exemplo dos participantes que tentavam solucionar um problema matemático, como mencionado no parágrafo anterior, o controle poderia ser observado se eles interrompessem e modificassem a tentativa de resolução ao perceberem, via monitoramento, que certos passos ou estratégias não estavam sendo eficazes para que a resposta correta fosse obtida. Vale dizer que, na modificação dos passos que estavam sendo utilizados, o conhecimento metacognitivo seria importante na seleção de novas estratégias mais eficazes que as anteriores para a resolução do problema.

A análise dos modelos apresentados permite concluir que, enquanto Flavell (1979) enfatizou a estrutura ou componentes do sistema metacognitivo, Nelson e Narens (1990, 1996) valorizaram como a informação flui entre a cognição e a metacognição, colaborando para a compreensão da relação entre esses dois níveis de funcionamento e para o entendimento sobre como a informação é processada. De qualquer forma, a metacognição equivale a um processamento de alto nível, adquirida e desenvolvida por meio da experiência e do acúmulo de conhecimento. Em função dela, as pessoas são capazes de monitorar e regular seus desempenhos, além de elaborar estratégias para potencializar a cognição, daí sua importância às propostas de instrução educacional (Jou & Sperb, 2006).

Dessa perspectiva, Calderón (2003) descreve a relevância dos processos metacognitivos na aprendizagem da leitura. A autora afirma que a segunda vertente do modelo de Flavell, que diz respeito à regulação da forma de conhecer, possibilita a compreensão do processo de aprendizagem de conteúdos escolares. Quando se focaliza a aprendizagem da leitura, os processos metacognitivos assumem papel fundamental porque permitem ao leitor ajustar-se ao texto e ao contexto. Desse modo, a metacognição pode ser denominada como metacompreensão e incluir o conhecimento do processo em três vias, a saber, o leitor, a tarefa e as estratégias.

Embora classicamente a metacognição possa ser entendida como a cognição da cognição, ela, na realidade, é uma autorreflexão de nível elevado. Assim, desempenha um papel fundamental no sistema de processamento da informação, sendo um componente-chave da aprendizagem autorregulada, meta essencial da educação nos dias de hoje, independentemente do referencial teórico. De acordo com a Psicologia Cognitiva, com base na Teoria do Processamento da Informação, a autorregulação diz respeito à capacidade do indivíduo se responsabilizar pelo próprio processo de aprender. Envolve, invariavelmente, metacognição, motivação e emprego apropriado de estratégias de aprendizagem (Boruchovitch, 2006).

A METACOGNIÇÃO COMO ESTRATÉGIA DE APRENDIZAGEM

As estratégias de aprendizagem são definidas por Nisbett, Schucksmith e Dansereau (1987, citados por Pozo, 1996) como sequências integradas de procedimentos para facilitar a aquisição, o armazenamento e o uso da informação. Numa revisão de literatura sobre o construto estratégias de aprendizagem, Boruchovitch e Santos (2006) constataram que diversas classificações e nomenclaturas têm sido adotadas pelos teóricos e estudiosos do tema para se referirem a elas. Embora a terminologia tenha diferido um pouco de autor para autor, tem havido convergência entre pesquisadores quanto ao fato de existirem tipos distintos de estratégias, que, de acordo com Boruchovitch e Santos (2006), podem ser divididas em pelo menos dois grandes grupos: estratégias cognitivas e estratégias metacognitivas.

Nesse sentido, Dembo (1994) esclarece que as estratégias cognitivas se referem a comportamentos e pensamentos que influenciam o processo de aprendizagem de maneira que a informação possa ser armazenada mais eficientemente. Já as estratégias metacognitivas são procedimentos que o indivíduo usa para planejar, monitorar e regular seu próprio pensamento. Há três tipos principais de estratégias cognitivas, a saber, as de ensaio, as de elaboração e as de organização do conhecimento[1].

Como descrito em Boruchovitch e Santos (2006), no que concerne às estratégias metacognitivas, Dembo (1994) descreve duas dimensões que lhes são inerentes. A primeira engloba: a) o conhecimento do aprendiz sobre si mesmo (preferências pessoais, pontos fortes e fracos, interesses e hábitos); b) o conhecimento sobre a tarefa (dificuldades e exigências da tarefa acadêmica); e c) o conhecimento de estratégias de aprendizagem (quais, quando, por que e como utilizá-las). Já a segunda inclui: a) as estratégias de planejamento, que implicam estabelecimento de objetivos para o estudo; b) as estratégias de monitoramento que envolvem a conscientização sobre a própria compreensão (alterar o ritmo de leitura, suspender o julgamento se algo não está claro, hipotetizar, reler trechos difíceis) e sobre a própria atenção (manter atenção no que está fazendo, estipular contingências reforçadoras, evitar distrações, isolar-se, perceber que precisa solicitar auxílio do professor ou de colegas); e c) estratégias de regulação, que auxiliam os estudantes a modificar seu comportamento de estudo e lhes permitem reparar déficits em sua compreensão ou ação. As estratégias metacognitivas são a base do funcionamento do sistema de processamento da informação, sendo de capital importância para a aprendizagem autorregulada.

---

[1] Descrição detalhada sobre elas pode ser encontrada em Boruchovitch, 1993; Boruchovitch e Santos, 2006 e Dembo, 1994.

A AVALIAÇÃO DA METACOGNIÇÃO: REFLETINDO SOBRE POSSÍVEIS DIFICULDADES

Um desafio para a Psicologia Cognitiva contemporânea tem sido encontrar medidas válidas e confiáveis da metacognição. Segundo Brown (1987), é muito difícil precisar exatamente o que é meta e o que é da ordem da cognição. Trata-se de um construto complexo cuja definição envolve, como descrito na introdução, um conjunto de subconceitos e subprocessos, o que, certamente, dificulta muito sua operacionalização (Flavell, 1976). Abrange dois tipos de conhecimentos distintos, mas inter-relacionados. No primeiro nível, a metacognição envolve um autoconhecimento (pontes fracos e fortes), conhecimento da demanda da tarefa e conhecimento das estratégias de aprendizagem. No segundo nível, relaciona-se a planejamento, monitoramento e regulação não só dos processos cognitivos, mas também dos afetivos e comportamentais envolvidos na aprendizagem (Boruchovitch, 2006). Mais precisamente, segundo Hacker (1998), inclui subprocessos, como checar, planejar, selecionar, inferir, autointerrogar-se, refletir e interpretar, bem como emitir julgamentos sobre o quê e o quanto se sabe para realizar uma dada tarefa. Processos estes que compõem, entre outros, o conjunto de estratégias de aprendizagem de natureza metacognitiva, descrito anteriormente (Dembo, 1994; Boruchovitch & Santos, 2006).

Tal como apontado pela literatura, outro ponto associado às dificuldades de se mensurar a metacognição diz respeito às indagações trazidas pela Psicologia do Desenvolvimento sobre o tema. Boruchovitch (2006), ao rever a literatura sobre as diferenças de desenvolvimento da metacognição e da autorregulação de crianças, constatou que há controvérsias sobre a idade a partir da qual se poderia considerar a existência desses processos.

Hacker (1998) sintetiza alguns resultados de pesquisa que demonstram que é somente em torno dos dez anos que as crianças passam a selecionar e usar espontaneamente estratégias de recordação. Além disso, só seria possível pensar em monitoramento metacognitivo a partir do atual 3º ano do Ensino Fundamental (Bernal *et al.*, 2006). Para autores com visões ainda menos otimistas, a metacognição e o emprego espontâneo e seletivo de estratégias de aprendizagem mais profundas só ocorreriam na adolescência (Pozo, 1996; Wood, 1996).

Bizanz, Vesonder e Voss (1978, citados por Hacker, 1998) afirmam que crianças pequenas podem ser capazes de monitorar suas ações, usar estratégias, discriminar seus erros e acertos. No entanto, salientam que essas capacidades tornam-se mais eficientes, refinadas e sensíveis aos instrumentos de medida com a idade e com o desenvolvimento humano.

Posições diferentes são adotadas por Campione, Shapiro e Brown (1995), que verificaram que crianças de três a cinco anos de idade podem apresentar recursos cognitivos para se engajar em raciocínio analógico e transferência de conhecimento. Em pesquisa qualitativa mais recente, feita por Perry, Vanderkamp, Mercer e Nordby (2002), a noção de que só por volta dos dez anos as crianças apresentam metacognição é ainda mais desafiada. Os resultados obtidos permitem sugerir que as capacidades de planejar, monitorar, resolver problemas e avaliar no que diz respeito a tarefas de leitura e escrita podem ocorrer mais cedo do que se havia pensado. Aventa-se também a possibilidade de que essas capacidades estejam presentes desde cedo na vida da criança, mas são de difícil constatação, até por outras limitações também impostas pelo desenvolvimento, como a habilidade verbal.

A análise de Boruchovitch e Santos (2006) sobre instrumentos que têm como proposta a avaliação das estratégias de aprendizagem, na literatura internacional, mostrou que, inicialmente, a metacognição foi medida como parte de escalas, inventários e entrevistas estruturadas relativas às estratégias de aprendizagem de modo geral, como o *Learning and Study Strategies*

Inventory (LASSI), desenvolvido por Weinstein, Zimmerman e Palmer (1988), o *Motivated Strategies for Learning Questionnaire* (MSLQ) de Pintrich e Groot (1989), e a *Self-Regulated Learning Interview Schedule,* de Zimmerman e Martinez-Pons (1986). Mais recentemente, observa-se maior utilização de medidas *on line* dos processos envolvidos na aprendizagem autorregulada (Schmitz & Wiese, 2006; Winne *et al.*, 2006).

Desoete (2008) faz uma análise crítica sobre os instrumentos de medida da metacognição, mostrando que as formas de avaliação do construto, embora predominantemente, como parte das medidas de autorregulação, têm-se ampliado para além das escalas mais gerais de estratégias de aprendizagem. Métodos prospectivos como questionários, medidas de autorrelato, entrevistas ou situações hipotéticas nas quais os estudantes, em geral, indicam em que medida determinado comportamento é representativo do seu, têm dado lugar a abordagens retrospectivas e a técnicas investigativas como Pensar em Voz Alta (Silva, 1996), a observação do comportamento em situação de resolução de problemas (Dermitzaki, Leondari, & Goudas, 2009; Perry, Vanderkamp, Mercer, & Nordby, 2002; Winsler & Naglieri, 2003), bem como o emprego da avaliação de professores acerca das capacidades metacognitivas de seus estudantes (Desoete, 2008).

Se, por um lado, a análise retrospectiva sobre a mensuração da metacognição gera dúvidas sobre sua validade e confiabilidade, à medida que pode haver distorção de memória devido ao intervalo de tempo entre o desempenho do indivíduo e o seu relato verbal sobre ele, por outro, quando alunos são instruídos a pensar em voz alta e a revelar seus pensamentos durante a realização de uma tarefa, encontramo-nos diante de uma forma mais confiável de avaliação do construto, porém ela é muito voltada para situações específicas, além de significar muito dispêndio de tempo. No que concerne à plausibilidade de se recorrer a professores como potenciais avaliadores da capacidade metacognitiva da criança, questões sobre a adequação dessa medida também têm sido levantadas. Fatores como experiência docente, pouca compreensão do que é metacognição, desconhecimento de variáveis desenvolvimentais e falta de prática de observação sistemática do comportamento, entre outros aspectos, podem comprometer muito a precisão de seu julgamento.

O ESTUDO DA METACOGNIÇÃO NO BRASIL

Na literatura nacional, o termo metacognição apareceu pela primeira vez em um texto teórico de Andrade (1982), no qual o autor defendia a instrução em estratégias de aprendizagem no processo de planejamento sistemático de cursos. Logo após, um texto de Antonijevic e Chadwick (1983), que enfatizava a importância das estratégias cognitivas e da metacognição na educação e no ensino foi traduzido para o português. Em seguida, Pfromm Neto (1987) escreveu um capítulo de livro sobre a aprendizagem no modelo do processamento da informação. Alguns anos depois, Boruchovitch (1993) analisou criticamente as contribuições da Psicologia Cognitiva baseada na teoria do processamento da informação e da metacognição para a melhoria do fracasso escolar brasileiro e, dois anos mais tarde, Seminério (1995) discorreu sobre a natureza e os usos da metacognição em um artigo teórico.

As primeiras tentativas de avaliar a metacognição ocorreram, provavelmente, em torno de 1995 (Boruchovitch, 1995). Constata-se que, com exceção dos trabalhos de Darsie (1996) e de Gomes (2002), a mensuração da metacognição tem ocorrido por meio do emprego de entrevistas com situações hipotéticas propostas com base na literatura internacional, bem como pela construção de escalas do tipo Likert nos diversos segmentos da escolarização formal (Boruchovitch, 1995; Boruchovitch & Santos, 2001; Boruchovitch & Santos, 2004; Boruchovitch & Santos, 2008; Joly, Cantalice, & Vendramini, 2004; Machado, 2005; Santos & Boruchovitch, 2001; Santos & Boruchovitch, 2008)[2].

No que se refere às medidas mais objetivas de estratégias de aprendizagem, tem havido maior incongruência de resultados relativos ao agrupamento de itens que se organizam de modos diferentes, seja em fatores isolados ou combinados nos estudos com adultos. Tal situação torna difícil uma unificação dos resultados nesse segmento (Machado, 2005; Santos, Boruchovitch, Primi, Zenorine, & Bueno, 2004). Todavia, verifica-se que índices aceitáveis de consistência interna têm sido alcançados na maior parte das pesquisas (Machado, 2005; Santos, Boruchovitch, Primi, Zenorine, & Bueno, 2004).

Observa-se, também, que, de modo geral, a análise fatorial exploratória predomina como método principal de exame dos instrumentos mais objetivos nas investigações tanto com adultos quanto com crianças. Nos estudos das escalas de estratégias de aprendizagem infantojuvenis, sobretudo na literatura nacional, a análise fatorial exploratória tem permitido constatar, de forma mais congruente, a existência de três fatores: ausência de estratégias metacognitivas disfuncionais, estratégias cognitivas e estratégias metacognitivas. Em estudos recentes e em populações diferentes, tem-se confirmado que o fator Estratégias Metacognitivas, embora alcance índices satisfatórios de consistência é o que apresenta os mais baixos (Boruchovitch, Santos, Costa, Neves, Cruvinel, Primi, & Guimarães, 2006; Oliveira, 2008). Outro problema que tem ocorrido é que os itens relativos às estratégias metacognitivas são os que, com maior frequência, não carregam no fator esperado (Oliveira, 2008,

[2] Relato detalhado desses instrumentos pode ser encontrado em Boruchovitch e Santos (2006).

Oliveira, Boruchovitch, & Santos, 2009). Acrescenta-se a esses dados o fato de os itens referentes à metacognição terem, em alguns estudos, dividido-se em dois fatores distintos: ausência de estratégias de aprendizagem metacognitivas disfuncionais e estratégias metacognitivas (Oliveira, 2008; Oliveira *et al.*, 2009).

CONSIDERAÇÕES FINAIS

As controvérsias existentes e debatidas pela Psicologia do Desenvolvimento sobre as reais capacidades metacognitivas de crianças em diferentes faixas etárias justificam, em parte, as dificuldades encontradas na mensuração da metacognição em estudantes do Ensino Fundamental, sobretudo em nosso meio (Bernal *et al.*, 2006; Pozo, 1996; Wood, 1996). Acresce-se a isto a prevalência de métodos mais prospectivos de avaliação do construto em estudos nacionais, que se ativeram a investigar o conhecimento metacognitivo mais geral e não o comportamento metacognitivo, nos diversos segmentos da escolarização formal. Assim, parece recomendável que avancemos no sentido de maior emprego de medidas de coleta de dados como o "Pensar em Voz Alta" em situações de resolução de problemas, na utilização de métodos retrospectivos e da observação sistemática do comportamento do estudante em situação natural de estudo e aprendizagem.

Há que se combinar melhor os procedimentos da avaliação qualitativa com os referentes aos da avaliação quantitativa. Dessa forma, será possível não só mapear melhor as capacidades metacognitivas dos nossos estudantes, mas também avaliar, com mais rigor, se os dados obtidos por diferentes fontes convergem.

É essencial, também, que deixemos de investigar a metacognição somente como uma capacidade geral para aprender a aprender e lancemos o nosso olhar para o conjunto complexo de subprocessos específicos que a compõem. Nesse sentido, poderíamos estudá-los separadamente ou em conjunto, seja para tentarmos responder em que medida há processos metacognitivos gerais para a aprendizagem de todas as disciplinas, seja para descobrir que seria mais pertinente falarmos em metacognição em contextos específicos e variados de aprendizagem.

Segundo Boruchovitch (1993), a metacognição é uma variável muito relevante para a Psicologia Escolar e Educacional brasileira. Mais precisamente, o fortalecimento da capacidade metacognitiva de estudantes, desde o início da escolarização formal deve ser pensado como um caminho muito frutífero para a redução dos índices de fracasso escolar brasileiro. Nesse sentido, não há dúvida de que inegáveis avanços emergiram na operacionalização e mensuração desse construto tão importante. Entretanto, fica evidente que há ainda um longo caminho a ser trilhado, nos quais mais estudiosos se proponham a pesquisar a fidedignidade e a buscar evidências de validade (especialmente de critério e construto) das medidas de metacognição.

Tais esforços trarão contribuições importantes para a educação brasileira, dada a importância que a metacognição tem para a aprendizagem humana e seu potencial preditivo do desempenho acadêmico. Sem dúvida, os progressos nas medidas da metacognição podem representar uma colaboração relevante para as teorias cognitivas de aprendizagem. Espera-se que as reflexões feitas neste capítulo, sobre a dificuldade de avaliar esse construto da metacognição norteiem a agenda de pesquisa futura sobre a temática, motivando novas investigações.

REFERÊNCIAS

Andrade, J. E. B. (1982). Eventos da instrução: Uma proposta derivada das teorias de processamento de informações. *Tecnologia Educacional,* 11(49), 27-34.

Antonijevic, N., & Chadwick. M. (1983). Estratégias cognitivas e metacognição (Tradução de Maria Luiza Crespo). *Tecnologia Educacional, 11*(51), 27-34.

Bernal, T. L., Figueroa, M.X., Ramirez, X.M., Triana, S.M., Gaitán, A., Gonzalez, P., & Uribe, C. (2006). Como suman los ninos: Um recorrido a través de los processos de razonamiento, metacognición y creatividad. *Revista Infância, Adolescência Y Família,* 1(1), 85-94.

Boruchovitch, E. (1993). A psicologia cognitiva e a metacognição: Novas perspectivas para o fracasso escolar brasileiro. *Tecnologia Educacional,* 22(110/111), 22-28.

Boruchovitch, E. (1995). A *identificação e o estudo das variáveis associadas ao fracasso escolar brasileiro.* Projeto de pesquisa não publicado – CNPq. Faculdade de Educação. Departamento de Psicologia Educacional. UNICAMP, Campinas, São Paulo.

Boruchovitch, E. (2006). *Estratégias de aprendizagem: Uma análise à luz das variáveis demográficas e motivacionais.* Tese (Livre Docência) – Faculdade de Educação. Universidade Estadual de Campinas, Campinas, São Paulo.

Boruchovitch, E., & Santos, A. A. A. (2001). *Escala de avaliação de estratégias de aprendizagem para crianças do Ensino Fundamental.* Manuscrito não publicado. Universidade São Francisco, Bragança Paulista, São Paulo.

Boruchovitch, E., & Santos, A. A. A. (2004). *Escala de avaliação de estratégias de aprendizagem para crianças do Ensino Fundamental.* Relatório Técnico. São Paulo: Universidade São Francisco-Bragança Paulista-SP e Universidade Estadual de Campinas- Campinas, SP.

Boruchovitch, E., & Santos, A. A. A. (2006). Estratégias de aprendizagem: Conceituação e avaliação. In Noronha, A. P., Santos, A. A. A. & Sisto, F. F. (Orgs.), *Facetas do fazer em avaliação psicológica* (pp. 107-124). São Paulo: Vetor.

Boruchovitch, E., & Santos, A. A. A. (2008). *Escala de avaliação de estratégias de aprendizagem para crianças do Ensino Fundamental.* Relatório Técnico. São Paulo: Universidade São Francisco-Bragança Paulista-SP e Universidade Estadual de Campinas-Campinas, SP.

Boruchovitch, E, Santos, A. A. A., Costa, E. R., Neves, E. R. C., Cruvinel, M., Primi, R., & Guimarães, S. E. R. (2006). A construção de uma escala de estratégias de aprendizagem para alunos do Ensino Fundamental. *Psicologia Teoria e Pesquisa, 22*(3), 297-304.

Brown, A. L. (1978). Knowing when, where, and how to remember: A problem of metacognition. In Glaser, R. (Ed.), *Advances in instructional psychology* (pp. 367-406). New York: Halsted Press.

Brown, A. L. (1987).Metacognition, executive control, self-regulation, and other mysterious mechanisms. In Weinert, F. E. & Kluwe, R. H. (Eds.), *Metacognition, motivation, and understanding* (pp. 65-116). Hillsdale, NJ: Lawrnce Erlbaum.

Calderón, K. A. (2003). Los procesos metacognitivos: La metacomprensión y la actividad de lectura. *Actualidades investigativas en educación, 3*(2), 1-17.

Campione, J. C., Shapiro, A. M., & Brown, A. L. (1995). Forms of transfer in a community of learners: Flexible learning and understanding. In McKeough, A., Lupart, J. & Marini, A. (Eds.), *Teaching for transfer: Fostering generalization in learning* (pp. 35-68). Mahwah, NJ: Laurence Erlbaum Associates.

Darsie, M. M. P. (1996). Avaliação e aprendizagem. *Cadernos de Pesquisa, 99*(11), 47-59.

Dembo, M. H. (1994). *Applying educational psychology*. New York: Longman Publishing Group.

Dermitzaki, I., Leondari, A., & Goudas, M. (2009). Relations between young students' strategic behaviours, domain-specific self-concept, and performance in a problem-solving situation. *Learning and Instruction, 19*, 144-157.

Desoete, A. (2008). Multi-method assessment of metacognitive skills in elementary school children: How you test is what you get. *Metacognition Learning, 3*, 189-206.

Dunslosky, J., & Metcalfe, J. (2009). *Metacognition*. Los Angeles: Sage.

Flavell, J. H. (1976). Metacognitive aspects of problem solving. In Resnik, L. B. (Ed.), *The nature of intelligence* (pp. 231-235.). Hillsdale: Lawrence Erlbaum.

Flavell, J. H. (1979). Metacognition and cognitive monitoring: A new area of cognitive – developmental inquiry. *American Psychologist, 34*, 906-911.

Flavell, J. H. (1987). Speculations about the nature and development of metacognition. In Weinert, F. & Kluwe, R. (Eds.), *Metacognition, motivation, and understanding* (pp. 21-29). Hillsdale: Lawrence Erlbaum.

Flavell, J. H., Friedrichs, A. G., & Hoyt, J. D. (1970). Developmental changes in memorization process. *Cognitive Psychology, 1*, 324-340.

Gomes, M. A. M. (2002). *Aprendizagem autorregulada em leitura numa perspectiva de jogo de regras.* Dissertação de Mestrado. Universidade Estadual de Campinas, Campinas, SP.

Hacker, D. J. (1998). Definitions and empirical foundations. In Hacker, D. J., Dunlosky, J. & Graesser, A. C. (Eds.), *Metacognition in educational theory and practice* (pp. 1-24). New Jersey: Lawrence Erlbaum Associates, Inc.

Joly, M. C. R. A., Cantalice, L. M., & Vendramini, C. M. M. (2004). Evidências de validade de uma escala de estratégias de leitura para universitários. *Interação em Psicologia, 8*, 261-270.

Jou, G. I., & Sperb, T. M. (2006). A metacognição como estratégia reguladora da aprendizagem. *Psicologia: Reflexão e Crítica, 19*, 177-185.

Machado, O. A. (2005). *Evasão de alunos de cursos superiores: fatores motivacionais e de contexto.* Dissertação de Mestrado em Educação. Universidade Estadual de Londrina, Londrina-PR.

Markman, E. M. (1977). Realizing that you don't understand: A preliminary investigation. *Child Development, 48*, 986-992.

Narvaja, P., & Jaroslavsky, M. C. (2004). Metacognition and the acquisition of knowledge processes underlying science. *Interdisciplinaria, NE*, 143-147.

Nelson, T. O. (1996). Conciouness and metacognition. *American Psychologist, 51*, 102-116.

Nelson, T. O., & Narens, L. (1990). Metamemory: A theoretical framework and new findings. In Bower, G. H. (Ed.), *The psychology of learning and motivation* (vol. 26, pp. 125-173). New York: Academic Press.

Nelson, T. O., & Narens, L. (1996). Why investigate metacognition? In Metcalfe, J. & Shimamura, A. P. (Eds.), *Metacognition – Knowing about knowing* (pp. 1-27). Cambridge: MIT Press.

Oliveira, K. L. (2008). Escala de estratégias de aprendizagem para o Ensino Fundamental: Análise de suas propriedades psicométricas. Tese de doutorado. Faculdade de Educação. Universidade Estadual de Campinas, Campinas, SP.

Oliveira, K. L., Boruchovitch, E., & Santos, A. A. A. (no prelo). Estratégias de aprendizagem e desempenho acadêmico no Ensino Fundamental: Evidências de validade.

Perry, N. E., Vanderkamp, K. O., Mercer, L. K, & Nordby, C. J. (2002). Investigating teacher-students interactions that foster self-regulated learning. *Educational Psychologist*, 37(1), 5-15.

Pfromm Netto, S. (1987). A aprendizagem como um processamento da informação. *Psicologia da Aprendizagem e do Ensino*. São Paulo: EPU.

Pintrich, P. R., & Groot, E. V. (1989). Motivational and self-regulated learning components of classroom academic performance. *Journal of Educational Psychology*, *82*(1), 33-40.

Pozo, J. I. (1996). Estratégias de aprendizagem. In Coll, C., Palácios, J. & Marchesi, A. (Orgs.), *Desenvolvimento psicológico e educação: Psicologia da educação* (pp. 176-197). Porto Alegre: Artes Médicas.

Ribeiro, C. (2003). Metacognição: Um apoio ao processo de aprendizagem. *Psicologia: Reflexão e Crítica, 16*, 109-116.

Romero, R. F., Pacheco, M. C. T., Rodriguez, I. A., Güechá, C. M., Bohórquez, S. M., & Vanegas, C. P. (2005). Habilidades metalingüísticas, operaciones metacognitivas y su relación con los niveles de competencia en lectura y escritura: Un estudio exploratorio. *Forma y Función, 18*, 15-44.

Santos, A. A. A., & Boruchovitch. E. (2001). *Escala de avaliação de estratégias de aprendizagem em universitários*. Manuscrito não publicado. Universidade São Francisco, Bragança Paulista-SP.

Santos, A. A. A., & Boruchovitch. E. (2008). *Escala de avaliação de estratégias de aprendizagem em universitários*. Manuscrito não publicado. Universidade São Francisco, Bragança Paulista-SP e Universidade Estadual de Campinas, Campinas, SP.

Santos, A. A. A., Boruchovitch. E., Primi, R., Bueno, J. M., & Zenorini, R. P. C. (2004). Escala de Avaliação de Estratégias de Aprendizagem para Universitários (EAP-U): Aplicação do modelo de *Rasch* de créditos parciais. Braga-PT: *Psicologia: Teoria, Investigação e Prática*, 9(2), 227-242.

Schmitz, B., & Wiese, B. S.(2006). New perspectives for evaluation of trainning sessions in self-regulated learning: Times series analyses of diary data. *Contemporary Educational Psychology, 31*, 64-96.

Seminério, F. L. P. (1995). A metacognição e seus usos: Um mecanismo geral de desenvolvimento cognitivo. *Arquivos Brasileiros de Psicologia, 47*(3), 3-29.

Silva, A. D. (1996). Cognição, metacognição e motivação na aprendizagem. *Psychologica, 15*, 57-66.

Squire, L. R. (1986). Mechanisms of memory. *Science, 232,* 1612-1619.

Veenman, M. V. J., Hout-Wolters, B. H. A. M., & Afflerbach, P. (2006). Metacognition and learning: Conceptual and methodological considerations. *Metacognition and Learning, 1,* 3-14.

Weinstein, C. E., Zimmerman, B. J., & Palmer, D. R. (1988). Assessing learning strategies: The design and development of the LASSI. In Goetz, E. T. & Alexander, P. A. (Eds.), *Learning and study strategies. Issues in assesment, instruction and evaluation* (pp. 25-40). San Diego: Academic Press.

Winne, P. H. (1996). A metacognitive view of individual differences in self-regulate learning. *Learning and Individual Differences, 8,* 327-353.

Winne, P. H., Nesbit, J. C., Kumar, V., Hadwin, A. F., Lajoie, S. P., & Azevedo, R. (2006). Supporting self-regulated learning with study software: The learning kit project. *Technology, Instruction, Cognition and Learning, 3,* 105-113.

Winsler, A., & Naglieri, J. (2003). Overt and covert verbal problem-solving strategies: Developmental trends in use, awareness, and relations with task performance in children aged 5 to 17. *Child Development,* 74(3), 659-678.

Wood, D. (1996). Como as crianças pensam. How children think and learn (Tradução Marcelo Brandão Cipolla). São Paulo: Martins Fontes.

Zimmerman, B. J., & Martinez-Pons, M. (1986). Development of a structured interview for assessing student use of self-regulated learning strategies. *American Educational Research Journal, 23,* 614-628.

6

PERSPECTIVA COGNITIVA COMPORTAMENTAL NO ESTUDO E NA AVALIAÇÃO DO AUTOCONTROLE

Selma de Cássia Martinelli
Fabián Javier Marín Rueda
Fermino Fernandes Sisto

Nos últimos anos o estudo da metacognição ganhou destaque com pesquisas extensivas explorando o desenvolvimento do conhecimento de estratégias efetivas em atenção, compreensão e memória (Brown, 1980; Flavell & Wellman, 1977). Em contrapartida, o desenvolvimento da compreensão de estratégias essenciais de autorregulação das crianças, aspecto que pode ser considerado central no funcionamento humano, foi negligenciado. Talvez isso reflita o fato de que até recentemente havia poucos critérios objetivos para avaliar a eficácia relativa de várias estratégias para o autocontrole.

Na literatura especializada o termo autocontrole também pode ser referido como autodomínio, e tem sido definido como a capacidade dos indivíduos de se controlar ou a seus impulsos, suas emoções, desejos e ações, entre outros. O termo autorregulação também é usado para se referir aos muitos processos usados pelos indivíduos para gerenciar as emoções. Nesse sentido, a autorregulação também incorpora o conceito de força de vontade. Há ainda alguns psicólogos que preferem o termo controle de impulso em vez de autocontrole, por achá-lo mais preciso. Da mesma maneira que não há consenso sobre o melhor termo a ser utilizado, também a investigação em autocontrole aponta para diferentes métodos de pesquisa com seres humanos.

Conforme afirmam Kendall, Zupan e Braswell (1981), a noção de funcionamento individual, efetivamente autônomo, é desejável e, por essa razão, o estudo do desenvolvimento do autocontrole tem despertado o interesse de muitos pesquisadores. Nesses estudos tem sido facilmente constatável que as pessoas mostram grandes diferenças no nível de autocontrole. Essas diferenças, claramente observadas, têm despertado o interesse de muitos pesquisadores que têm procurado compreender como os indivíduos passam a aprender a controlar seu comportamento ao longo de sua existência (Kanfer & Karoly, 1972; Karoly, 1977; Mahoney & Thoresen, 1974).

Muitos desses estudos focaram o desenvolvimento do autocontrole e adotaram diferentes paradigmas, sejam relativos ao treinamento em autocontrole na solução de problemas cognitivos (McClure, Chinsky, & Larcen, 1978), à mudança de comportamento por meio do uso da punição (Johnston, 1972), modelagem (White, 1972; Wolf, 1973), ao uso do atraso da gratificação (Mischel, Shoda, & Rodriguez 1989), seja ao uso da autoinstrução (Patterson & Mischel, 1975, 1976), entre outros.

Tem-se verificado que desde a década de 70 do século XX houve um incremento de estudos que buscavam testar técnicas que facilitassem o desenvolvimento e a manutenção do autocontrole em crianças (Karoly, 1977, dentre outros) No entanto, já naquele momento, conforme apontado por Kendall *et al.* (1981), havia uma carência de instrumentos apropriados para avaliar o autocontrole geral. Os autores apontaram que grande parte desses instrumentos era destinada à avaliação de desordens específicas, como a hiperatividade (Abikoff, Gittelman-Klein, & Klein, 1980; Douglas, Parry, Marton, & Garson,

1976) ou a agressividade (Camp, Blom, Hebert, & Doorninck, 1977). Os autores argumentaram ainda que muitas dessas escalas não eram adequadas para avaliar aspectos importantes do autocontrole geral. Essa mesma dificuldade pode ser sentida até o presente momento.

Em resposta à necessidade de uma medida de autocontrole geral, Kendall e Wilcox (1979) propuseram uma escala que foi denominda de *Self-Control Rating Scale* (SCRS). A definição de autocontrole, proposta nesta escala, e que parte de uma perspectiva cognitivo-comportamental, assinala que o autocontrole incorpora um componente cognitivo, com a função de legislar, e um componente comportamental, com a função de executar. Assim, a criança ou o indivíduo autocontrolado é visto como capaz de deliberar, solucionar problemas, planejar ações não impulsivas e seguir uma deliberação. A criança pode também executar o comportamento escolhido ou inibir a ocorrência de comportamentos rejeitados pela ação legislativa.

Ainda que pesem as diferenças no uso da terminologia nas explicações a esse fenômeno e na metodologia usada para a sua investigação, há que se admitir que têm sido crescente as discussões em torno da questão do controle, ou da falta dele, no comportamento dos seres humanos nas mais diversas situações do contexto social. Argumenta-se que a maior ou menor capacidade de exercer esse controle pode decorrer de uma série de situações, ocorridas ao longo da vida, e que ele pode ser melhorado no seu curso.

Grande quantidade de evidências sugere que há um incremento do autocontrole das crianças com o passar da idade, e que a maioria (mas não todas) as mudanças começam a ser observadas por volta dos seis anos de idade (Inouye, Sato, & Sato, 1979; Logue & Chavarro, 1992; Miller, Weinstein, & Karniol, 1978; Mischel & Metzner, 1962; Sarafino, Russo, Barker, Consentino, & Titus, 1982; Sonuga-Barke, Lea, & Webley, 1989a,

1989b; Vaughn, Kopp, & Krakow, 1984). Isso poderia sugerir a capacidade do ser humano de exercer um controle maior sobre si mesmo à medida que amadurece e se torna mais consciente das consequências associadas à impulsividade. Alguns psicólogos do desenvolvimento argumentam que isso é normal, uma vez que os recém-nascidos e a criança em uma fase inicial de seu desenvolvimento não têm capacidade de pensar no futuro e, portanto, não têm autocontrole para lidar com a gratificação adiada como os adultos.

Mais recentemente, na área da Psicologia do Desenvolvimento, começou-se a pensar no autocontrole de um modo mais complexo, a partir da consideração de que, às vezes, a impulsividade é a resposta mais adaptativa. Na opinião de alguns pesquisadores (Logue, 1995), um indivíduo normal deve ter a capacidade de ser impulsivo ou controlado, dependendo de qual é o comportamento mais adaptável. No entanto, essa é uma mudança de paradigma recente e há pouca investigação feita nessa linha.

Ao lado disso, alguns estudos também têm apontado para o fato de que há diferenças no nível de autocontrole manifestado por homens e mulheres. Logue (1995) salientou que crianças do sexo masculino responderam com menos controle do *self* do que crianças do sexo feminino. A autora afirmou que, na idade adulta, na sua maioria, os sexos se igualaram em sua capacidade de apresentar autocontrole. De fato, algumas pesquisas que investigaram essa variável em crianças de ambos os sexos revelaram que os meninos mostraram menos autocontrole que as meninas (Feingold, 1994; Kanfer & Zich, 1974; Logue & Chavarro, 1992; Sonuga-Barke *et al.* 1989a; Trommsdorff & Schmidt-Rinke, 1980; Walsh, 1967).

O estudo sobre o autocontrole tem revelado que há uma complexidade nesse construto que não pode ser desvendada sem a análise sistemática e detalhada da influência de outras variáveis. Nesse sentido, pode-se dizer que os estudos feitos até o presente apresentam mais lacunas que respostas, porém o estudo do autocontrole parece ser um campo fértil para pesquisas, pois a complexidade da vida moderna e das relações interpessoais demanda explicações para uma série de questões relativas ao comportamento humano. No entanto, a complexidade do fenômeno impõe inúmeras dificuldades à investigação, dentre as quais se pode citar a falta de instrumental para sua aferição.

Tomando como referência esse aspecto, e com o intuito de contribuir com o avanço dessa área de investigação, os autores seguem apresentando algumas medidas de avaliação do autocontrole no contexto escolar. A escolha desse contexto se deve, entre outros motivos, pelo crescente aumento da violência no interior das escolas, perpassando todos os níveis de relações presentes nesse ambiente.

ESCALAS DE AVALIAÇÃO DO AUTOCONTROLE

A revisão empreendida na literatura revelou existir poucos instrumentos de avaliação do autocontrole, o que tem dificultado a realização de estudos empíricos, como já assinalado. De fato, essa análise permitiu localizar poucas escalas, e a maior parte delas já bastante antiga.

A escala proposta por Kendall e Wilcox (1979) foi desenvolvida de acordo com uma definição cognitiva comportamental de autocontrole. Os fatores comportamentais incluem aspectos de automonitoramento, autoavaliação e autorreforço (por exemplo "presto atenção ao que ele ou ela está fazendo") enquanto o fator cognitivo pressupõe a deliberação, a solução de problemas, e o planejamento e avaliação (por exemplo, "planejo o que faço antes de agir"), sendo os dois fatores considerados componentes ativos do autocontrole. O fator cognitivo pertence mais à cognição social do que à inteligência. As crianças autocontroladas apresentam menos evidências de comportamento disruptivos em sala de aula e são identificadas como tendo habilidade para refletir sobre sua ação potencial e para executar a escolha de comportamentos e inibir outros que são desregrados. Nesse estudo foram selecionados aleatoriamente 56 meninos e 51 meninas, que cursavam do terceiro ao sexto grau em escolas americanas, com idades entre 8 e 12 anos. A escala foi proposta para ser respondida por professores tendo em vista os alunos selecionados. A escala contém 33 questões dispostas em uma escala Likert de sete pontos, sendo que o escore um indica o máximo de autocontrole e o escore sete o máximo de impulsividade. Dez itens são descritivos de autocontrole, 13 indicativos de impulsividade e 10 itens medem as duas possibilidades. Kendall e Wilcox (1979) e Kendall *et al.* (1981) realizaram estudos para avaliar a fidedignidade e a validade da escala. A consistência interna da *Self Control Rating Scale* (SRCS), medida pelo *alfa* de Cronbach, foi de 0,98 revelando que existe um alto grau de consistência interna entre os itens da escala. A confiabilidade medida pelo teste-reteste num período de três a quatro semanas foi de 0,84.

Por sua vez, Rosenbaum (1980a) desenvolveu o *Self-Control Schedule* (SCS), uma medida de autorrelato para avaliar comportamentos autorregulatórios. O autor destaca que a escala de 36 itens, em formato Likert de seis pontos, variando de +3 (muito característico de mim) a -3 (pouco característico de mim), apresenta boa precisão e validade incremental. Os comportamentos de autocontrole avaliados pelo SCS foram derivados da natureza de Lazarus (1976, citado por Rosenbaum, 1980a) e seus métodos de lidar com o estresse, assim como também de várias estratégias de *coping* propostas por terapeutas cognitivo-comportamentais. Esses comportamentos são divididos em quatro categorias: a) o uso de cognições para controlar as respostas emocionais e fisiológicas; b) a aplicação de estratégias de solução de problemas; c) a habilidade de atrasar gratificação imediata; e d) a autoeficácia geral percebida. Esses comportamentos foram agrupados em dois fatores, sendo um com 2 itens que avaliam o autocontrole construtivo e os 11 itens restantes avaliam comportamentos não efetivos. A precisão desse teste foi tomada pela consistência interna, sendo que o *alfa* de Cronbach forneceu 0,84 e 0,78 para o primeiro e segundo fator, respectivamente, e por teste-reteste, com coeficiente de 0,86.

Nakano (1995) fez um estudo para traduzir e adaptar esse instrumento para uma amostra japonesa. Participaram do estudo 338 graduandos, sendo 166 homens e 172 mulheres com idades entre 18 e 22 anos. O teste foi traduzido por duas pessoas e os resultados de precisão indicaram 0,70 e 0,78 para o fator autocontrole construtivo e inefetivo, respectivamente. Também a validade de construto foi avaliada por análises de correlação com a escala de *coping*. Essa análise forneceu um coeficiente negativo (-0,27) com o fator autocontrole construtivo. Ainda, a análise de regressão múltipla sugeriu que o fator autocontrole construtivo explicou 19 e 18% da variância da depressão e sintomas psicossomáticos, respectivamente. Já o autocontrole inefetivo contou por 10 e 9% da variância da depressão e sintomas psicossomáticos. Assim, as pessoas que relataram usar mais comportamentos construtivos de autocontrole foram menos susceptíveis a desenvolver depressão e mostrar sintomas psicossomáticos no futuro.

Rosenbaum (1980b) estendeu seu trabalho investigando as relações entre os traços de autocontrole e dor. Participaram do estudo 22 mulheres e dezoito homens, membros de uma comunidade rural de Israel que se voluntariaram para esse estudo. Os indivíduos foram divididos aleatoriamente em um grupo experimental e um grupo controle, tendo sido estipulado que haveria nove homens e onze mulheres em cada grupo. A idade média total da amostra foi 21,6 anos. Constatou-se que pessoas com autocontrole elevado toleraram por mais tempo um estímulo de dor do que pessoas com baixo autocontrole. As relações entre o autocontrole e a dor de cabeça foram objetos de estudo de Courey, Feuerstien e Bush (1982), que investigaram 42 mulheres com média de idade de 38,9 anos. Os resultados indicaram que mulheres com altas pontuações no SCS foram caracterizadas por baixas avaliações da intensidade da dor e menor foco em suas dimensões sensoriais. Do mesmo modo, Rosenbaum e Rolnick (1983) investigaram as relações entre o repertório geral das pessoas em comportamentos de autocontrole e a habilidade em lidar com a doença, percebendo que os sujeitos mais controlados lidaram melhor com ela, concluindo pelo estabelecimento de validade de critério para o SCS.

Posteriormente, com base na escala de Kendall e Wilcox (1979), Humphrey e Kirschenbaum (1981) desenvolveram uma nova escala para avaliação do autocontrole que poderia ser usada pelo professor (*Teacher's Self-Control Rating Scale*). O instrumento consiste em quinze itens que refletem uma conceitualização do autocontrole segundo uma abordagem cognitivo-comportamental, mostrando-se satisfatório para avaliar dois fatores relacionados ao autocontrole, o autocontrole cognitivo-pessoal (dez itens) e autocontrole interpessoal-comportamental (cinco itens). A precisão de teste-reteste indicou uma associação de 0,93 para o fator 1 e 0,94 para o fator 2.

Em 1982, Humphrey desenvolveu a *Children's Perceived Self-Control Scale* com base nos itens da versão para professores de Humphrey e Kirschenbaum (1981). Os participantes do estudo foram 763 crianças (372 meninos e 391 meninas), em 22 salas da quarta e catorze da quinta série. Uma subamostra de 65 crianças, 33 meninas e 32 meninos, foi selecionada aleatoriamente a partir de dez classes (ou seja, seis ou sete crianças de cada classes) para a realização de observações naturalistas. Uma amostra separada de 88 crianças, 44 de cada série participaram do estudo de confiabilidade. Dados sobre o QI, a realização, e as notas estavam disponíveis para uma subamostra de 28 crianças da quarta série, metade composta por meninos e metade por meninas. Os professores de três das cinco classes também faziam avaliações de autocontrole de uma amostra aleatória de 47 crianças, sendo quinze ou dezesseis crianças de cada classe. Para essas crianças, o resultado do teste de QI, os resultados dos testes realização e as notas também foram obtidos.

Os fatores identificados nos doze itens da escala para crianças foram autocontrole pessoal (quatro itens), autocontrole interpessoal (três itens), autoavaliação (três itens) e Pensamento Consequencial (dois itens). A precisão por teste-reteste indicou coeficientes variando de 0,56 a 0,71. Analisando-se as correlações entre os fatores dessas duas escalas e medidas de critério externas, identificou-se que a escala para professores apresentou maiores correlações, bem como mais coeficientes significativos em comparação com a versão para crianças que a comparava com timidez, ansiedade, aprendizagem, tolerância à frustração, sociabilidade, QI verbal e quantitativo e os resultados do *Scholastic Achievement Test* (SAT) verbal e quantitativo, assim como notas de matemática e leitura. Os coeficientes variaram de 0,32 a 0,82 (Humphrey, 1982). Nesse contexto, psicometricamente, a escala dos professores mostrou-se melhor do que a das crianças, isto é, uma estrutura mais estável do fator com maior confiabilidade e o teste-reteste forneceu coeficientes mais elevados; ao lado disso, relaciona-se mais consistentemente aos critérios externos.

Bonet e Moreno (1995) propuseram um instrumento de avaliação do autocontrole para a população espanhola que pudesse ser usado tanto pelo psicólogo clínico quanto escolar. O instrumento contempla aspectos implicados nos modelos de autorregulação e autocontrole, tais como a resistência à dor e ao estresse, resistência à tentação e atraso da recompensa. Dentre os processos envolvidos, foram considerados motivação para a mudança, retroalimentação, antecipação de consequências, atribuição causal, processos de juízo, autoconsequências e habilidades para autodeterminação. Defenderam que esses processos têm alta relevância ou são considerados imprescindíveis para a consecução efetiva do autocontrole pessoal. Para os autores, o autocontrole pode ser definido como um construto que faz referência a comportamentos adquiridos pela pessoa em seu percurso pessoal e que se encaminha para alterar ou mudar o próprio comportamento, motivado fundamentalmente por processos hedônicos. Nesse sentido a escola propõe-se a avaliar o autocontrole, considerado do ponto de vista da conduta, e tem por base o esforço consciente da pessoa para modificar suas reações.

O questionário de autocontrole infantil e adolescente (Cacia) consta de cinco escalas sendo que três delas medem aspectos positivos do autocontrole, uma avalia aspectos negativos e outra se refere a uma escala de sinceridade. O instrumento foi pensado para ser aplicado em crianças e adolescentes de 11 a 19 anos e é composto de uma escala denominada de retroalimentação pessoal (RP0), com 21 questões; uma escala de autocontrole processual (ACP), com 25 questões; uma escala de atraso da recompensa (RR), com 19 questões; autocontrole criterial (ACC), com 10 questões, e uma escala de sinceridade (S), com 14 questões, dispostas em itens dicotômicos (sim e não).

O índice de consistência interna, aferido pelo coeficiente *alfa* de Cronbach, revelou valores para as escalas RP, ACP, RR, ACC e S de 0,79; 0,76; 0,71; 0,50 e 0,63, respectivamente. Os coeficientes foram considerados satisfatórios e, segundo os autores, embora não sejam muito elevados, atestariam a validade das escalas, já que o construto autocontrole implica comportamentos díspares e também opostos. Os autores destacaram ainda o fato de que os coeficientes de confiabilidade teste-reteste apresentaram baixos índices para algumas séries escolares, o que tem levado os autores a trabalharem com a escala para verificar se esses resultados se devem às características da amostra ou ao comportamento dessa escala nos níveis de ensino estudados.

Partindo da análise da literatura e dos instrumentos na área, e considerando que esse construto se tem revelado de importância fundamental nos estudos sobre o comportamento humano, Martinelli e Sisto (2006) também propuseram uma escala de avaliação do autocontrole para a população brasileira. Essa nova medida se justifica por algumas razões. Primeiro pela inexistência de um instrumento dessa natureza para a população brasileira, e também pelo fato de que as escalas apresentadas por Kendall e Wilcox (1979) e por Humphrey (1982), além de bastante antigas, segundo Bonet e Moreno (1995), são insuficientes por sua baixa validade de conteúdo e de construto, além de se apresentarem elementos considerados, pelos autores, redundantes, no caso da primeira escala, e escassos, na segunda. Ressalta-se ainda o fato de que são destinadas à avaliação dos alunos, mas respondidas por seus professores, não considerando, portanto, a própria percepção do indivíduo sobre seu comportamento. Ao lado disso, considerou-se que a escala desenvolvida por Bonet e Moreno (1995), embora proposta para avaliar a percepção da pessoa sobre seu comportamento, fato esse já destacado, também não apresenta propriedades psicométricas satisfatórias que justifiquem uma adaptação do instrumento à realidade brasileira. Nesse contexto, restaria a alternativa de proposição de uma nova escala.

Assim, a escala proposta por Martinelli e Sisto (2006) destina-se a avaliar a percepção de estudantes de oito a quinze anos de idade sobre seu comportamento e atitudes em situações que exigem da pessoa um controle de seus impulsos. O estudo inicial para sua construção contou com 555 crianças da 2ª até a 8ª série do Ensino Fundamental de escolas públicas e particulares de várias cidades do interior do estado de São Paulo, com idades entre sete e dezoito anos. Como resultado desse estudo, os autores obtiveram um instrumento padronizado para crianças de oito a catorze anos.

Num primeiro momento, Martinelli e Sisto (2006) consideraram a necessidade de analisar se as respostas aos itens da escala poderiam estar relacionadas ao sexo. Para isso, realizaram uma análise do funcionamento diferencial dos itens. Do total de itens inicialmente estudados (115), 29 indicaram diferenciar o sexo, sendo que treze foram de alta incidência para as meninas e dezesseis para os meninos. Em razão disso, os autores decidiram construir duas escalas, uma para as pessoas do sexo masculino e outra para as do sexo feminino. Os itens para cada escala foram de dois tipos: aqueles sem diferenças significativas entre os sexos e aqueles cujas diferenças não podiam ser atribuídas ao acaso, sendo que, para a escala do sexo masculino não foram incluídos os itens que privilegiavam as mulheres e para a escala do sexo feminino foram retirados os que privilegiavam os homens.

O instrumento é composto por uma escala feminina de autocontrole (EFAC), com um total de 30 questões, e uma escala masculina de autocontrole (EMAC), com um total de 31 questões, e que estima a percepção que a criança e o adolescente têm de si mesmos em relação a dois núcleos de conduta, regras e condutas sociais e sentimentos e emoções. Possibilita também uma pontuação total, soma desses dois núcleos.

Nesse sentido, uma pessoa que obtiver pontuação baixa em uma subescala percebe-se com dificuldades no cumprimento dessas situações, ao passo que uma pessoa com alta pontuação percebe-se como disciplinada, organizada, obediente e responsável com suas obrigações. As respostas são dadas em escala de três pontos (sempre, às vezes e nunca) que devem ser escolhidas e assinaladas de acordo com a intensidade com que a frase caracteriza o respondente.

Quanto às propriedades psicométricas, no que se refere às evidências de validade da estrutura interna, a análise fatorial referendou dois fatores para cada uma delas. Dos itens da escala feminina, apenas um apresentou correlação item-total abaixo de 0,30 e nenhum item com essa característica foi verificado na escala masculina. Quanto à validade de construto em relação ao desenvolvimento, as análises realizadas tanto com a escala feminina quanto com a masculina sugeriram um possível caráter evolutivo do autocontrole.

A precisão das escalas foi aferida pelo *alfa* de Cronbach e pelo método de teste-reteste. Na escala feminina o fator 1 obteve um *alfa* de 0,81, e o fator 2 de 0,73. Já na escala masculina o *alfa* do fator 1 foi de 0,84 e do fator 2 de 0,80. No caso do teste-reteste, em ambas as escalas os autores concluíram que os fatores têm uma estabilidade temporal bastante boa, com índices de 0,73 e 0,82 para os fatores 1 e 2, respectivamente, na EFAC, e 0,86 e 0,82 para os fatores 1 e 2, respectivamente, no EMAC. Em relação à escala como um todo, a EFAC apresentou um coeficiente de correlação de Pearson de 0,86 e, a EMAC, de 0,84. Destaca-se que, além de apresentar evidências de validade em relação à estrutura interna e bons índices de precisão, estudos têm-se dedicado a analisar a relação existente entre os diferentes fatores da EFAC e da EMAC com outras variáveis externas (Rueda & Sisto, 2007; Sisto & Rueda, 2008; Sisto, Rueda, & Urquijo, 2008).

Assim sendo, com o objetivo de verificar possíveis relações entre as emoções e o autocontrole, Rueda e Sisto (2007) aplicaram a Escala de Autopercepção de Emoções (Sisto & Bazi, 1999), que avalia as emoções tristeza, medo, alegria e coragem; e as Escalas Feminina e Masculina de Autocontrole, em 1232 crianças e adolescentes de ambos os sexos, com idade variando de oito a catorze anos. Para a pesquisa os autores partiram de algumas hipóteses, quais sejam, que o autocontrole elevado estaria associado ao controle das emoções negativas, ao passo que o baixo autocontrole estaria associado ao controle das emoções positivas. Ainda aventaram a possibilidade do autocontrole relacionado a sentimentos e emoções apresentar magnitudes de correlação maiores que o autocontrole de normas e condutas sociais. Os resultados mostraram correlações de magnitudes nulas e baixas entre as diferentes emoções e o autocontrole de normas e condutas sociais, tanto da EFAC quanto da EMAC. Já em relação ao fator do autocontrole referente a sentimentos e emoções, as emoções tristeza e medo apresentaram correlações de magnitude moderada, ao passo que coragem e alegria tiveram correlações nulas. Com base nesses resultados, concluiu-se que a relação existente entre ambos os construtos é baixa, exceção feita às emoções medo e tristeza, que apresentaram uma relação maior com o autocontrole relacionado aos sentimentos e às emoções, confirmando dessa forma as hipóteses iniciais.

Sisto e Rueda (2008), pesquisando as relações entre o autocontrole e os traços de personalidade, aplicaram a EFAC e a EMAC e a Escala de Traços de Personalidade para Crianças, a ETPC (Sisto, 2004), que avalia os traços neuroticismo, psicoticismo, extroversão e sociabilidade, em 606 crianças de ambos os sexos, com idade entre oito e dez anos. Os resultados referentes ao ETPC e EMAC evidenciaram correlações positivas e significativas entre o psicoticismo e o neuroticismo com ambos os fatores do EMAC, bem como negativa com o traço sociabilidade. No caso da extroversão não foi verificada correlação significativa apenas nos fatores que dizem respeito aos sentimentos e às emoções. Esses dados foram interpretados como, ao aumento do autocontrole – seja ele em relação às regras, seja a sentimentos –, corresponde um aumento nos traços de psicoticismo e neuroticismo e diminuição da sociabilidade. Na extroversão, conforme aumentou a pontuação, diminuiu o autocontrole frente às normas sociais e de forma geral. Já com a EFAC, ambos os fatores apresentaram correlações significativas e positivas entre o psicoticismo e o neuroticismo, bem como negativa com o traço sociabilidade. Na extroversão foi constatado que o fator referente ao autocontrole em razão das normas e das condutas sociais não apresentou níveis de significância.

Por fim, Sisto, Rueda *et al.* (2008) pesquisaram a relação entre EFAC e EMAC e os autoconceitos pessoal, social, familiar e escolar, avaliados pela Escala de Autoconceito Infantojuvenil, a EAC-IJ (Sisto & Martinelli, 2004), em 1213 crianças e adolescentes da 2ª a 8ª série do Ensino Fundamental. Verificaram correlações positivas e significativas entre os autoconceitos pessoal e social em ambos os fatores da EFAC e da EMAC. No autoconceito escolar foi observada uma correlação negativa em relação a ambos os fatores da EMAC, ao passo que nas meninas esse resultado foi verificado apenas no fator referente aos sentimentos e às emoções. Ainda, correlações negativas e significativas foram evidenciadas entre o autoconceito familiar e o fator referente a normas e condutas sociais e na pontuação total, tanto da EFAC quanto da EMAC.

Assim sendo, os estudos apresentados possibilitam afirmar que a Escala Feminina de Autocontrole e a Escala Masculina de Autocontrole (Martinelli & Sisto, 2006) podem ser consideradas instrumentos bastante adequados para a avaliação de tipos de autocontrole relacionados a diferentes âmbitos, quais sejam, normas e condutas sociais e sentimentos e emoções. Ressalta-se que os estudos psicométricos referentes às escalas contemplam tanto estudos relacionados à estrutura interna quanto à relação com outras variáveis, o que de fato oferece mais informações na sua interpretação.

CONSIDERAÇÕES FINAIS

O estudo do autocontrole se tem revelado um campo promissor de pesquisas, principalmente quando se analisa o contexto das relações sociais estabelecidas no ambiente escolar. Os frequentes e atuais comportamentos disruptivos manifestados por estudantes em relação a seus pares e a seus professores têm despertado a atenção e a preocupação dos mais diferentes segmentos da sociedade. Esse fato por si só já justificaria a necessidade de compreender melhor os mecanismos responsáveis pela adoção de um comportamento mais autocontrolado por alguns e menos autocontrolado por outros. Nesse sentido, considera-se que pesquisas futuras deveriam ser empreendidas na compreensão tanto do desenvolvimento de comportamentos mais autocontrolados quanto de variáveis associadas ao comportamento de autocontrole.

Conforme apontado por Harter (1983), tem sido cada vez mais frequente também considerar a necessidade de se pensar essa construção como um processo social, uma vez que o social propõe desafios e conflitos constantes, permitindo que novas e constantes reorganizações ocorram no funcionamento psíquico dos indivíduos. Assim, buscar informações que possam ser elucidativas das diferenças de gênero também seria promissor para se pensar a questão do autocontrole ou de sua ausência, já que as estatísticas revelam que os homens, de maneira geral, envolvem-se mais frequentemente em comportamentos que podem ser considerados de risco. Se esse comportamento é fruto do social ou de condições específicas relativas ao gênero é algo que ainda necessita ser investigado em maior profundidade.

Além disso, há que se pensar que em cada fase do desenvolvimento o indivíduo se defronta com problemas de natureza diversa, que certamente influenciam a organização do *self*, fato ainda mais evidente na adolescência, fase na qual problemas relativos ao controle do comportamento também são mais frequentes. Assim, coloca-se a necessidade de pensar esse período em termos de interações complexas envolvendo as mudanças físicas, emocionais, sociais e cognitivas. Essa complexidade se apresenta como um desafio aos estudiosos interessados na miríade de variáveis afetivas e comportamentais envolvidas no estudo de seres humanos.

REFERÊNCIAS

Abikoff, H, Gittelman-Klein, R & Klein, D. F. (1980). Classroom observation code for hiperactive children: A replication of validity. *Journal of consulting and Clinical psychology*, 48, 555-565.

Bonet, A. C. & Moreno, F. S (1995). *Cuestionario de Auto-Control Infantil y Adolescente (CACIA): Manual*. Madrid: TEA Ediciones, S.A.

Brown, A. (1980). Metacognitive development and reading. In Spiro, R. J., Bruce, B. & Brewer, W. F. (Orgs.), *Theoretical issues in reading comprehension*. Hillsdale, Nova Jérsei: Erlbaum.

Camp, B. W., Blom, J. E., Hebert, F., & Doorninck, W. J. (1977). "Think Aloud": A program for developing self-control in young aggressive boys. *Journal of Abnormal Child Psychology, 5*, 157-169

Courey, L., Feuerstien, M., & Bush, C. (1982). Self-control and chronic headache. *Journal of Psychosomatic Research, 26*(5), 519-526.

Douglas, V. I., Parry, P., Marton, P., & Garson, C. (1976). Assessment of a cognitive training program for hyperactive children. *Journal of Abnormal Child Psychology, 4*, 389-410.

Feingold, A. (1994). Gender differences in personality: A meta-analysis. *Psychological Bulletin*, 116, 429-456.

Flavell, J. H., & Wellman, H. M. (1977). Metamemory. In Kail, R. V. & Hagen, J. W. (Orgs.), *Perspectives on the development of memory and cognition*. Hillsdale, Nova Jérsei: Erlbaum.

Harter (1983). Developmental perspectives on the self-esteem. In Mussem, P. H. (Ed.), *Handbook of Child Psychology*, 4, 339-385.

Humphrey, L. L. (1982). Children's and teacher's perspectives on children's self-control: The development of two rating scales. *Journal of Consulting and Clinical Psychology, 50*(5), 624-633.

Humphrey, L. L., & Kirschenbaum, D. S. (1981). Self-control and perceived social competence in preschool children. *Cognitive Therapy and Research, 3*, 373-379.

Inouye, A., Sato, S., & Sato, Y. (1979). Developmental study in delayed preference behavior. *The Japanese Journal of Psychology*, 50, 82-88.

Johnston, J. M. (1972) Punishment of human behavior. *American Psychologist, 27*, 1033-1054.

Kanfer, F. & Karoly, P. (1972).Self-control: A behavioristic excursion into the lion's den. *Behavior Therapy*, 3, 398-416.

Kanfer, F. H., & Zich, J. (1974). Self-control training: The effects of external control on children's resistance to temptation. *Developmental Psychology*, 10, 108-115.

Karoly, P. (1977). Behavioral self-management in children: Concepts, methods, issues and directions. In Hersen, M., Eisler, R. & Miller, P. (Eds.), *Progress in behavior modification* (vol. 5). New York: Academic Press.

Kendall, P. C. & Wilcox, L E. (1979). Self-control in children: Development of a rating scale. *Journal of Consulting and clinical Psychology*, 47(6), 1020-1029.

Kendall, P. C., Zupan, B. A & Braswell, L. (1981). Self-control in children: Further analyses of the self-control rating scale. *Behavior Therapy*, 12, 667-681.

Logue, A. W. (1995). *Self control: Waiting until tomorrow for what you want today*. Englewood Cliffs, Nova Jérsei: Prentice Hall.

Logue, A. W., & Chavarro, A. (1992). Self-control and impulsiveness in preschool children. *Psychological Record, 42*, 189-204.

MacClure, I., Chinsky, J., & Larcen, S. (1978). Enhancing social problem-solving performance in an elementary school setting. *Journal of Educational Psychology, 70*, 504-513.

Mahoney, M. J., & Thoresen, C. E. (1974). *Self-control: Power to the person*. Monterey, Califórnia:Brooks-Cole.

Martinelli, S. C, & Sisto, F. F. (2006). *Escala feminina de autocontrole (EFAC) e Escala masculina de autocontrole (EMAC): Manual*. São Paulo: Vetor.

McClure, I., Chinsky, J., & Larcen, S. (1978). Enhancing social problem-solving performance in an elementary school setting. *Journal of Educational Psychology*, 70, 504-513.

Miller, D. T., Weinstein, S. M., & Karniol, R. (1978). Effects of age and self-verbalization on children's ability to delay gratification. *Developmental Psychology*, 14, 569-570.

Mischel, W., & Metzner, R. (1962). Preference for delayed reward as a function of age, intelligence, and length of delay interval. *Journal of Abnormal and Social Psychology*, 64, 425-431.

Mischel, W., Shoda, Y., & Rodriguez, M. L. (1989). Delay of gratification in children. *Science, 244*, 933-938.

Nakano, K. (1995). Assessment of self-control behavior: Validity analyses on a japanese version of the self-control schedule. *Journal of Clinical psychology*, 51, 378-382.

Patterson, C. J., & Mischel, W. (1975). Plans to resist distraction. *Developmental Psychology, 11*, 369-378.

Patterson, C. J., & Mischel, W. (1976). Effects of temptation inhibiting and task-facilitating plans on self-control. *Journal of Personality and Social Psychology, 33*, 209-217.

Rosenbaum, M. (1980a). A schedule for assessing self-control behaviors: Preliminary findings. *Behavior Therapy, 11*(1), 109-121.

Rosenbaum, M. (1980b). Individual differences in self-control behaviors and tolerance of painful stimulation. *Journal of Abnormal Psychology, 89(4)*, 581-590.

Rosenbaum, M., & Rolnick, A. (1983). Self-control behaviors and coping with seasickness. *Cognitive Therapy and Research, 7*(1), 93-98.

Rueda, F. J. M., & Sisto, F. F. (2007). Relação entre emoções e autocontrole em crianças e adolescentes. *Psicologia Argumento, 25*(51), 393-400.

Sarafino, E. P., Russo, A., Barker, J., Consentino, A. M., & Titus, D. (1982). The effect of rewards on intrinsic interest: Developmental changes in the underlying processes. *The Journal of Genetic Psychology*, 141, 29–39.

Sisto, F. F. (2004). Escala de Traços de Personalidade para Crianças – ETPC. São Paulo: Vetor.

Sisto, F. F., & Bazi, G. A. P. (1999). *Escala de autopercepção de emoções*. Faculdade de Educação. UNICAMP (não publicado), Campinas, São Paulo.

Sisto, F. F., & Martinelli, S. C. (2004). *Escala de autoconceito infanto-juvenil (EAC-IJ): Manual*. São Paulo: Vetor.

Sisto, F. F., & Rueda, F. J. M. (2008). Estudo sobre as relações entre autocontrole e traços de personalidade. *Psicologia Escolar e Educacional, 12*(2), 369-380.

Sisto, F. F., Rueda, F. J. M., & Urquijo, S. (2008). *Autocontrol y autoconcepto*. Manuscrito submetido à publicação.

Sonuga-Barke, E. J. S., Lea, S. E. G., & Webley, P. (1989a). Children's choice: Sensitivity to changes in reinforcer density. *Journal of the Experimental Analysis of Behavior*, 51, 185-197.

Sonuga-Barke, E. J. S., Lea, S. E. G., & Webley, P. (1989b). The development of adaptive choice in a self-control paradigm. *Journal of the Experimental Analysis of Behavior*, 51, 77-85.

Trommsdorff, G., & Schmidt-Rinke, M. (1980). Individual situational characteristics as determinants of delay of gratification. *Archiv für Psychologie, 133*, 263-275.

Vaughn, B. E., Kopp, C. B., & Krakow, J. B. (1984). The emergence and consolidation of selfcontrol from eighteen to thirty months of age: Normative trends and individual differences. *Child Development, 55,* 990-1004.

Walsh, R. P. (1967). Sex, age, and temptation. *Psychological Reports, 21,* 25-629.

White, G. (1972). Immediate and deferred effects of model observations and guided and unguided rehearsal on donating and stealing. *Journal of Personality and social Psychology, 21,* 139-148.

Wolf, T. (1973) Effects of televised modeled verbalizations and behavior on resistance to deviation. *Developmental Psychology, 8,* 51-56.

7

AVALIAÇÃO DA INTEGRAÇÃO DO ALUNO AO ENSINO SUPERIOR NO CONTEXTO BRASILEIRO

Acácia Aparecida Angeli dos Santos
Soely Aparecida Jorge Polydoro
Marco Antônio Pereira Teixeira
Marucia Patta Bardagi

A preocupação com o processo vivenciado pelos estudantes durante sua formação universitária é crescente, tanto no exterior quanto no Brasil. Estudos de revisão feitos nos Estados Unidos demonstram que a preocupação com o tema não é recente, ressaltando-se alguns trabalhos de Pascarella e Terenzini (1991, 2005) que sintetizam oitenta anos de literatura sobre o tema. Ao escreverem essa revisão os autores tiveram o propósito de provocar a reflexão de gestores e especialistas quanto à implantação e sistematização da prática educacional no Ensino Superior. Também pretenderam identificar lacunas, conflitos ou fragilidades teóricas que pudessem orientar futuras pesquisas sobre o desenvolvimento do estudante e sobre a interferência da educação superior nas mudanças ocorridas ao longo do período em que estivesse na universidade.

Pascarella e Terenzini (1991, 2005), por exemplo, ao revisarem 5.100 estudos publicados em um período de 35 anos, procuram responder a questões como: os estudantes mudam durante o Ensino Superior? Quanto? Em que direção? Em que extensão a mudança se deve ao Ensino Superior e não a outras influências? As mudanças são diferentes de acordo com o tipo de instituição? As mudanças são diferentes de acordo com a experiência vivida na mesma instituição? As mudanças são diferentes de acordo com as características dos estudantes? A influência da educação superior é durável? Essas questões, de forma geral, ainda norteiam os estudos sobre o Ensino Superior, cujos objetivos principais são a compreensão das relações entre aspectos intrínsecos ao indivíduo e aspectos institucionais e contextuais da experiência no Ensino Superior, a fim de potencializar os benefícios e minimizar os riscos dessa experiência para o desenvolvimento global do aluno.

Os resultados da pesquisa de Pascarella e Terenzini (1991, 2005) indicam que o estudante vivencia uma rede integrada de mudanças ao frequentar o Ensino Superior. Tais mudanças se estendem substancialmente para além do crescimento cognitivo e de conhecimento. Assim, envolvem um amplo espectro, que inclue mudanças de natureza psicossocial, de atitudes e valores, assim como a própria carreira, o nível socioeconômico e a qualidade de vida. Apesar da tendência de se identificar impactos positivos da educação superior, também são observados aspectos negativos, como o alcoolismo, o descuido com a alimentação e a redução dos cuidados pessoais. Na mesma direção, Almeida e Soares (2003) ressaltam a mudança psicossocial que ocorre com o aluno na transição para o Ensino Superior. Salientam ainda que essa mudança engloba os domínios acadêmico, social, pessoal e vocacional, alertando que elas poderiam ser vivenciadas tanto como espaços de crescimento e desenvolvimento ou como barreiras e fontes de estresse.

Dessa forma, a transição para o Ensino Superior tem sido caracterizada como um evento de vida que pode ser estressante, dada a variedade de mudanças e o enfrentamento de desafios típicos desse período. O estresse social associado a esse momento pode incluir a ansiedade relativa às múltiplas mudanças que envolvem a saída de casa, o distanciamento do ambiente familiar, o afastamento do grupo de amigos e a necessidade de criação de uma nova rede de relacionamentos com colegas de classe, de moradia e com parceiros afetivos. Ao lado disso, é importante atentar para o aumento de responsabilidades acadêmicas, as expectativas crescentes de obrigações financeiras (responsabilidade por gestão de crédito e contas bancárias, por exemplo), bem como para a necessidade de assumir compromissos decorrentes da independência pessoal – como cozinhar, limpar, fazer compras rotineiras etc. (Bardagi, 2007; Dyson & Renk, 2006; Hey, Calderón, & Seabert, 2003; Teixeira, Dias, Wottrich, & Oliveira, 2008; Ting, 2003).

Um fato relevante a ser considerado, ao pesquisar a experiência do estudante, é que nem toda mudança ocorrida durante o período da graduação pode ser considerada um efeito direto da vivência acadêmica. Essa cautela envolve a distinção entre mudanças ocorridas *durante* a educação superior e mudanças ocorridas *por causa* da educação superior. Os teóricos do desenvolvimento, nesse sentido, localizam na vida adulta jovem – período típico em que o indivíduo se encontra no Ensino Superior, apesar do crescente número de estudantes adultos – transformações biológicas, sociais, familiares e cognitivas que reorganizam a noção de *self* e as expectativas futuras do indivíduo (Arnett, 2000). Além dos aspectos próprios do desenvolvimento, é preciso considerar as experiências vividas em outros contextos que não o próprio da educação superior.

Vale considerar também que uma mesma experiência não tem o mesmo impacto em todos os estudantes, sendo singular a cada um, dependendo dos chamados efeitos condicionais, isto é, das características, percepções e envolvimento dos próprios alunos, o que leva à observação de efeitos indiretos do Ensino

Superior. Observa-se, ainda, que o estudante pode apresentar mudanças a curto, médio e longo prazo, que geralmente ocorrem de forma holística. Nesse sentido, a mudança em uma área é acompanhada de alterações em outras áreas da vida do estudante, e é fruto de fatores múltiplos de domínio acadêmico e não acadêmico do ambiente institucional, incluindo, entre outras, características do corpo docente, dos programas educacionais, do próprio curso, dos serviços e programas oferecidos e dos pares (Pascarella & Terenzini, 1991, 2005; Terenzini, 1994).

Em decorrência do que foi até então ponderado, constata-se que é difícil avaliar o efeito da educação superior na vida dos estudantes. Essa dificuldade se deve, por um lado, ao fato de que a identificação do impacto da universidade é dependente do potencial educacional do estudante e suas características de entrada (perfil de ingresso) e, por outro, à diversidade das instituições, cursos e experiências de formação superior.

Apesar da relevância social e política que o conhecimento sobre o estudante do Ensino Superior tem para a realidade brasileira, ainda há poucas pesquisas relativas a ele, proporcionalmente ao número e à diversidade das experiências de formação existentes nessa etapa de escolarização. Além disso, pode-se dizer que são ainda mais restritos os trabalhos que, de fato, apresentam o universitário como objeto central de estudo e que não o usam apenas como informante na investigação de outras variáveis, considerando que ele é uma amostra de fácil acesso para a coleta de dados.

Em termos da produção nacional destaca-se o esforço dos pesquisadores do Projeto Universitas/Br para a Avaliação da Produção Científica sobre Educação Superior no Brasil, do GT de Política de Educação Superior da ANPEd. Trata-se de uma rede acadêmica para pesquisa e intercâmbio de pares cujo tema comum é a educação superior. Assim, desde 1968, agrega pesquisadores com o objetivo de selecionar, organizar, avaliar e disponibilizar a produção científica sobre Educação Superior no Brasil. A análise da produção da área ocorre em quinze categorias temáticas, sendo o corpo discente uma delas. À título ilustrativo, destaca-se que das 11.585 produções analisadas entre os anos de 1968 a 2002, 495 tinham como tema o próprio estudante (4,27%), cujas áreas investigadas foram as Atividades Discentes (5,05%), o Perfil (27,47%), o Acesso (33,73%), o Desempenho (22,22%), as Formas de Associação (4,24%) e Outros (6,06%) (Universitas, 2009).

Embora perceba-se um aumento no volume da produção sobre o universitário, como refere Polydoro (2000), é necessário que sejam congregadas as iniciativas isoladas e dispersas, visando à superação das limitações nesse campo de estudo. Como sugerem Bariani, Buin, Barros e Escher (2004), é preciso criar condições para que a educação superior brasileira se firme como um tema de interesse científico. Ao lado disso, seria importante favorecer o surgimento de pesquisas que tivessem o estudante de Ensino Superior como objeto de estudo. Além do ganho teórico e metodológico, essa condição permitiria a aplicação dos produtos das pesquisas em ações de docência e gestão educacional, fornecendo subsídios para que as instituições de Ensino Superior pudessem cumprir melhor a difícil tarefa de formar estudantes aptos ao exercício consciente da cidadania (Capovilla & Santos, 2001; Mercuri & Polydoro, 2003; Pachane, 2003).

Muitos pesquisadores têm dedicado-se a investigar a vivência do estudante no Ensino Superior, partindo do pressuposto de que ela está associada ao desenvolvimento psicossocial, cognitivo, ao rendimento acadêmico e ao ajustamento do estudante à universidade (Bardagi, 2007; Cunha & Carrilho, 2005; Ferreira, Almeida, & Soares, 2001, Walsh, 2009). Os estudos sobre vivência e/ou integração acadêmica, que revelam o que ocorre ao longo do período de formação universitária, têm-se mostrado importantes em face das inúmeras transformações de ordem econômica, social, cultural e política da sociedade contemporânea. Cada vez mais a informação e o conhecimento ocupam papel relevante, tornando o acesso à educação um objetivo valorizado tanto pelos cidadãos em busca de melhores condições de vida e de trabalho, quanto pelas nações, visando ao aumento de sua capacidade de resolver problemas e produzir inovações (Pascarella & Terenzini, 1998; Scott, 2006).

Dada a importância das experiências que ocorrem nesse período, muitos instrumentos têm sido elaborados com o propósito de retratar o fenômeno da integração acadêmica, relacionando-a também a outros construtos. Alguns dos estudos realizados no Brasil serão abordados no próximo tópico.

INSTRUMENTOS DE MEDIDA DA INTEGRAÇÃO ACADÊMICA EMPREGADOS EM ESTUDOS BRASILEIROS

A dificuldade inicial para a construção de medidas que possam aferir construtos como o de vivência acadêmica e de integração ao Ensino Superior reside no fato de que esses construtos não são unanimemente definidos. Observa-se, ainda, na literatura, o uso de termos similares a estes, como ajustamento acadêmico e adaptação (Almeida, Soares, Ferreira, & Tavares, 2004; Cunha & Carrilho, 2005).

Muitas vezes esses termos são usados como sinônimos, o que dificulta a clareza e a delimitação sobre qual fenômeno está sendo avaliado. É consenso, contudo, que esses termos referem-se a um processo multifacetado, complexo e multidimensional que se constrói no cotidiano pela troca compartilhada entre as expectativas e características dos estudantes e a estrutura e outros elementos organizacionais, bem como com a comunidade que compõe a instituição (Almeida *et al.*, 2004; Tinto, 1993).

Algumas considerações sobre como diferentes autores abordam o construto serão apresentada a seguir.

Tinto (1988) refere-se à integração como o último estágio do processo de transição, antecedido pelos estágios de separação da comunidade ou condição anterior à entrada na universidade, e transição para a nova comunidade, apreendendo seus princípios, regras e padrões, e descobrindo as expectativas desta para com ele. Para o autor, a integração é atingida quando o estudante passa a compartilhar dos valores e das normas da nova comunidade tanto no plano intelectual como no social.

Por sua vez, Barros (2002) propõe que a vivência acadêmica seja compreendida em todo o percurso da formação, incluindo o desenvolvimento dos conteúdos do currículo e do ensino formal, bem como o conjunto de experiências decorrentes das dinâmicas e dos contextos extracurriculares de caráter associativo, cultural e desportivo, entre outras, que acontecem nos ambientes interno e externo das Instituições de Ensino Superior (IES). Nessa direção, algumas pesquisas brasileiras (Capovilla & Santos, 2001; Fior & Mercuri, 2003) têm demonstrado a relevância das atividades não obrigatórias para a formação de universitários, percebida pelos estudantes como um diferencial para a sua vida pessoal e profissional. Como apontam Almeida *et al.* (2004), a transição para o Ensino Superior é um fenômeno que não se reduz somente à dimensão acadêmica, mas que envolve questões pessoais, sociais, vocacionais e institucionais, havendo necessidade de que as avaliações da vivência acadêmica incluam todos esses aspectos.

O desafio que se impõe à avaliação das vivências acadêmicas ou da integração ao Ensino Superior é, então, definir quais aspectos ou dimensões são os mais importantes a serem avaliados. Os modelos precisam ser, por um lado, abrangentes o suficiente para contemplarem a complexidade do fenômeno e, por outro, parcimoniosos o bastante para possibilitarem sua aplicação em diferentes contextos, viabilizando a comparação de resultados. Sem modelos suficientemente claros que especifiquem os componentes relevantes da vida acadêmica, a avaliação do fenômeno, bem como a definição do construto passam a depender de cada autor e das metodologias utilizadas.

É reconhecida a importância de se avaliar as vivências acadêmicas a partir de abordagens qualitativas menos estruturadas (entrevistas, por exemplo) que permitem não só a exploração mais aprofundada das singularidades do fenômeno e seus significados, como também a descoberta de novos prismas da questão investigada. Porém, os estudos qualitativos são usualmente mais difíceis de replicar e as comparações são complexas, devendo também ser considerado o alto custo (temporal e pessoal) de se fazer pesquisas que envolvam avaliação qualitativa individual. Dessa forma, a adoção de instrumentos válidos e fidedignos constitui-se em alternativa legítima para se avaliar as vivências acadêmicas, possibilitando que o fenômeno seja quantitativamente descrito em seus aspectos mais importantes.

Neste capítulo são focalizados quatro instrumentos psicométricos usados no Brasil que se referem mais diretamente às vivências acadêmicas ou à integração ao Ensino Superior: A Escala de Integração ao Ensino Superior (Polydoro, Primi, Serpa, Zaroni, & Pombal, 2001), a Escala sobre Avaliação da Vida Acadêmica (Vendramini *et al*, 2004), o Questionário de Vivência Acadêmica (Almeida, Soares, & Ferreira, 1999; Santos, Noronha, Amaro, & Villar, 2005) e o Questionário de Vivência Acadêmica Revisado (Almeida, Ferreira, & Soares, 2002; Granado, 2004; Granado, Santos, Almeida, Soares, & Guisande, 2005; Santos *et al.*, 2005). Os dois primeiros são instrumentos construídos no Brasil, ao passo que as duas versões do QVA são adaptações de instrumentos portugueses para o contexto nacional.

A Escala de Integração ao Ensino Superior, a EIES (Polydoro, Primi, Serpa, Zaroni, & Pombal, 2001), é uma escala de 45 itens, organizados em doze subescalas: relacionamento com os colegas, ambiente universitário, investimento acadêmico, participação em eventos, enfrentamento, aderência à instituição (compromisso com o curso), condições físicas, estado de humor, relacionamento com professores, aderência à instituição (compromisso com a graduação), apoio familiar e satisfação com o curso. Por meio de análise fatorial confirmatória as subescalas se organizaram em dois fatores, sendo o primeiro deles associado aos aspectos externos do ambiente universitário, de satisfação com o curso e da aderência a ele. O segundo incluiu aspectos internos do indivíduo, como capacidade de enfrentamento, reações psicossomáticas e estado de humor. Foi obtida boa consistência interna, indicada pelo coeficiente *alfa* de Cronbach total de 0,86.

Em estudo posterior, Polydoro e Primi (2003) correlacionaram a EIES com traços de personalidade medidos pelo Inventário Fatorial de Personalidade, tendo-se observado algumas relações específicas entre as dimensões da EIES e alguns dos traços estudados. De modo geral, os resultados indicaram que uma crença nas próprias capacidades, o desejo de mudar e um senso de competência para organizar estratégias de ação mostraram-se relacionados com maior adaptação.

Também construída em nossa realidade, a Escala sobre Avaliação da Vida Acadêmica (EAVA), publicada por Vendramini *et al.* (2004), foi elaborada para investigar a autopercepção do universitário sobre as condições contextuais, interacionais e pessoais da vida universitária. O instrumento é composto por 34 itens distribuídos em cinco fatores, quais sejam: ambiente universitário, compromisso com o curso, repertório anterior e habilidade do estudante, envolvimento em atividades não obrigatórias e condições para o estudo e desempenho acadêmico. O coeficiente *alfa* de Cronbach mostrou-se satisfatório (a=0,87), indicando boa consistência interna geral da escala, bem como de cada uma das dimensões.

Empregando a EAVA, Polydoro *et al.* (2005) analisaram o perfil dos evadidos de cursos de graduação em função dos cinco fatores por ela medidos e observaram que aspectos da integração se associaram para a definição de diferentes perfis dentro do grupo de evadidos; um vinculado à experiência de reprovação e, outro, pela intenção de retorno ao Ensino Superior. Os evadidos com até duas reprovações mostraram-se mais integrados à vida acadêmica, em comparação aos que tinham maior número de reprovações. A expectativa dos evadidos em retornar para o mesmo curso foi associada à vivência de maior integração, quando comparados com os que pretendiam buscar novos cursos e os que estavam indecisos ou não pretendiam retornar ao Ensino Superior. As autoras salientam que os itens relacionados ao compromisso com o curso e ao repertório anterior e habilidade diferenciaram as intenções dos estudantes com expectativa de retorno ao mesmo ou outro curso.

O Questionário de Vivência Acadêmica, versão reduzida (QVA-r), tem sido um dos instrumentos mais adotados no contexto brasileiro para avaliação da integração acadêmica. De origem portuguesa, sua trajetória inicia-se em um projeto longitudinal que buscava inventariar algumas características e vivências de estudantes do primeiro ano em seu processo adaptativo e de integração à universidade, desenvolvido no período de 1999 a 2004 (Almeida, Soares, Ferreira, & Tavares, 2004). O QVA possui duas versões, sendo uma com 170 itens e dezessete subescalas (Almeida, Soares, & Ferreira, 1999) e outra com sessenta itens e cinco dimensões (Almeida, Soares, & Ferreira, 2002). As duas versões buscam avaliar a integração do estudante às exigências da vida acadêmica. Entende-se que a versão reduzida possibilita economia de tempo, garantindo qualidade psicométrica e interpretação mais simplificada (Almeida, Soares, Ferreira, & Tavares, 2004).

No Brasil, foram localizados dois movimentos relativos ao uso do instrumento, sendo um deles o de adaptação do

Questionário de Vivência Acadêmica (Almeida *et al.*, 1999) e outro de adaptação e busca de evidências de validade do QVA-r (Almeida *et al.*, 2002) para os contextos da Educação Superior brasileira. Nos parágrafos que se seguem os trabalhos a respeito de ambos são relatados.

O QVA, composto por 170 itens estruturados em escala de Likert de cinco pontos teve seu estudo inicial publicado por Santos, Noronha, Amaro e Villar (2005) com o objetivo de analisar a consistência interna da escala. O trabalho foi realizado com 357 universitários de uma universidade particular do estado de São Paulo, pelo qual estabeleceram o *alfa* de Cronbach para cada uma das dezessete subescalas (gestão do tempo; bases de conhecimento para o curso; ansiedade na avaliação; percepção pessoal de competência; gestão de recursos humanos; autoconfiança; adaptação à instituição; adaptação ao curso; desenvolvimento de carreira; relacionamento com os professores; envolvimento em atividades extracurriculares; relacionamento familiar; bem-estar físico; método de estudo; relacionamento com colegas; autonomia pessoal; e bem-estar psicológico). Os coeficientes encontrados na amostra brasileira foram similares aos do estudo realizado em Portugal (ao redor de 0,75), à exceção da subescala "envolvimento em atividades extracurriculares" (0,69, em Portugal, e 0,56, no Brasil).

Usando a versão completa do QVA, Carmo (2008) comparou a integração ao Ensino Superior de estudantes de primeira e última série do curso de Pedagogia de uma IES pública. A autora identificou diferenças entre os dois grupos em quase todas as dimensões avaliadas, com escores mais altos dos concluintes. Só não foram encontradas diferenças significativas nas subescalas de envolvimento em atividades extracurriculares, desenvolvimento de carreira e gestão de tempo.

Com a proposição da versão reduzida do QVA em Portugal, os estudos nacionais passaram a adotar a versão mais breve, originalmente com sessenta questões. Para o estudo psicométrico do QVA-r no Brasil, o instrumento foi aplicado em 626 estudantes ingressantes de duas universidades, uma particular e outra pública. Utilizando a análise fatorial exploratória, os autores estabeleceram evidência de validade baseada na estrutura interna do instrumento. Os resultados indicaram a mudança de três itens de uma dimensão da escala para outra, bem como a eliminação de cinco itens da versão portuguesa. Os índices de consistência interna foram bastante satisfatórios para todas as dimensões da escala (a=0,77 a 0,88) (Granado, Santos, Almeida, Soares, & Guisande, 2005).

Vale destacar que as dimensões categorizadas no estudo de Portugal se mantiveram iguais no estudo brasileiro. Assim, o instrumento apresenta cinco dimensões: Pessoal (envolve o bem-estar físico e psicológico, incluindo aspectos emocionais e aspectos pessoais, a estabilidade afetiva, o otimismo, a tomada de decisões, a autonomia e autoconceito); Interpessoal (o relacionamento com os colegas, o estabelecimento de amizades, atribuição da importância dos colegas, procura de ajuda e percepção de habilidades sociais); Carreira (perspectiva de segurança na escolha do curso e carreira, percepção de envolvimento e competência pessoal para o curso e carreira); Estudo (envolve competências, hábitos de estudo e gestão do tempo, estratégias de aprendizagem e organização do estudo para avaliação) e Institucional (compromisso com a instituição frequentada, intenção em permanecer ou não na instituição, conhecimento dos serviços e avaliação da infraestrutura).

A versão da escala reduzida nacional ficou composta por 55 itens, respondidos em uma escala Likert de cinco pontos. Um dos itens, referente à presença de serviço de apoio ao estudante na instituição, teve sua carga fatorial inferior a 0,40 e não foi considerado na publicação de Granado *et al.* (2005). A manutenção do item, com valores abaixo do esperado, deve-se à relação que seu conteúdo estabelece com a disponibilidade de serviço institucional, considerado importante para ser conhecido pelos estudantes (Granado, 2004). O QVA-r é com certeza o instrumento mais empregado no Brasil para avaliação das vivências acadêmicas. As pesquisas recuperadas que utilizaram este instrumento são descritas, em ordem cronológica, nos parágrafos que se seguem.

Adotando o QVA-r, Santos, Mercuri, Bariani e Polydoro (2006) fizeram uma pesquisa com 960 estudantes provenientes de três universidades de municípios próximos no estado de São Paulo (uma pública e duas particulares), visando comparar eventuais diferenças concernentes às instituições. As autoras identificaram que as maiores médias nas dimensões pessoal e institucional foram obtidas pelos estudantes da instituição pública, e nas dimensões interpessoal e carreira pelos alunos de uma das instituições privadas. Quanto à dimensão estudo, as pontuações mais altas concentram-se nas duas universidades privadas. Em síntese, a análise de variância indicou a existência de diferenças significativas nas vivências dos universitários em todas as cinco dimensões que compõem o QVA-r. O achado desse estudo ilustra bem a interdependência entre as características do estudante e as características institucionais.

Em um estudo com foco na satisfação acadêmica, Schleich (2006) observou correlações significativas entre a integração medida pelo QVA-r e a satisfação acadêmica de universitários, o que é compatível com as expectativas teóricas. Além disso, os resultados indicaram que, no que se refere à integração, os ingressantes apresentaram escores mais elevados do que os concluintes, especialmente nas dimensões "carreira" e "institucional". O QVA-r também foi usado por Santos, Suehiro, Oliveira, Cunha e Carrilho (2006) para descrever como os alunos do Ensino Superior de um instituto militar percebiam sua integração ao ambiente universitário. Os resultados indicaram que, de forma geral, a percepção de integração em todas as dimensões é mais alta que a média possível de pontos em cada uma delas e na escala total. Tal como no estudo de Sleich (2006), as autoras identificaram que os alunos ingressantes percebiam mais positivamente sua integração acadêmica, em especial nas dimensões "carreira" e "institucional", quando comparados aos concluintes.

A pesquisa de Teixeira, Castro e Piccolo (2007) foi proposta com o intuito de avaliar as relações das dimensões do QVA-r com variáveis acadêmicas (participação em atividades extracurriculares, interação com professores), apoios percebidos (de pais e amigos), comportamento exploratório vocacional e ano do curso. Entre os resultados principais, os autores verificaram que as variáveis "exploração de si" e "nível de interação extraclasse com professores" foram as que se correlacionaram mais nitidamente com todos os cinco indicadores de adaptação do QVA-r. Houve ainda uma pequena correlação negativa entre o ano de curso e a dimensão "carreira", indicando que os iniciantes tenderam a ter escores mais altos nessa escala do que os veteranos.

Valendo-se de um delineamento longitudinal, Guerreiro (2007) utilizou o QVA-r para avaliar a integração e autoeficácia na formação superior. A coleta de dados foi feita no início do primeiro e do segundo semestres letivos de uma instituição privada da região de São Paulo. Os resultados obtidos evidenciaram diferença negativa e estatisticamente significativa entre a integração ao Ensino Superior da primeira para a segunda fase. Também foi identificado um índice de correlação positiva significativa entre autoeficácia na formação superior e integração ao Ensino Superior.

Por sua vez, Ghiraldello (2008) analisou a integração de estudantes ingressantes do curso de Turismo de uma instituição privada de Minas Gerais e sua relação com o semestre e o turno. De modo geral, foi observada diferença significativa entre as dimensões pessoal e carreira. Diferentemente do estudo de

Guerreiro (2007), a diferença entre semestres limitou-se à dimensão institucional. Quanto ao turno, foi observada diferença significativa na dimensão pessoal. Apesar das diferenças observadas, não houve mudança muito expressiva entre semestres e turnos.

Também Igue, Bariani e Milanesi (2008) empregaram o QVA-r para descrever as vivências acadêmicas de 203 estudantes de Psicologia, verificando se havia variações referentes à etapa de curso (1° e 5° anos). O QVA-r foi aplicado com uma questão sobre as expectativas no período de ingresso à universidade, sendo que as análises estatísticas indicaram diferença significativa somente na dimensão institucional. Quanto às expectativas iniciais, foi encontrada diferença significativa na dimensão "interpessoal" e no total das dimensões, favoráveis aos alunos do 5° ano.

Mais recentemente, Noronha, Martins, Gurgel e Ambiel (2009) avaliaram as relações entre interesses profissionais e as dimensões do QVA-r. As dimensões "carreira" e "estudo" apresentaram correlações positivas significativas com os interesses relacionados a "atividades burocráticas" e "ciências humanas e sociais", o que foi considerado um resultado coerente, dado que os participantes do estudo eram universitários dos cursos de Administração e Direito. Interesses por áreas "exatas", "biológicas e saúde" e "agrárias e ambientais" tenderam a se correlacionar negativamente (ainda que fracamente) com a dimensão "institucional" do QVA-r, sugerindo que a incongruência de interesses com o curso pode afetar o senso de integração institucional.

Em síntese, ao analisar os resultados dos estudos aqui apresentados, verifica-se que a exploração do construto integração ao Ensino Superior tem sido feita predominantemente pela análise de sua relação com outras variáveis. Assim, têm-se escolhido tanto as variáveis de natureza pessoal concernentes ao próprio estudante (por exemplo, autoeficácia, satisfação acadêmica, interesse profissional) como outras referentes ao contexto, de natureza institucional (por exemplo natureza jurídica da instituição, turno frequentado, área de conhecimento do curso).

CONSIDERAÇÕES FINAIS E INDICAÇÕES PARA ESTUDOS FUTUROS

O objetivo deste trabalho foi chamar a atenção para a necessidade de se avaliar e pesquisar as vivências acadêmicas e as experiências de integração de estudantes do Ensino Superior. Para tanto, apresentou-se um panorama da literatura sobre o tema, destacando-se os estudos brasileiros que têm empregado instrumentos psicométricos. Observa-se que o volume de pesquisas brasileiras que tratam das vivências acadêmicas não é expressivo, menos ainda aqueles que se utilizam dos poucos instrumentos psicométricos disponíveis no país. Na verdade, dos quatro instrumentos aqui selecionados, apenas um (o QVA-r) vem recebendo maior atenção, aparecendo com mais frequência nas publicações. Contudo, os estudos com a versão integral (QVA) foram abandonados antes mesmo que evidências de validade do instrumento fossem estabelecidas para o contexto brasileiro.

Embora o QVA-r seja um instrumento com características psicométricas robustas, deve-se considerar que ele não contempla todos os aspectos presentes nos outros instrumentos mencionados (QVA, EIES e EAVA) e vice-versa. Essas diferenças no número de dimensões, tidas como importantes em cada instrumento, revelam exatamente a dificuldade em se definir o construto das vivências acadêmicas e da integração ao Ensino Superior. Portanto, fica o convite aos pesquisadores para que, em futuro próximo, dediquem-se ao refinamento conceitual do construto e, posteriormente, ao aprimoramento de instrumentos que o avaliem.

Um aspecto intrigante, detectado em alguns estudos, diz respeito aos escores de integração mais elevados obtidos por estudantes ingressantes em relação aos concluintes. Especificamente, a maior satisfação com aspectos relativos à carreira observados nos alunos ingressantes (como indicam os estudos com o QVA-r). Uma explicação para esse resultado é a possível idealização do curso, comum no momento de ingresso ao curso superior, já apontada em estudos sobre desenvolvimento de carreira (Melo-Silva & Reis, 1997; Santos & Melo-Silva, 2003). Contudo, do ponto de vista da avaliação do fenômeno, esta é uma questão potencialmente problemática, que dificulta a interpretação dos resultados obtidos com os instrumentos, já que o esperado seria o aumento da integração ao longo dos anos. Afinal, um decréscimo dos escores ao longo do tempo significaria uma tendência à desadaptação, ou simplesmente um saudável ajuste das expectativas à realidade? Entende-se que mais pesquisas são necessárias para o esclarecimento dessa questão, inclusive com maior refinamento e discussão sobre a melhor forma de avaliar a dimensão de adaptação à carreira.

De toda forma, os estudos sobre a temática da integração ao Ensino Superior precisam ser ampliados, não se restringindo às questões psicométricas que envolvem os instrumentos descritos aqui. Este é o momento de se preocupar com o desenvolvimento de estudos de diferentes naturezas, em especial aqueles de caráter longitudinal; estudos que incluam instituições de diferentes tipos de natureza administrativa (pública, privada) e organização acadêmica (universidade, centro universitário, faculdades integradas, faculdade isolada, escolas superiores e centro de educação tecnológica), que aprofundem a compreensão do processo de integração ao Ensino Superior e sua relação com variáveis de natureza pessoal, institucional e interacional envolvidas no processo.

Além disso, a necessidade crescente de estudos específicos sobre as peculiaridades do universo acadêmico, que possibilitem uma compreensão mais aprofundada do perfil do universitário, identificando suas habilidades e características. Do mesmo modo, faz-se necessário identificar as características do ambiente acadêmico e social que são facilitadoras da integração e do desenvolvimento de bons hábitos de estudo – o que se deve refletir em melhor formação e, posteriormente, em melhor atuação profissional.

Nesse sentido, Polydoro já havia assinalado alguns pontos importantes (2000, citado por Pascarella & Terenzini, 1991) a serem considerados quando se avalia a influência da experiência universitária nas mudanças dos estudantes de modo a oferecer subsídios para ações educacionais mais bem-sucedidas. O estudo não se deve limitar a dizer se o estudante mudou durante o período de graduação. Para que a informação obtida possa ser efetivamente relevante para a definição de ações institucionais, é necessário também estimar a força e o tamanho do efeito da interferência da educação superior sobre o indivíduo. Outra informação importante para oferecer subsídios ao planejamento de intervenção é identificar o momento em que as mudanças dos estudantes ocorrem. Por fim, já que o impacto da educação superior sobre o estudante pode variar conforme a história de desenvolvimento e as características pessoais do estudante (Almeida, 1998) e também depende da qualidade do esforço do estudante em relação aos recursos e oportunidades oferecidas pela instituição, as investigações também devem focalizar a identificação de efeitos indiretos ou a longo prazo da educação superior sobre o estudante.

Além disso, é preciso considerar que esse processo é dinâmico, visto que os alunos modificam o ambiente por meio de suas percepções, escolhas, objetivos e ações, enquanto o ambiente modifica-os com suas normas, expectativas e oportunidades. Assim, como alerta Astin (1993, 1996), o processo de investigação não deve visar apenas ao desempenho final dos estudantes, mas ser ampliado de forma a examinar como as instituições exercem seu impacto sobre o desenvolvimento educacional dos acadêmicos. Considerando-se a crescente diversidade étnica, etária, cultural e socioeconômica presente no ambiente universitário brasileiro, com o aumento significativo de estudantes mais velhos e oriundos de grupos minoritários, por exemplo, essa preocupação é ainda maior. Assim, há necessidade de avaliar de forma consistente de que forma esses diferentes alunos são afetados pelo contexto do Ensino Superior.

Importante lembrar ainda que há autores que defendem uma perspectiva ecológica de análise das relações entre estudante e contexto universitário e que alertam contra a tendência de se pensar o estudante de maneira unidimensional e o ambiente como uma estrutura estática e única (Polydoro, 2000). Dessa perspectiva, a relação entre estudante e ambiente universitário deve ser compreendida como recíproca e dinâmica (Dey & Hurtado, 1995).

Embora tenham sido identificados alguns estudos brasileiros sobre medidas da vivência acadêmica e construtos correlacionados, a reflexão neste capítulo aponta para a necessidade de reunir esses dados em uma publicação que esteja disponível aos pesquisadores interessados no tema, de forma a retratar as características dos universitários de diferentes regiões geográficas do Brasil. Interessante seria que pesquisas que avaliassem os universitários apontassem não apenas eventuais diferenças regionais, mas que os caracterizassem em razão da natureza jurídica da instituição, do período que frequentam a IES (integral/diurno/noturno), do tipo de curso e área de conhecimento, entre outras variáveis. Dessa maneira, informações importantes poderiam ser disponibilizadas a todos os envolvidos com o Ensino Superior, de forma a instituir medidas e ações que possam auxiliar o estudante a não somente integrar-se satisfatoriamente a essa instituição, mas também a incrementar sua formação profissional e pessoal.

REFERÊNCIAS

Almeida, L. S. (1998). Dificuldades de adaptação e de realização acadêmica no Ensino Superior: Análise de acordo com as escolhas vocacionais e o ano de curso. *Ver. Galego-portuguesa de Psicologia e Educación*, 2(2), 41-48.

Almeida, L. S., & Soares, A. P. (2003). Os estudantes universitários: Desenvolvimento psicossocial. In Mercuri, E. & Polydoro, S. A. J. (Orgs.), *Estudante Universitário: Características e experiências de formação* (pp. 15-40). Taubaté: Cabral Editora e Livraria Universitária.

Almeida, L. S., Soares, A. P., & Ferreira, J. A. G. (2002). Questionário de Vivências Acadêmicas (QVA-r): Avaliação do ajustamento dos estudantes universitários. *Avaliação Psicológica, 2*, 81-93.

Almeida, L. S., Soares, A. P., & Ferreira, J. A. G. (1999). *Adaptação, rendimento e desenvolvimento dos estudantes no Ensino Superior: Construção/validação do questionário de vivências acadêmicas*. Relatório de Investigação.

Almeida, L. S., Soares, A. P., Ferreira, J. A. G., & Tavares, J. (2004). Transição e adaptação à universidade: Apresentação de alguns instrumentos de medida. In Machado, C., Almeida, L. S., Gonçalves, M. & Ramalho, V. (Eds.), *Avaliação psicológica: Formas e contextos*. (vol. X, pp. 487-495). Braga, Portugal: Psiquilíbrios Edições.

Arnett, J. J. (2000). Emerging adulthood: A theory of development from the late teens through the twenties. *American Psychologist, 55*, 469-480.

Astin, A. W. (1993). *What matters in College? Four critical years revisited.* San Francisco: Jossey-Bass Publishers.

Astin, A. W. (1996). Involvement in learning revisited: Lessons we have learned. *Journal of College Student Development, 37*, 123-133.

Bardagi, M. P. (2007). *Evasão e comportamento vocacional de universitários: Estudos sobre o desenvolvimento de carreira na graduação*. Tese de Doutorado, Programa de Pós Graduação em Psicologia. Porto Alegre, RS: Universidade Federal do Rio Grande do Sul.

Bariani, I. C. D., Buin, E., Barros, R. C., & Escher, C. A. (2004). Psicologia escolar e educacional no Ensino Superior: Análise da produção científica. *Psicologia Escolar e Educacional, 8*(1), 17-27.

Barros, M. (2002). A relevância e a qualidade da vivência académica: Um percurso de formação activa. In Pouzada, A. S., Almeida, L.

S. & Vasconcelos, R. M. (Eds.), *Contextos e dinâmicas da vida acadêmica* (pp. 99-106). Guimarães, Portugal: Universidade do Minho.

Capovilla, S. L., & Santos, A. A. A. (2001). Avaliação da influência de atividades extramuros no desenvolvimento pessoal de universitários. *Psico-USF, 6*(2), 49-58.

Carmo, M. C. (2008). *Integração ao Ensino Superior em um curso de Pedagogia*. Trabalho de Conclusão de Curso. FE-UNICAMP, Campinas, São Paulo.

Cunha, S. M., & Carrilho, D. M. (2005). O processo de adaptação ao Ensino Superior e o rendimento acadêmico. *Psicologia Escolar e Educacional, 9*(2), 215-224.

Dey, E. L., & Hurtado, S. (1995). Impacto da universidade, impacto do estudante: Uma reconsideração do papel dos alunos na educação superior americana. Traduzido do original *College impact, student impact: a reconsideration of the hole of students within American higher education* por R. G. Quintana (1997). Curso de Especialização em Avaliação a Distância. Brasília, v.4, 33-54.

Dyson, R., & Renk, K. (2006). Freshman adaptation to university life: Depressive symptoms, stress, and coping. *Journal of Clinical Psychology, 62*(10), 1231-1244.

Ferreira, J. A., Almeida, L. S., & Soares, A. P. C. (2001). Adaptação académica em estudante do 1º ano: Diferenças de género, situação de estudante e curso. *Psico-USF, 6*(1), 1-10.

Fior, C. A., & Mercuri, E. (2003). Formação universitária: O impacto das atividades não obrigatórias. In Mercuri, E. & Polydoro, S. A. J. (Orgs.), *Estudante universitário: Características e experiências de formação* (pp. 129-154). Taubaté, São Paulo: Cabral.

Ghiraldello, L. (2008). *Integração do estudante ao Ensino Superior: Estudo sobre o ingresso de um curso de turismo*. Dissertação de Mestrado. Faculdade de Educação. Universidade Estadual de Campinas, Campinas, São Paulo.

Granado, J. I. F. (2004). *Vivência acadêmica de universitários brasileiros: Estudo de validade e precisão do QVA*-r. Dissertação de Mestrado, Programa de Pós-Graduação em Psicologia Universidade São Francisco, Itatiba, SP.

Granado, J. I. F. Santos, A. A. A., Almeida, L. S., Soares, A. P., & Guisande, M. A. (2005). Integração académica de estudantes universitários: Contributos para a adaptação e validação do QVA-r no Brasil. *Psicologia e Educação, 12*(2), 31-42.

Guerreiro, D. C. (2007). *Integração e autoeficácia na formação superior na percepção de ingressantes: Mudanças e relações*. Dissertação de Mestrado. Faculdade de Educação. Universidade Estadual de Campinas/ UNICAMP, Campinas, São Paulo.

Hey, W., Calderón, K. S., & Seabert, D. (2003). Student work issues: Implications for college transition and retention. *Journal of College Orientation and Transition, 10*(2), 35-41.

Igue, E. A., Bariani, I. C. D., & Milanesi, P. V. B. (2008). Vivência acadêmica e expectativas de universitários ingressantes e concluintes. *Psico-USF, 13*(2), 155-164.

Melo-Silva, L. L. & Reis, V. A. B. (1997). A identidade profissional em estudantes do curso de Psicologia: Intervenção através da técnica de grupo operativo [Abstracts]. *Anais do III Simpósio Brasileiro de Orientadores Profissionais*, (pp. 57-65). Canoas, RS: ABOP.

Mercuri, E., & Polydoro, S. A. J. (Orgs.). (2003). *Estudante universitário: Características e experiências de formação*. Taubaté: Cabral Editora e Livraria Universitária.

Noronha, A. P. P., Martins, D. F., Gurgel, M. G. A., & Ambiel, R. A. M. (2009). Estudo correlacional entre interesses profissionais e vivências acadêmicas no Ensino Superior. *Psicologia Escolar e Educacional, 13*(1), 142-154.

Pachane, G. G. (2003). A experiência universitária e sua contribuição ao desenvolvimento pessoal do aluno. In Mercur, E. & Polydoro, S. A. J. (Orgs.), *Estudante universitário: Características e experiências de formação* (pp. 155-186) Taubaté: Cabral Editora e Livraria Universitária.

Pascarella, E. T., & Terenzini, P. T. (1991). *How college affects students*. San Francisco: Jossey-Bass.

Pascarella, E. T., & Terenzini, P. (1998). Studying college students in the 21st century: Meeting new challenges. *Review of Higher Education, 21*(2), 151–165.

Pascarella, E. T., & Terenzini, P. T. (2005). *How college affects students: A third decade of research* (2nd ed.). San Franisco: Jossey-Bass.

Polydoro, S. A. J. (2000). *O trancamento de matrícula na trajetória acadêmica do universitário: Condições de saída e de retorno à instituição*. Tese de Doutorado. FE-UNICAMP, Campinas, SP.

Polydoro, S. A. J., & Primi, R. (2003). Integração ao Ensino Superior: Explorando sua relação com características de personalidade e envolvimento acadêmico. In Mercuri, E. & Polydoro, S. A. J. (Orgs.), *Estudante universitário: Características e experiências de formação* (pp. 41-66) Taubaté: Cabral Editora e Livraria Universitária.

Polydoro, S. A. J., Primi, R., Serpa, M. N. F., Zaroni, M. M. H., & Pombal, K. C. P. (2001). Desenvolvimento de uma escala de integração ao Ensino Superior. *Psico-USF, 6*(1), 11-17.

Polydoro, S. A. J., Santos, A. A. A., Vendramini, C. M. M., Sbardelini, E. T. B., Serpa, M. N. F., & Natario, E G. (2005). Percepções de estudantes evadidos sobre sua experiência no Ensino Superior. In Joly, M. C. R. A.; Santos, A. A. A., Sisto, F. F. (Orgs.), *Questões do cotidiano universitário* (pp. 179-200). São Paulo: Casa do Psicólogo.

Santos, M. A. & Melo-Silva, L. L. (2003). "Será que era isso o que eu queria?" A formação acadêmica em psicologia na perspectiva do aluno. In Melo-Silva, L. L., Santos, M. A., Simões, J. T. *et al.* (Eds.), *Arquitetura de uma ocupação – orientação profissional: Teoria e técnica* (pp. 387-406). São Paulo: Vetor.

Santos, A. A. A., Mercuri, E., Bariani, I. C. D., & Polydoro, S. A. J. (2006). *Integração ao Ensino Superior de estudantes de três instituições de Ensino Superior.* Relatório Técnico. FE-UNICAMP. Campinas, São Paulo.

Santos, A. A. A., Noronha, A. P. P., Amaro, C. B., & Villar, J. (2005). Questionário de vivência acadêmica: Estudo de consistência interna do instrumento no contexto brasileiro. In Joly, M. C. R. A., Santos, A. A. A. & Sisto, F. F. (Orgs.), *Questões do cotidiano universitário* (pp. 159-169). São Paulo: Casa do Psicólogo.

Santos, A. A. A., Suehiro, A. C. B., Oliveira, E. Z., Cunha, S. M., & Carrilho, D. (2006). Avaliação da integração acadêmica no Ensino Superior: Estudo com estudantes de engenharia. *Psicologia e Educação – Portugal, 4*, 79-89.

Schleich, A. L. R. (2006). *Integração na educação superior e satisfação acadêmica de estudantes ingressantes e concluintes.* Dissertação de Mestrado. Universidade Estadual de Campinas/UNICAMP, Campinas, São Paulo.

Scott, J. C. (2006). The mission of the university: Medieval to postmodern transformations. *Journal of Higher Education, 77*(1), 1-39.

Teixeira, M. A. P., Castro, G. D., & Picollo, L. R. (2007). Adaptação à universidade em estudantes universitários: um estudo correlacional. *Interação em Psicologia, 11*(2), 211-220.

Teixeira, M. A. P., Dias A. C. G., Wottrich, S. H., & Oliveira, A. M. (2008). Adaptação à universidade em jovens calouros. *Psicologia Escolar e Educacional, 12*(1), 185-202.

Terenzini, P. T. (1994). Good news and bad news: The implications of strange's propositions for research. *Journal of College Student Development, 35*(6), 422-427.

Ting, S. (2003). A longitudinal study of non-cognitive variables in predicting academic success. *College and University, 78*, 27-31.

Tinto, V. (1988). Stages of student departure-reflections on the longitudinal character of student leaving. *Journal of Higher Education, 59*(4), 438-455.

Tinto, V. (1993). *Leaving college: Rethinking the causes and cures of student attrition* (2nd ed.). Chicago: University of Chicago Press.

UNIVERSITAS. (2009). Pesquisas sobre o Ensino Superior. Retirado de http://www.pucrs.br/faced/pos/universitas

Vendramini, C. M. M., Santos, A. A. A., Polydoro, S. A. J., Sbardelini, E. T. B., Serpa, M. N. F., & Natário, E. G. (2004). Construção e validação de uma escala sobre avaliação da vida acadêmica (EAVA). *Estudos de Psicologia (Natal), 9*(2), 259-268.

Walsh, M. (2009). Students shaping dialogue at college events: Ideas for academic engagement. *College Student Journal, 43*(1), 216-220.

8

ORIENTAÇÕES DE CONSTRUÇÃO E APLICAÇÕES DE ESCALAS NA AVALIAÇÃO DE CRENÇAS DE AUTOEFICÁCIA

Soely Aparecida Jorge Polydoro
Roberta Gurgel Azzi
Diana Vieira

Cada vez com maior frequência encontra-se na literatura internacional e nacional estudos que incluem medidas de crenças de autoeficácia. Nos diversos campos de investigação, saúde, esporte, educação etc., a autoeficácia vem tendo espaço garantido no conjunto de variáveis medidas, o que revela que esse construto está entre os de reconhecida importância no campo da investigação psicológica. Uma vez relevante nos estudos psicológicos, é necessário que também no campo da avaliação ele ganhe espaço diferenciado de discussão.

Considerando que o domínio dos conhecimentos do campo da avaliação é diverso e desafiador e que a ele se complementa a complexidade teórica que configura cada variável privilegiada nas pesquisas, este capítulo tem como objetivo introduzir iniciantes no campo da investigação quantitativa das crenças de autoeficácia pela utilização de escalas.

Neste percurso o leitor irá encontrar considerações teóricas e metodológicas, ainda que introdutórias, sobre a necessária relação da avaliação da autoeficácia com a Teoria Social Cognitiva, cuidados na construção de escalas de autoeficácia, recomendações práticas para o pesquisador e estudos nacionais sobre avaliação desse construto no contexto educacional.

DA FORMULAÇÃO CONCEITUAL À AVALIAÇÃO DA AUTOEFICÁCIA

No corpo de sua Teoria Social Cognitiva, Bandura vale-se da denominação de teoria para várias "partes" do conjunto de explicações que articuladamente compõem a teoria maior. E entre essas teorias encontramos a Teoria da Autoeficácia, sistematizada em livro de mesmo título, *Self-efficacy: The exercise of control*, publicado em 1997.

Mas é um artigo de 1977, "Self-efficacy: Toward a Unifying Theory of Behavioral Change", que constitui um marco nas produções de Bandura sobre o tema (mas o construto já vinha sendo investigado em produções anteriores), como o leitor poderá verificar em artigos de diferentes investigadores nesta vertente. A leitura desse artigo nos conduz ao cerne de seu objetivo, que era apresentar "um quadro de referência teórico integrador que permitisse explicar e prever os procedimentos psicológicos, evidenciando que estes, independentemente da forma que possam assumir, alteram o nível e a força da autoeficácia" (p. 191). Explora o artigo a visão banduriana de que mudanças comportamentais alcançadas por diferentes métodos derivam de um mecanismo cognitivo comum, o sistema de crenças de autoeficácia.

Bandura (1997) conceitua autoeficácia como as crenças de alguém em sua capacidade de organizar e executar cursos de ação requeridos para produzir certas realizações (p. 3). Como assinalado por Azzi e Polydoro (2006), a conceituação desse construto sofreu reformulações entre sua proposição inicial em 1977 e a de 1997, sendo a última mais representativa da formulação teórica atual da Teoria Social Cognitiva, assim nomeada desde 1986, no livro *Social foundations of thought and action* (Bandura, 1986a).

É importante marcar que, ao discorrer sobre sua teoria da autoeficácia, Bandura (2008) vai tecendo seus argumentos a partir da literatura e de seu programa de pesquisa construídos gradativamente no movimento de questionamento e busca de evidências empíricas que confirmassem as hipóteses levantadas pelas proposições hipotéticas. Aqui vale lembrar que os principais estudos que serviram de base na trajetória de formulação da teoria da autoeficácia foram produzidos em contexto de pesquisa clínica, mais especificamente estudos inseridos em programa de tratamento de fobias, com destaque aos estudos decorrentes do tratamento de fobias de cobras, como pode ser visto, por exemplo, nos trabalhos de Bandura e Adams (1977) e Bandura, Adams, Hardy e Howells (1980).

Ao longo de seus estudos, e em especial na obra de 1997, Bandura explicita as fontes de construção das crenças de autoeficácia, os processos mediacionais nela envolvidos e os aspectos que as crenças afetam, além de discuti-las na interação e inter-relação com outros aportes teóricos da Teoria Social Cognitiva.

Bandura (1977, 1997, 2006) assinala três dimensões envolvidas em medidas de crença de eficácia, dimensões essas que podemos verificar em seus estudos que abordavam a crença de forma microanalítica. São elas: nível ou magnitude, generalidade e força. A dimensão nível ou magnitude diz respeito aos níveis de dificuldade diferenciados que devem ser garantidos quando nos propomos a medir autoeficácia. A generalidade diz respeito ao cuidado de garantir que a avaliação inclua mais de uma situação avaliada e a força refere-se ao tanto de resistência da autoeficácia percebida frente às experiências contrárias à sua percepção. Como também referem Pajares e Olaz (2008), essas dimensões são importantes para determinar o nível ótimo de especificidade da autoeficácia de forma a corresponder exatamente à tarefa a ser avaliada e ao domínio analisado. Nesse sentido, vale lembrar que os julgamentos de autoeficácia podem variar em diferentes áreas de atividade, em diferentes níveis de exigências em uma mesma área de atividade e em diferentes circunstâncias (Bandura, 1997).

Uma vez que a autoeficácia percebida diz respeito às crenças do indivíduo nas suas capacidades para produzir determinadas realizações (Bandura, 1997), o sistema de crenças de eficácia não é um traço global, mas sim um conjunto diferenciado de crenças autorreferentes (*self-beliefs*) associadas a domínios distintos do funcionamento humano. Deste modo, Bandura refere (1997, 2006) que não há uma medida geral de autoeficácia que sirva a todos os objetivos, e sim medidas multidimensionais que podem revelar os padrões e o nível de generalização do sentido de eficácia pessoal do indivíduo. De fato, medidas gerais de autoeficácia tenderão a revelar um reduzido valor preditivo e explicativo, dado que a maior parte de seus itens poderá ter pouca ou nenhuma relevância para o domínio de funcionamento em questão. Além disso, num esforço para servir objetivos amplos, os itens de tais medidas tendem a ser gerais em termos de conteúdo e "divorciados" das circunstâncias e das exigências situacionais, o que geralmente resulta em ambiguidade acerca daquilo que realmente está a ser medido (Bandura, 1997).

Bandura (1986b) destaca que as escalas de autoeficácia não medem habilidade, e sim o que as pessoas acreditam poder fazer sob uma variedade de circunstâncias, em suas palavras, e ampliando o contexto da ideia:

> As escalas de autoeficácia não avaliam as habilidades; estas escalas medem aquilo que as pessoas acreditam que são capazes de fazer sob várias circunstâncias, quaisquer que sejam as habilidades

> que possuam ou as competências específicas requeridas pela tarefa. O sucesso no desempenho de uma tarefa depende, em parte, das crenças do indivíduo acerca do quanto será capaz de orquestrar as sub-habilidades e os recursos cognitivos que possui e acerca da quantidade de esforço que será capaz despender e manter numa dada tarefa. (pp. 367-368)

Em texto de 1982, Bandura menciona que a utilidade explanatória e preditiva da teoria da autoeficácia já dispõe de evidência substantiva, mas alerta que, embora julgamentos de autoeficácia sejam funcionalmente relacionados à ação, inúmeros fatores podem afetar a força dessa relação.

Vários detalhes adicionais no cuidado com medidas recomendados por Bandura, incluindo vários exemplos de escalas desenvolvidas por ele e seus parceiros de investigação podem ser encontrados em seu *Guia para a construção de escalas de autoeficácia*, publicado em 2006. Porém, como destaca Shunk, em entrevista publicada na *Educational Psychology Review* (Sakid, 2008), muitos estudos fazem avaliação de autoeficácia em direção diversa da sugerida por Bandura, o que gera a necessidade de mais pesquisas sobre a avaliação deste construto.

Considerando, então, a preocupação evidenciada por Bandura (1997, 2006) com a clarificação dos modos de operacionalizar a autoeficácia e seu processo avaliativo, o próximo tópico procura apresentar aspectos específicos sobre sua avaliação.

CARACTERÍSTICAS E CUIDADOS NA CONSTRUÇÃO DE ESCALAS

Na construção de instrumentos de avaliação da autoeficácia é fundamental que os itens de eficácia reflitam o construto de forma precisa (Bandura, 2006). A autoeficácia diz respeito à capacidade percebida, logo, os itens deverão ser elaborados em termos de "sou capaz de" e não "farei". "Ser capaz" é um julgamento acerca da capacidade; "irei" é uma afirmação de intenção. A autoeficácia percebida é um dos principais determinantes da intenção, mas os dois construtos são conceitual e empiricamente distintos. A autoeficácia percebida deverá também distinguir-se de outros construtos como a autoestima, o *locus* de controle e as expectativas de resultados. A autoeficácia percebida é um julgamento de capacidade; a autoestima é um julgamento do autovalor. São dois fenômenos muito diferentes. O *locus* de controle não diz respeito à capacidade percebida, e sim às crenças acerca das contingências de resultado.

A autoeficácia é, por vezes, mal interpretada como preocupada apenas com "comportamentos específicos em situações específicas", o que é uma caracterização errônea, dado que a particularidade dos domínios não significa, necessariamente, especificidade comportamental (Bandura, 1997). Com efeito, as escalas de autoeficácia deverão incluir a avaliação da autoeficácia de conteúdo ou específica da tarefa, isto é, das crenças do sujeito na sua capacidade para desempenhar as tarefas específicas requeridas para obter sucesso num dado domínio, sob condições normativas; e da autoeficácia de *coping*, isto é, das crenças do sujeito em sua capacidade para negociar os obstáculos particulares de um domínio específico (Lent & Brown, 2006).

A eficácia percebida deverá ser medida considerando-se níveis de exigência das tarefas que representem gradações de desafios ou de impedimentos de um desempenho de sucesso, dado que os julgamentos acerca da autoeficácia refletem o nível de dificuldade que os indivíduos acreditam que poderão enfrentar. Caso não existam obstáculos a ser ultrapassados, a atividade é facilmente desempenhada, e todos os sujeitos tendem a avaliar-se como altamente eficazes. Quanto aos eventos sobre os quais a influência pessoal pode ser exercida, esses poderão incluir a autorregulação da motivação, dos processos de pensamento, dos estados emocionais, ou a alteração de condições do contexto. O conteúdo do domínio deverá corresponder à área de funcionamento que se pretende avaliar. A natureza dos desafios cuja eficácia pessoal deverá ser avaliada irá variar de acordo com a esfera da atividade. Os desafios poderão ser graduados em termos do nível de habilidade, esforço, precisão, produtividade, ameaça e autorregulação requeridas, só para mencionar algumas dimensões das exigências do desempenho (Bandura, 2006).

A construção de medidas válidas de avaliação da autoeficácia assenta, portanto em uma rigorosa análise conceitual do domínio de funcionamento em causa, pois é do seu conhecimento que depende a especificação dos aspectos da eficácia pessoal que deverão ser avaliados. Além disso, as escalas de eficácia deverão refletir os fatores que determinam a qualidade do funcionamento no domínio de interesse, porque, se forem multidimensionais, não só a sua utilidade preditiva tende a aumentar como também uma melhor compreensão da dinâmica da autorregulação do comportamento é conseguida (Bandura, 2006).

No que diz respeito à escala de resposta usada para avaliar as crenças de autoeficácia, apresentam-se aos sujeitos itens representativos de diferentes níveis de exigências da tarefa e pede-se para indicarem a força das suas crenças nas suas capacidades para executar as atividades apresentadas, em uma escala de cem pontos, variando em intervalos de dez unidades desde o "0" (não sou capaz); incluindo níveis intermédios de confiança "50" (moderadamente confiante de que sou capaz); até completamente confiante "100" (altamente confiante de que sou capaz). Um formato de resposta mais simples retém a mesma estrutura e descritores da escala, mas utiliza intervalos de unidades singulares desde "0" a "10", embora a maior parte das medidas de autoeficácia atualmente utilizadas empreguem um contínuo de confiança numa escala do tipo Likert, utilizando entre 5 e 10 pontos (Bandura, 2001; Betz, 2000; Lent & Hackett, 1987; Taylor & Betz, 1983). No entanto, embora o número de opções da escala de resposta possa variar devido a questões relacionadas com o contexto cultural ou com as características da amostra (Vieira, Maia, & Coimbra, 2007), o conteúdo de seus descritores deverá sempre remeter para a questão da confiança na própria capacidade do sujeito.

Outro aspecto importante na operacionalização da avaliação da autoeficácia diz respeito às instruções, nas quais se deverá solicitar aos sujeitos que avaliem suas capacidades operativas no momento atual e não suas capacidades potenciais ou as capacidades esperadas no futuro, uma vez que é fácil para as pessoas imaginarem-se ser completamente eficazes num futuro hipotético. No entanto, no caso da eficácia autorregulatória para manter um determinado nível de funcionamento ao longo do tempo, as pessoas avaliam sua eficácia relativamente a serem capazes de desempenhar a atividade regularmente ao longo de períodos de tempo designados (Bandura, 2006).

Finalmente, Bandura (2006) recomenda alguns cuidados gerais na redação dos itens como: a) redação na primeira pessoa; b) formulação curta e clara; c) emprego de vocabulário de fácil compreensão para a população em estudo; e d) avaliação de apenas um aspecto ou uma ideia por item.

Mesmo diante dessas recomendações, ainda acrescidas de todos os cuidados apontados pela Psicometria sobre a construção, adaptação e validação de instrumentos, pesquisadores iniciantes podem sentir-se inseguros diante das várias decisões que esse processo exige. A seguir são fornecidas várias orientações concretas relacionadas às várias etapas desse processo.

RECOMENDAÇÕES PRÁTICAS PARA A AVALIAÇÃO DA AUTOEFICÁCIA

Ao se pretender desenvolver um estudo que envolva a avaliação da autoeficácia, uma primeira fase de atuação do pesquisador consiste na tentativa de identificação de instrumentos previamente existentes que a avaliem no domínio de funcionamento que será objeto de estudo. Para tal identificação há duas vias complementares: a revisão da literatura empírica e o contato com especialistas na área. Se dessa primeira fase resultar a identificação de um instrumento que pareça avaliar o construto pretendido, os passos seguintes incluirão: 1) contatar os autores do instrumento solicitando o envio deste e a permissão para utilizá-lo; 2) analisar o instrumento de forma a verificar se de fato corresponde ao que é pretendido no âmbito do objetivo do estudo a realizar; 3) caso se pretenda aplicar o instrumento em um contexto diferente do original, traduzir e/ou adaptar a linguagem; 4) utilizar o método da reflexão falada com quatro a cinco sujeitos com características semelhantes às da futura amostra do estudo, solicitando que se pronunciem quanto à clareza das instruções, do conteúdo dos itens e à adequação da escala de resposta; 5) proceder a eventuais ajustes derivados da reflexão falada; e 6) aplicar o instrumento junto a uma amostra alargada e proceder ao estudo de suas características psicométricas, comparando com os resultados do instrumento original.

Uma vez que os instrumentos de autoeficácia deverão ser específicos à área do funcionamento humano que se pretende estudar, pode acontecer que, da revisão da literatura empírica e dos contatos com especialistas na área, resulte na identificação da necessidade de se construir um instrumento original. Se tal for o caso, o ponto de partida consistirá na definição rigorosa e precisa do conceito e na identificação das tarefas que caracterizam o desempenho bem-sucedido nessa área do funcionamento humano, bem como dos desafios e dos obstáculos que tipicamente são necessários ultrapassar. Frequentemente essa fase requer, aliada à revisão da literatura, o desenvolvimento de um estudo piloto que use entrevistas ou questionários com perguntas abertas, de modo a facilitar a identificação das tarefas e dos desafios que servirão de base para a construção dos itens da escala de autoeficácia, a partir da linguagem dos próprios sujeitos. Com efeito, embora por vezes a revisão da literatura seja útil na compreensão das tarefas e dos desafios que caracterizam o bom desempenho em determinada área do funcionamento humano, quando se parte para a construção de um instrumento de avaliação, a linguagem a ser empregada deve ser compreensível para os sujeitos respondentes, daí a frequente necessidade de realização de estudos piloto. As respostas obtidas no estudo piloto deverão ser transcritas e submetidas à análise de conteúdo, tendo como guia orientador a identificação de tarefas a realizar e desafios e/ou obstáculos a vencer, os quais, nessa fase, deverão organizar-se em termos dos fatores que hipoteticamente farão parte do instrumento. Desta análise resultará a "matéria-prima" para a construção dos itens da escala de autoeficácia bem como sua organização em fatores. Uma vez que é aconselhável que cada fator seja composto por, pelo menos, quatro itens (Tabachnick & Fidell, 2001), nessa fase é desejável construir pelo menos seis ou sete itens por fator, para aumentar a probabilidade de reter o número suficiente de itens por fator quando for realizada a análise fatorial.

Após a construção da versão preliminar do instrumento, este deverá ser enviado a um conjunto de especialistas na área, aos quais se explicita o objetivo do estudo a desenvolver e as partes/fatores que compõem o instrumento, solicitando que se pronunciem quanto à sua adequação. Uma vez integradas as recomendações dos especialistas, a versão pré-final do instrumento é submetida à reflexão falada junto a quatro ou cinco sujeitos com características semelhantes às da futura amostra. Caso seja necessário, procede-se aos ajustes finais oriundos da reflexão falada e posteriormente o instrumento é aplicado em uma amostra e submetido ao estudo das suas propriedades psicométricas.

Dada a importância de otimizar os esforços dos pesquisadores e considerando a escassez de instrumentos nacionais que avaliam a autoeficácia, a seguir serão apresentados alguns estudos que tratam dessa temática no contexto educacional, visando a contribuir para a produção na área.

ESTUDOS BRASILEIROS NO CONTEXTO EDUCACIONAL

A utilidade da avaliação da autoeficácia no contexto educacional pode ser também espelhada pelos trabalhos que têm sido desenvolvidos no contexto brasileiro. Mais especificamente, vários autores se têm dedicado ao estudo nesta área, podendo-se identificar algumas linhas principais tais como: a) foco na autoeficácia docente (Azzi & Rocha, 2007; Goya, Bzuneck, & Guimarães, 2008; Iaochite, 2007; Polydoro, Winterstein, Azzi, Carmo, & Venditti Junior, 2004); b) foco na autoeficácia acadêmica (Costa & Boruchovitch, 2006; Loureiro & Medeiros, 2004; Neves, 2006; Rodrigues & Barrera, 2007; Souza & Souza, 2004); e c) autoeficácia na carreira (Bardagi, Boff, & Brandtner, 2009; Nunes & Noronha, 2008; Pelissoni, 2008). Um estudo de levantamento detalhado e exaustivo sobre as escalas adotadas em estudos brasileiros está sendo desenvolvido em outro trabalho.

Para este texto optou-se por privilegiar três escalas representando cada uma das categorias indicadas anteriormente, destacando seus procedimentos de construção e de adaptação. Como critério de escolha, foram eleitos os instrumentos cujo desenvolvimento contou com a participação das autoras do presente capítulo.

Autoeficácia docente

A Escala de Autoeficácia Docente (Polydoro, Winterstein, Azzi, Carmo, & Venditti Jr., 2004) foi traduzida e adaptada para a realidade brasileira a partir da versão original – Ohio State Teacher Efficacy Scale (Tschannen-Moran & Woolfolk Hoy, 2001). Originalmente a escala é composta por 24 itens na versão longa e doze na versão reduzida, com escala de resposta Likert de nove pontos e organizada em três fatores: eficácia no engajamento do estudante, eficácia nas estratégias instrucionais e eficácia no manejo da sala de aula, explicando 54% da variância e consistência interna de 0,94 para a escala (*alfa* de Cronbach).

A adaptação inicial da escala, além de fazer a adaptação semântica e cultural, também tomou a especificidade da disciplina de Educação Física, como foco da docência. Essa ênfase foi dada especialmente por meio da instrução. A versão adaptada também conta com 24 itens, mas sua escala de resposta é de seis pontos. Os dados referentes ao instrumento traduzido e adaptado foram submetidos a uma análise fatorial confirmatória, utilizando-se a rotação *varimax* com normalização de Kaiser, destacando-se a estrutura de dois fatores: intencionalidade da ação docente e manejo da classe. O primeiro reúne 14 itens que evidenciam uma intenção da ação do professor, seja quanto à crença de sua capacidade de mediação do processo de ensino, seja quanto à mobilização do estudante para a realização da atividade (*alfa* de Cronbach = 0,913), e o outro agrupa 10 itens que indicam a percepção docente em lidar com os múltiplos aspectos do cotidiano da aula, mantendo o conteúdo muito próximo da versão original (*alfa* de Cronbach = 0,863). A consistência interna obtida foi de 0,937 para a escala.

Tal instrumento tem sido usado em vários estudos, alguns no próprio campo da educação física (Azzi, Iaochite, & Venditti Jr. 2005; Iaochite, 2007) e outros em diferentes áreas da docência, como o ensino de idiomas (Polydoro, Azzi, & Maciel, 2005), Ensino Superior (Rocha, 2009) e Ensino Médio (em andamento). Essa diversidade de população docente permite verificar se a dimensionalidade dessa escala e seu conteúdo são confirmados para diferentes áreas de atividade do professor.

Autoeficácia acadêmica

A Escala de Autoeficácia na Formação Superior (EAFS) (Guerreiro, 2007; Guerreiro & Polydoro, 2007) teve sua construção iniciada no ano de 2004 e, após várias análises, chegou à sua versão atual em 2007. Sua construção foi mobilizada em decorrência do construto que se pretendia avaliar, já que o da autoeficácia acadêmica, como posto na literatura, não representava a multiplicidade dos aspectos envolvidos na experiência do estudante de Ensino Superior, incluindo os de natureza pessoal, social, acadêmica, vocacional e institucional.

Compõe-se de 34 itens, agrupados em cinco dimensões: autoeficácia acadêmica (confiança percebida na capacidade de aprender, demonstrar e aplicar o conteúdo); autoeficácia na regulação da formação (confiança percebida na capacidade de estabelecer metas, fazer escolhas, planejar e autorregular suas ações no processo de formação e desenvolvimento de carreira); autoeficácia na interação social (confiança percebida na capacidade de se relacionar com os colegas e professores com fins acadêmicos e sociais); autoeficácia em ações pró-ativas (confiança percebida na capacidade de aproveitar as oportunidades de formação, atualizar os conhecimentos e promover melhorias institucionais); e autoeficácia na gestão acadêmica (confiança percebida na capacidade de se envolver, planejar e cumprir prazos em relação às atividades acadêmicas). Sua escala de resposta Likert é de 0 a 10, mas estudos foram iniciados para avaliar uma escala de seis pontos. A consistência interna da escala é 0,948 (variando de 0,80 a 0,88 nas cinco dimensões), sendo 56,68% a explicação da variância, o que evidencia a adequação do instrumento para mensuração desse construto.

A escala foi adaptada para a realidade de Portugal e tem sido submetida a estudos de evidência de validação (Polydoro, Vieira, & Coimbra, 2008; Vieira, Polydoro, & Coimbra, 2009). Na versão portuguesa a escala teve seu número de itens e de dimensões reduzidos, tendo-se comportado de maneira diversa em dois estudos realizados. A dimensão de autoeficácia na interação social mostrou-se estável e a dimensão de autoeficácia acadêmica muito próxima nas duas análises. A terceira dimensão refere-se à autoeficácia para ações pró-ativas no primeiro estudo e autoeficácia na gestão acadêmica no segundo. Em ambos os casos, além da redução da escala para 22 ou 18 itens, houve a migração de itens em relação à composição das dimensões da versão original. Foi obtido o valor de variância explicada de 45 a 50%, com *alfa* de Cronbach variando de 0,75 a 0,88 ao considerar as soluções finais da escala e suas dimensões.

Além do estudo transcultural e da ampliação da amostra nacional para continuidade do processo de validação da escala, encontra em desenvolvimento sua adaptação para uso no Ensino Médio.

Autoeficácia na carreira

A Escala de Autoeficácia na Transição para o Trabalho (AETT-Br) foi desenvolvida inicialmente por Vieira e Coimbra (2005) em Portugal. Foi realizada sua adaptação e validação (Pelissoni, 2007; Pelissoni & Polydoro, 2008; Vieira, Soares, & Polydoro, 2006) para a realidade brasileira. Esse instrumento tem como objetivo mensurar as crenças dos estudantes na sua capacidade de organizar e executar ações de procura de emprego e de adaptação ao mundo do trabalho, ou seja, a crença de autoeficácia na transição para o trabalho.

O instrumento original apresenta formato de resposta em escala Likert de seis pontos e contém 28 itens distribuídos em três fatores: autoeficácia na adaptação ao trabalho (*alfa* de Cronbach 0,94), autoeficácia na regulação emocional (*alfa* de Cronbach 0,94) e autoeficácia na procura de emprego (*alfa* de Cronbach 0,84). Sua consistência interna é de 0,96 e explica 56% da variância.

No processo de adaptação foram incluídos três itens no instrumento para atender às especificidades da transição para o mundo do trabalho brasileiro. O estudo de validação da AETT-Br indica a solução final com 28 itens, já que três foram excluídos por apresentarem solução inferior a 0,50. No entanto, embora o número total seja o mesmo, dois deles são novos em relação à versão original. Obteve-se a presença dos mesmos três fatores, com conteúdo similar ao identificado no contexto de Portugal, que explicam 51% da variância com índice de consistência interna (*alfa* de Cronbach) de 0,94.

Os instrumentos destacados visam a mensurar as crenças dos estudantes na sua capacidade de organizar e executar cursos de ações em aspectos do contexto acadêmico. Conclui-se que apresentam qualidades psicométricas que justificam o investimento nos processos de validação, podendo ser utilizados para pesquisa e intervenção.

IMPLICAÇÕES E DESAFIOS

Se, por um lado, é fato que os pesquisadores têm conseguido demonstrar o efeito mediador das crenças de autoeficácia na ação, no pensamento e no sentimento dos indivíduos, em diferentes campos do funcionamento humano, por outro, sabe-se que a qualidade de informações empíricas mais precisas e úteis no desenvolvimento de ações de intervenções depende de medidas qualificadas do construto.

Como visto neste capítulo e destacado por Pajares e Olaz (2008), um instrumento adequado de avaliação da autoeficácia exige "um julgamento teoricamente informado e empiricamente sólido, que reflita uma compreensão do domínio sob investigação e suas diferentes características, dos tipos de capacidades que o domínio exige e da variedade de situações às quais essas capacidades podem ser aplicadas" (p. 110). Fortalecendo essas preocupações já em campo específico, lembramos que Schunk e Pajares (2004) dão uma importante contribuição ao apresentar e debater os avanços e as dificuldades decorrentes dos estudos sobre autoeficácia em âmbito educacional, alertando que nesse campo a complexidade dos contextos indica a necessidade de mais estudos. Entre suas considerações, são feitas menções aos aspectos culturais, **aos cuidados não garantidos nas medidas**, ao lugar que o pesquisador atribui à investigação da crença no delineamento e escolhas teóricas do estudo etc.

Cumprida a proposta de introduzir o investigador nas questões centrais da discussão do uso de escalas nas medidas de crenças de autoeficácia vale a pena inserir um tema relevante e relacionado ao assunto aqui abordado: a importância da ação colaborativa entre pesquisadores. Aqui nossa preocupação refere-se à ideia de que uma escala construída, testada e usada deve ser encarada como produção a ser amplamente divulgada e compartilhada. Resguardada a ética na referenciação correta de autoria dos envolvidos na construção ou na adaptação de determinado instrumento, ele deve ficar a serviço das pesquisas. Cabe-nos atuar para que o avanço da investigação de crenças de autoeficácia seja rápido, consistente e colaborativo.

O trabalho nessa perspectiva de integração certamente possibilitará a rápida difusão dos instrumentos construídos e adaptados, agilizando o campo de pesquisa em nosso país, o debate acadêmico aberto sobre as características e as contribuições das escalas nos diversos assuntos investigados, a diminuição de etapa de definição de instrumentos nas pesquisas empíricas e a oportunidade ímpar de comparação de dados.

Propomos, de forma ousada, que esse movimento colaborativo atinja, inclusive, o exercício conjunto de validação de escalas. A criação de um espaço virtual acadêmico comum de divulgação de escalas de autoeficácia em construção, em adaptação e em validação parece promover essa iniciativa.

Certamente qualquer esforço mais coletivo no campo da avaliação de crenças de autoeficácia permitirá o maior domínio empírico obtido em pesquisas em que a autoeficácia é variável de interesse central, ou em investigações que a medida da crença insere-se de forma complementar. Mas, além disso, haverá grande contribuição para a Teoria Social Cognitiva.

REFERÊNCIAS

Azzi, R. G., Iaochite, R. T., & Venditti Júnior, R. (2005). Autoeficácia percebida de professores de educação física em contextos inclusivos: um estudo inicial. *IV Congresso Internacional de Educação Física e motricidade humana e X Simpósio Paulista de Educação Física, 2005. Rio Claro. Motriz – Revista de Educação Física.* (vol. 11. p. 25-25). Rio Claro: Editora da UNESP.

Azzi, R. G., Polydoro, S. A. J. (2006). Autoeficácia proposta por Albert Bandura. Algumas discussões. In *Autoeficácia em diferentes contextos.* Campinas: Alínea, 163p.

Azzi, R. G., & Rocha, M. S. (2007). A coordenação de curso e a autoeficácia docente. *Anais do IV Congresso Luso-Brasileiro de Política e Administração da Educação/III Congresso Nacional do Fórum Português de Adm. Escolar* (pp. 11-20). Lisboa: Editora da Universidade de Lisboa.

Bandura, A. (1977). Self-efficacy: Toward a unifying theory of behavioral change. *Psychological Review, 84,* 191-215.

Bandura, A. (1982). The assessment and predictive generality of self-percepts of efficacy. *Journal of Behavior Therapy and Experimental Psychiatry, 13,* 195-199.

Bandura, A. (1986a). *Social foundations of thought and action: A social cognitive theory*. Englewood Cliffs, NJ: Prentice-Hall.

Bandura, A. (1986b). The explanatory and predictive scope of self-efficacy theory. *Journal of Clinical and Social Psychology, 4,* 359-373.

Bandura, A. (1997). *Self-efficacy: The exercise of control*. New York: Freeman.

Bandura, A. (2001). *Guide for constructing self-efficacy scales (revised)*. Available from Frank Pajares. Atlanta: Emory University.

Bandura, A. (2006). Guide for constructing self-efficacy scales. In Pajares, F., & Urdan, T. (Eds.), *Self-efficacy beliefs of adolescents.* (vol. 5, pp. 307-337). Greenwich, CT: Information Age Publishing.

Bandura, A. (2008) A evolução da Teoria Social Cognitiva. In Bandura, A., Azzi, R, & Polydoro, S. (Eds.), *Teoria social cognitiva: Conceitos básicos (Social cognitive theory: Basic concepts)* (pp. 15-42). Porto Alegre, Brasil: Artmed.

Bandura, A., & Adams, N. E. (1977). Analysis of self-efficacy theory of behavioral change. *Cognitive Therapy and Research, 1,* 287-308.

Bandura, A., Adams, N. E., Hardy, A. B., & Howells, G. N. (1980). Tests of the generality of self-efficacy theory. *Cognitive Therapy and Research, 4*, 39-66.

Bardagi, M. P., Boff, R., & Brandtner, M. (2009). Autoconceito, autoeficácia profissional e comportamento exploratório em universitários concluintes. *Anais do IX Congresso Nacional de Psicologia Escolar e Educacional São Paulo.*

Bellico da Costa, A. E. Autoeficácia e autorregulação em universitários. *In Anais do VI Congresso Nacional de Psicologia Escolar e Educacional.* Salvador: Faculdade Ruy Barbosa e ABRAPEE, 2003

Betz, N. B. (2000). Self-efficacy theory as a basis for career assessment. *Journal of Career Assessment, 8*(3), 205-222.

Costa, E. R., & Boruchovitch, E. (2006). A autoeficácia e a motivação para aprender: Considerações para o desempenho escolar dos alunos. In Azzi, R. G. & Polydoro, S. A. J. (Orgs.), *Autoeficácia em diferentes contextos* (pp. 9-159). Campinas: Alínea.

Goya, A., Bzuneck, J. A., & Guimarães, S. E. R. (2008). Crenças de eficácia de professores e motivação de adolescentes para aprender física. *Psicologia Escolar e Educacional, 12*(1), 51-68.

Guerreiro, D. C. (2007). Integração e autoeficácia na formação superior na percepção de ingressantes: Mudanças e relações. Dissertação de Mestrado em Educação. Orientadora: Soely Aparecida Jorge Polydoro. Universidade Estadual de Campinas, Campinas, São Paulo.

Guerreiro, D. C., & Polydoro, S. A. J. (2007). Escala de autoeficácia na formação superior: Validação do instrumento. *III Congresso Brasileiro de Avaliação Psicológica e XII Conferência Internacional de Avaliação Psicológica: Formas e Contexto.* João Pessoa.

Iaochite, R. T. (2007). Crenças de autoeficácia docente na educação física escolar. Tese de Doutorado em Educação. Orientadora: Roberta Gurgel Azzi. Universidade Estadual de Campinas, Campinas, São Paulo.

Lent, R. W., & Brown, S. D. (2006). On conceptualising and assessing social cognitive constructs in career research: A measurement guide. *Journal of Career Assessment, 14*(1), 12-35.

Lent, R. W., & Hackett, G. (1987). Career self-efficacy: Empirical status and future directions. *Journal of Vocational Behavior, 30*(3), 347-382.

Loureiro, S. R., & Medeiros, P. C. (2004). Crianças com dificuldades de aprendizagem: Vulnerabilidade e proteção associadas à autoeficácia e ao suporte psicopedagógico. In Boruchovitch, E., Buzuncek, J. A. (Orgs.), *Aprendizagem, processos psicológicos e o contexto social na escola* (pp. 149-176). Petrópolis: Vozes.

Neves, L. F. (2006). Crenças de autoeficácia matemática. In Azzi, R. G., Polydoro, S. A. J. (Orgs.), *Autoeficácia em diferentes contextos* (pp. 111-126). Campinas, São Paulo: Alínea.

Nunes, M. F. O., & Noronha, A. P. P. (2008). Escala de autoeficácia para atividades ocupacionais: Construção e estudos exploratórios. *Paideia (Ribeirão Preto), v. 18,* 111-124.

Pajares, F., & Olaz, F. (2008) Teoria social cognitiva e autoeficácia: Uma visão geral. In Bandura, A., Azzi, R, & Polydoro, S. (Eds.), *Teoria social cognitiva: Conceitos básicos (Social cognitive theory: Basic concepts)* (pp. 97-114). Porto Alegre, Brasil: Artmed.

Pelissoni, A. M. S. (2007). Autoeficácia na transição para o mundo do trabalho e comportamentos de exploração de carreira em licenciandos. Dissertação de Mestrado em Educação. Orientadora: Soely Aparecida Jorge Polydoro. Universidade Estadual de Campinas, Campinas, São Paulo.

Pelissoni, A. M. S., & Polydoro, S. A. J. (2008). Autoeficácia na transição para o trabalho: Um estudo com estudantes concluintes do Ensino Superior. In *Actas XIII Conferência Internacional Avaliação Psicológica: Formas e contextos*. Braga, Portugal: Psiquilibrios.

Pesca, A. D., & Cruz, R. M. (2009). Instrumentos de avaliação de autoeficácia para o desempenho acadêmico/escolar: Uma revisão da literatura. Rio de Janeiro: IBAP, 2009.

Polydoro, S. A. J., Azzi, R. G., & Maciel, A. C. (2005). Crenças de autoeficácia docente: Problematizando sua importância no cotidiano escolar a partir de um estudo junto a professores de línguas estrangeiras. *Congresso Internacional Educação e Trabalho, 2005, Aveiro-PT. Resumos das Comunicações.* (vol. 1., p. 155-155). Aveiro, Portugal: Editora da Universidade de Aveiro, 2005.

Polydoro, S. A. J., Vieira, D., & Coimbra, J. L. (2008). Adaptação para a realidade portuguesa da Escala Autoeficácia na Formação Superior (AEFS). In *Comunicação em formato de poster apresentada no XIII Congresso de Avaliação Psicológica: Formas e contextos*. Portugal: Universidade do Minho, 2-4 out. de 2008.

Polydoro, S. A. J., Winterstein, P., Azzi, Roberta Gurgel, Carmo, A. P., & Venditti Junior, R. (2004). Escala de autoeficácia do professor de educação física. In *Avaliação psicológica: formas e contextos* (pp. 330-337). Braga, Portugal: Psiquilíbrios.

Rocha, M. S. (2009). Autoeficácia docente: conceito importante para coordenadores de curso. Tese de Doutorado em Educação. Orientadora: Roberta Gurgel Azzi. Universidade Estadual de Campinas, Campinas, São Paulo.

Rodrigues, L. C., & Barrera, S. D. (2007). Autoeficácia e desempenho escolar em alunos do Ensino Fundamental. *Psicologia em pesquisa (UFJF), v. 1*, 41-53.

Sakid, G. (2008). An interview with Dale Schunk. *Educational Psychology Review, 20*, 485-491.

Schunk, D. H., & Pajares, F. (2004). Self-efficacy in education revisited. Empirical and applied evidence. Research on sociocultural influences on motivation and learning. In McInerney, D. M. & Etten, S. V., *Big theories revised. Research on sociocultural influences on motivation and learning*. Information Age Publishing.

Souza, I., & Souza, M. A. (2004). Validação da escala de autoeficácia percebida. In *Revista Universidade Rural. Série Ciências Humanas, v. 26*, 12-17.

Tabachnick, B. G., & Fidell, L. S. (2001). *Using multivariate statistics* (4 ed.). New York: Allyn and Bacon.

Taylor, K. M., & Betz, N. E. (1983). Applications of self-efficcy theory to the understanding and treatment of career indecision. *Journal of Vocational Behavior, 22*, 63-81.

Tschannen-Moran, M., & Woolfolk Hoy, A. (2001). Teacher efficacy: Capturing an elusive construct. *Teaching and teacher education, 17*, 783-805.

Teixeira, M. A. P., & Dias, A. C. G. (2005). Propriedades psicométricas da versão traduzida para o português da escala de autoeficácia geral percebida de Ralph Schwarzer. *II Congresso Brasileiro de Avaliação Psicológica, Gramado. Resumos do II Congresso Brasileiro de Avaliação Psicológica – CD-ROM*. Gramado, RS: 2005.

Vieira, D., & Coimbra, J. L. (2005). University-to-work transition: The development of a self-efficacy scale. *Conference proceedings of AIOSP International Conference 2005 – Careers in context: New challenges and tasks for guidance and counselling* (p. 106). Lisboa: Universidade de Lisboa.Vieira, D., Maia, J., & Coimbra, J. L. (2007). Do Ensino

Superior para o trabalho: Análise factorial confirmatória da escala de Autoeficácia na Transição para o Trabalho (AETT). *Avaliação Psicológica, 6*(1), 3-12.

Vieira, D., Polydoro, S. A. J., & Coimbra, J. L. (2009). Autoeficácia na formação superior (AEFS): Estudo de validação em estudantes do Ensino Superior em Portugal. *Livro de resumos da XIV Conferência Internacional de Avaliação Psicológica: Formas e Contextos* (pp. 63-64). Campinas, São Paulo: Universidade de São Francisco.

Vieira, D., Soares, A. M., & Polydoro, S. A. J. (2006). Escala de Autoeficácia na transição para mundo do trabalho (AETT): Um estudo de validação para a realidade brasileira. In Machado, C., Almeida, L., Guisande, M. A., Gonçalves, M. & Ramalho, V. (Coords.), *Actas do XI Congresso de Avaliação Psicológica: Formas e contextos* (pp. 293-299). Braga, Portugal: Psiquilíbrios.

9

ESCALA DIAGNÓSTICA ADAPTATIVA OPERACIONALIZADA (EDAO): AVALIAÇÃO DA QUALIDADE DA EFICÁCIA ADAPTATIVA

Elisa Medici Pizão Yoshida
Maria Leonor Espinosa Enéas
Tales Vilela Santeiro

Neste capítulo, fizemos uma revisão das pesquisas e das aplicações da escala desenvolvida por Ryad Simon, nos anos 1970, a qual ficou conhecida por Escala Diagnóstica Adaptativa Operacionalizada, ou, simplesmente, EDAO. Antes, apresentamos sucintamente o conceito de adaptação proposto por Simon, com o objetivo de contextualizar teoricamente a Escala.

A EDAO surgiu da necessidade de se ter um sistema de avaliação que pudesse abreviar o trabalho de classificação de estudantes universitários, em um programa de prevenção em saúde mental, com vistas a definir ou não a necessidade de atendimento psicológico. Naquele instante era necessário avaliar pessoas que, a princípio, não apresentavam distúrbios de personalidade ou sintomas psicopatológicos. Conforme Simon (1983, p. 32), a escolha do critério adaptativo para avaliar aquela população deveu-se a três razões. A primeira, porque a adaptação permite "apreciar o funcionamento de um organismo, quer em relação a si mesmo quanto em relação ao seu ambiente". A segunda razão era o fato de que todo "comportamento pode ser encarado segundo um significado adaptativo, visando um fim (consciente ou inconsciente)". Desse modo é que o autor acreditava que a adequação, ou não, da adaptação da pessoa avaliada poderia ser considerada mais ou menos coerente com a natureza desses fins. A terceira e última razão apontada por Simon era que, para a pessoa alcançar seus fins adaptativos, seria necessária a integração de seus diversos sistemas de funcionamento. Na busca dessa integração o indivíduo avaliado deixará marcado um "variável grau de consistência".

Outro ponto importante é que a condição adaptativa do indivíduo – o estado de integração de seus vários sistemas e a coerência de suas ações com os objetivos de viver melhor – pode ser inferida a partir de seus comportamentos, que são observáveis ou comunicáveis. Assim, Simon definiu adaptação como "um conjunto de respostas de um organismo vivo, em vários momentos, a situações que o modificam, permitindo manutenção de sua organização (por mínima que seja) compatível com a vida" (1983, p. 32). Sua definição de adaptação foi inspirada no modelo biológico, que envolve o conceito de homeostase, mas a este ele acrescentou uma dimensão evolutiva.

Aplicado à adaptação, o conceito de homeostase pressupõe que o bom funcionamento do organismo depende de seu *meio interior* permanecer dentro de *limites característicos* e de que este organismo deve conseguir ajustar-se rapidamente para corrigir eventuais consequências perturbadoras devidas a elementos externos, que são mutáveis. Dito de outra forma, o objetivo de todo organismo seria o de manter as *condições estáveis* de seu meio interior por meio de comportamentos, que, por princípio, são adaptativos. Por outro lado, a dimensão evolutiva confere caráter dinâmico à estabilidade das condições do "meio interior" do organismo que, para ter uma adaptação adequada, "deve encontrar novas respostas para situações sempre novas, desde que na vida nada se repete" (Simon, 1983, p. 33).

Outro conceito inerente à ideia de adaptação é o de crise. Nessa concepção, ela "se deve a aumento ou redução significativa do espaço no universo pessoal" (Simon, 1983, p. 110). Aqui a expressão "significativa" representa uma incógnita, pois é "função da pessoa real que experimenta essas variações" (p. 110); e a de "universo pessoal", por sua vez, corresponde ao "conjunto formado pela pessoa (psicossomático), mais a totalidade de objetos externos (... outras pessoas, bens materiais ou espirituais e situações socioculturais)" (p. 110).

Tal perspectiva de adaptação indica, pois, a necessidade de conhecer quais são as condições do funcionamento psíquico do indivíduo, os recursos de que dispõe para integrar continuamente seus sistemas e permanecer organizado e vivo. O avaliador deve não apenas atentar para as respostas adaptativas atuais do indivíduo, mas também a como ele respondeu no passado para satisfazer suas necessidades e fazer face às contingências e situações de vida. Essa é a ideia de um processo de adaptação que pode envolver variações no percurso da vida e é caracterizado pela possibilidade de, ao se conhecer as condições antecedentes, fazer suposições de sua evolução (prognósticos). A mudança nesse contexto ocorre segundo dois modos diferentes: gradual ou bruscamente. No primeiro caso, no qual a mudança ocorreria de modo gradual, ela se deveria à ação de "microfatores" e, no segundo, a "fatores". E tanto uns como outros podem ser positivos ou negativos e internos ou externos (Simon, 1983). A ideia é a de que a adaptação humana passa por períodos estáveis e por períodos críticos, segundo o predomínio de microfatores ou de fatores, que se podem suceder indefinidamente, sem que haja retorno a uma posição anterior.

Em 2005, Simon ampliou sua teoria sobre os fatores, fazendo considerações sobre o papel da constituição psíquica para a configuração adaptativa do indivíduo. Os fatores passaram a ser definidos como concepções genéricas "de fatos que interagem mediados pelo ego, influindo na adequação" (Simon, 2005, p. 33). E, especialmente os fatores "internos" ao organismo, ganharam mais relevância, sendo descritos como relativos "ao mundo mental do sujeito, sua estrutura, dinamismos, bem como referente ao setor Orgânico" (Simon, 2005, p. 33).

O autor associou, além do mais, de forma mais explícita, sua Teoria da Adaptação à Teoria Psicanalítica de orientação Kleiniana, e descreveu quatro tipos de fatores internos que teriam relevância na determinação da qualidade da adaptação: a) os tensionais, que incluem as pressões geradas por necessidades, desejos e emoções nos relacionamentos interpessoais e intrapsíquicos; b) os defensivos, referentes às defesas psíquicas; c) os objetais, relativos às relações de objetos internos entre si e com o ego; d) os orgânicos, que respeitam a integridade anatômica e funcional.

Esta ênfase nos fatores internos, que, segundo Simon (2005), teria como finalidade resgatar a relevância das contribuições psicanalíticas para a teoria da eficácia adaptativa, não tem sido, todavia, adotada por muitos dos autores que têm utilizado a EDAO em pesquisas. Um dos motivos que nos parece mais provável é o de que o emprego dos critérios operacionais propostos pelo autor para a avaliação da EDAO é suficiente para se definir a configuração adaptativa do indivíduo. Prescinde, dessa feita, do recurso a conceitos metapsicológicos, dependentes de inferências que deslocam o julgamento do comportamento diretamente observado. E é justamente a operacionalização dos conceitos que confere à EDAO melhor precisão e utilidade em pesquisas, posto que aumenta a chance de acordo entre os avaliadores. Feita, portanto, esta ressalva, passamos a apresentar em detalhes as bases operacionais da EDAO, destacando sua versatilidade e o emprego que se tem feito dela em pesquisas.

MODOS DE AVALIAÇÃO

Conforme referido, a EDAO foi concebida no início dos anos 1970 e, desde então, passou por reformulações que caracterizaram diferentes versões do instrumento. A mais conhecida foi publicada no livro de Simon, editado pela Vetor, em 1983, e, posteriormente, reeditado pela EPU, em 1989. Mesmo essa primeira versão já era fruto de um processo de construção do instrumento, que comportou várias etapas. Na primeira formulação da EDAO, os indivíduos eram avaliados quanto à eficácia da adaptação geral segundo três critérios: a) o grau de satisfação que a resposta propiciava ao sujeito; b) a medida em que constituía solução para a situação enfrentada; e c) o grau em que se compatibilizava ou não com as normas culturais. Quando predominassem respostas que atendessem aos três critérios, a qualidade da adaptação era considerada *adequada (+++)*, se apenas dois desses critérios fossem satisfeitos, seria *pouco adequada (++)*, e, se apenas um dos critérios fosse satisfeito, *pouquíssimo adequada (+)*.

A partir de 1977, a qualidade da eficácia adaptativa passou a ser avaliada como resultado da combinação das respostas do sujeito a quatro setores da personalidade: Afetivo-Relacional (A-R); Produtividade (Pr); Sociocultural (S-C) e Orgânico (Or). Cada setor corresponde ao conjunto de sentimentos, atitudes e ações do sujeito, relacionados com a respectiva esfera de ação. Nesse sentido, o setor AR corresponde à esfera interpessoal e intrapessoal; o Pr, à principal atividade do sujeito no período avaliado (de cunho laboral, artístico, filosófico ou religioso); o SC é integrado por contexto social, valores e costumes da cultura em que vive, e o Or corresponde ao funcionamento e cuidados com o próprio corpo, sono, sexo e indumentária (Simon, 1983).

Em cada um desses setores, as respostas do indivíduo eram avaliadas num segundo nível de operacionalização como *adequada, pouco adequada, pouquíssimo adequada,* conforme os critérios de adequação mencionados (Simon, 1983). Para tanto, o avaliador confrontava os dados obtidos em entrevista psicológica individual a uma listagem com as repostas mais frequentemente encontradas em amostra de calouros da então Escola Paulista de Medicina, e que constituía a Escala propriamente dita (Simon, 1983). Como essa listagem não pretendia ser exaustiva, esse confronto pautava-se principalmente em julgamento clínico.

Uma vez avaliados os setores, passava-se para a classificação geral da adaptação, com a especificação do grupo a que pertencia o sujeito. Estavam previstos seis grupos, sendo três para a adaptação estável, que seriam o Gr.I, adaptação eficaz; Gr.III, adaptação não eficaz moderada, e Gr.V, adaptação não eficaz severa. Os demais três grupos foram constituídos para contemplar a adaptação em crise. Estes seriam o Gr.II, adaptação eficaz em crise; Gr.IV, adaptação não eficaz moderada em crise; Gr.VI, adaptação não eficaz severa em crise. Há ainda um sétimo e último grupo, O Gr. VII, que se destinava a casos nos quais a avaliação pelos critérios da EDAO não poderia ser feita.

Ainda que originalmente a EDAO tenha sido concebida para avaliar "a) jovens e adultos (não idosos); b) pertencentes à classe média inferior para cima; c) habitantes da zona urbana brasileira; e d) participantes dos valores e costumes da civilização ocidental" (Simon, 1983, p. 88), ao logo do tempo passou a ser aplicada em diferentes contextos, como hospitais, presídios, centros de saúde e consultórios particulares, entre outros (Alves, 2001; Martins, 1998; Pellegrino Rosa, 1997; Rocha, 2002; Yoshida, Lépine, St-Amand, & Bouchard, 1998), para avaliar pessoas provenientes de estratos da população bastante diversificados (Guimarães & Yoshida, 2008; Heleno & Santos, 2004; Pellegrino Rosa, 1996; Romaro, 2000; Silva Filho & Souza, 2004; Yoshida, Mito, Enéas, & Yukimitsu, 1993; Yoshida, Wiethaueper, Lecours, Dymetryzyn, & Bouchard, 1998), de sorte que a listagem de respostas que constituía a Escala já não se aplicava a muitos deles. Nessas situações, os setores eram avaliados com base apenas nos três critérios de avaliação da qualidade das respostas dos sujeitos (a possibilidade de resolução da situação, o grau de satisfação obtido e a presença ou não de conflito interno ou externo proporcionado pela resposta em questão). Essa modificação conferiu-lhe maior versatilidade, uma vez que dessa forma a EDAO podia ser aplicada a qualquer segmento de população.

O acúmulo de evidências derivadas da prática clínica e das pesquisas levou Simon (1997, 1998), mais uma vez, a propor alterações na EDAO. Com o argumento de que o setor A-R ocupava posição central no conjunto da adaptação, sugeriu que ele deveria ter um peso diferente dos demais na determinação da eficácia adaptativa. Tratava-se de uma tentativa para redimensionar qualitativamente a avaliação da eficácia adaptativa, procurando fazer jus à observação empírica e facilitar a orientação do clínico na escolha do procedimento psicoterápico mais adequado ao paciente.

Ao lado do setor Afetivo-Relacional, o setor da Produtividade também se mostrou relevante na configuração adaptativa dos sujeitos. Essas constatações, somadas a algumas limitações identificadas no sistema de quantificação das categorias da EDAO (Costa-Rosa, 1997; Simon, 1997, 1998), resultaram numa nova versão (Simon, 1997, 1998) designada por Escala Diagnóstica Adaptativa Operacionalizada Redefinida, ou EDAO-R (Yoshida, 1999).

A avaliação da nova versão é feita com a atribuição de escores aos setores Afetivo-Relacional (A-R) e Produtividade (Pr). No setor A-R, o escore 3, para adaptação adequada; 2, para pouco adequada, e 1, para pouquíssimo adequada. Quanto ao setor da Pr, as pontuações são, respectivamente: 2, 1 e 0,5. Da combinação das pontuações possíveis, decorrem os cinco grupos seguintes: Grupo 1, adaptação eficaz, quando A-R e Pr são adequados; Grupo 2, adaptação ineficaz leve, quando um dos setores é adequado e o outro é pouco adequado; Grupo 3, adaptação ineficaz moderada, quando ambos são pouco adequados, ou um é adequado e o outro pouquíssimo adequado; Grupo 4, adaptação ineficaz severa, quando um setor é pouco e o outro pouquíssimo adequado; Grupo 5, adaptação ineficaz grave, quando ambos são pouquíssimo adequados. Como se pode observar, na EDAO-R são usados números arábicos para designar os grupos, em vez de romanos como na EDAO (Simon, 1997, 1998, 2005).

Para essa nova versão revisada, Simon (1997, p.92) sugeriu ainda uma "descrição fenomenológica para facilitar o entendimento clínico da Escala". Segundo ela, a adaptação eficaz (Gr.1) corresponde à personalidade dita "normal", em que há "raros sintomas neuróticos ou caracterológicos". À *adaptação ineficaz leve* (Gr.2) corresponderiam "sintomas neuróticos brandos, ligeiros traços caracterológicos, algumas inibições". À *adaptação ineficaz moderada* (Gr.3), "alguns sintomas neuróticos, inibição moderada, alguns traços caracterológicos". À *adaptação ineficaz* severa (Gr.4), "sintomas neuróticos mais limitadores, inibições restritivas, rigidez de traços caracterológicos". E, finalmente, à *adaptação ineficaz grave* (Gr.5), corresponderiam "neuroses incapacitantes, *borderline*, psicóticos não agudos, extrema rigidez caracterológica". Os setores S-C e Or têm um papel mais qualitativo na EDAO-R, auxiliando no diagnóstico discriminativo individual ou na orientação psicoterápica (Simon, 1997).

APLICAÇÕES EM PESQUISAS

Pesquisas realizadas ao longo das últimas três décadas com a EDAO têm indicado que se trata de instrumento com níveis satisfatórios de precisão (entre avaliadores e teste-reteste) e de validade (Enéas, 1993, 1999; Gatti, 1999; Rocha, 2002; Yoshida, 1990, 1991a, 1991b, 1996). Essas propriedades foram também evidenciadas na segunda versão da Escala (Simon, 1997; Yoshida, 1999, 2000). Ambas foram concebidas como escalas clínicas, isto é, como procedimentos de avaliação baseados em julgamento clínico, ainda que pautados em critérios operacionalizados (Yoshida & Rocha, 2007). Para a coleta de dados é necessário que o avaliador faça uma entrevista individual na qual as respostas mais frequentes do indivíduo, às circunstâncias da vida, possam ser conhecidas.

Um estudo das propriedades psicométricas da EDAO-R, com amostra de cem pacientes adultos atendidos em psicoterapias breves psicodinâmicas individuais (Yoshida, 1999), indicou que a nova versão tinha ótima precisão entre avaliadores (com *kapas* de Cohen entre 0,78 e 1,00). O estudo também incluiu a investigação de evidências de validade baseada em teste de construto relacionado e duas medidas de evidência de validade preditiva. No primeiro caso, verificou-se a relação da eficácia da adaptação apresentada pelo paciente no início do atendimento e aspectos psicodinâmicos avaliados por meio da Escala de Avaliação Psicodinâmica, a EAP (Husby, 1985). E, em relação à validade preditiva, verificou-se primeiro se haveria relação entre a qualidade da eficácia adaptativa demonstrada no início do atendimento e o fato de o indivíduo concluir ou não o atendimento. E, para os que concluíram a psicoterapia, se haveria relação com a qualidade dos resultados, medidos pela Escala de Resultados, a ER (Sifneos, 1979/1989).

Os resultados corroboraram as expectativas teóricas indicando correlação significativa, mas moderada entre a EDAO-R e a EAP (r_S (48) = 0,50, $p < 0,001$), explicando 25% da variância comum. E, em relação à validade preditiva, os pacientes com adaptação ineficaz leve ou moderada no início da psicoterapia apresentaram maior probabilidade de concluir o atendimento, ao passo que os com adaptação ineficaz severa ou grave, de interrompê-lo (Coeficiente de Contingência =0,27, com $p< 0,05$,

x^2 (3,N=100) = 8,20, $p < 0,05$). A EDAO-R também demonstrou correlação positiva com a ER (r_S (48) = 0,34, $p < 0,02$), neste caso explicando apenas 11,5% da variância. Os resultados foram interpretados como estando de acordo com evidências de pesquisas empíricas que indicam que a qualidade dos resultados de processos terapêuticos são multideterminados e contribuem para tanto variáveis como a qualidade da aliança terapêutica (Coelho Filho, 1995; Messer & Warren, 1995; Yoshida *et al.*, 1993), a motivação do paciente (Blum, 1988; Enéas, 1993) e o estágio do processo de mudança em que o paciente se encontra por ocasião do início da terapia (McConnaughy, DiClemente, Prochaska, & Velicer, 1989), entre outros.

Os estudos mencionados permitem dizer que a análise da configuração adaptativa do sujeito, por ocasião do início do atendimento, contribui para a realização do prognóstico do caso, uma vez que pacientes com melhor eficácia adaptativa são também os que obtêm melhores resultados. Contudo, deve-se ter em mente que os resultados das psicoterapias resultam do interjogo de múltiplas variáveis, no qual a eficácia adaptativa constitui um dos componentes (Yoshida, Enéas, Vasconcellos, Rillo, & Duarte, 1994). Observou-se sempre ser necessário usar a EDAO em conjunto com outros instrumentos (Yoshida & Rocha, 2007) em que outras variáveis, tais como conflitos derivados de características de personalidade do paciente (Giovanetti & Sant'Anna, 2005; Yoshida 1999), presença de sintomas psicopatológicos (Castro, Santos, Moretto, De Lucia, & Castro, 2001) ou aspectos relacionados à motivação do paciente (Yoshida, 1991a), sejam avaliadas.

Outra pesquisa das propriedades psicométricas da EDAO, focalizou amostra de oitenta pessoas idosas "saudáveis" (idades entre sessenta e 88 anos, M=68,17, DP=5,77), frequentadoras de um Centro de Convivência da Terceira Idade e de uma Universidade Aberta à Terceira Idade, no município de São Paulo (Rocha, 2002). A estimativa da precisão entre avaliadores indicou acordo moderado entre eles (*kapas* entre 0,46 e 0,55). O estudo de validade em que os escores da EDAO foram comparados aos do Índice de Qualidade de Vida (IQV), de Ferrans e Powers (Kimura, 1999), apontou, conforme o previsto, correlação negativa moderada ($r_S = -0{,}449$), mas significante ($p < 0{,}01$) entre os escores totais dos dois instrumentos e também entre os escores parciais de ambos (r_S entre $-0{,}190$ e $-0{,}479$, $p < 0{,}05$). E no estudo de validade discriminante, em que a EDAO foi comparada com a e a Escala de Depressão em Geriatria, a GDS-15 (Almeida & Almeida, 1999), as correlações também foram negativas (r_S entre $-0{,}235$ e $-0{,}478$) e significantes ($p < 0{,}01$), corroborando as expectativas teóricas. Apesar de os dois estudos envolverem amostras não probabilísticas, o que limita o poder de generalização de seus resultados, as evidências sugerem que a EDAO detém bons índices de precisão, quando avaliada por juízes familiarizados, e oferece critérios confiáveis para a indicação e contraindicação de pacientes para psicoterapias breves.

Efetivamente, tanto a EDAO quanto a EDAO-R têm sido utilizadas em combinação com outros procedimentos em pesquisas de avaliação de psicoterapias, como o Método de Rorschach (Frasson & Souza, 2002; Gatti, 1999), o Jogo de Areia (Giovanetti & Sant'Anna, 2005) ou medidas de autorrelato, como a Escala de Avaliação da Aliança Psicoterápica da Califórnia na versão paciente (CALPAS-P) e do psicoterapeuta (CALPAS-T) (Bueno, 2009). A EDAO também foi empregada como critério externo para a obtenção de evidências de validade de outros instrumentos, por exemplo, a Escala de Estágios de Mudança (Yoshida, Primi, & Pace, 2003), a Escala Rutgers de Progresso em Psicoterapia, a RPPS (Enéas, 2003), ou a Defense Mechanisms Rating Scales, a DMRSs (Gatti, 1999).

Muitas pesquisas indicaram ainda que EDAO também poderia ser adotada como recurso útil para a definição do foco de psicoterapias breves psicodinâmicas, uma vez que a avaliação da eficácia adaptativa por setor permite identificar a extensão dos conflitos sobre o funcionamento da personalidade (Bueno, 2009; Yoshida, 1991a, 1991b, 1999, 2000). Ademais, a eficácia da adaptação evidenciada pelo sujeito auxilia a definir a estratégia psicoterapêutica (Neder Filha & Simon, 2004; Yamamoto, 2004; Yoshida *et al.*, 1993; Yoshida *et al.*, 1998).

CONSIDERAÇÕES FINAIS

Concluindo, pode-se dizer, portanto, que já há evidências suficientes de validade da EDAO, provenientes de pesquisas envolvendo diferentes situações e contextos. Ela deve ser vista principalmente como um procedimento auxiliar na avaliação dos recursos adaptativos e na orientação da modalidade de intervenção psicológica mais apropriada, independentemente da orientação teórica da psicoterapia. Aplica-se a pessoas de ambos os sexos (Corrêa, Vizzotto, & Cury, 2007), de diferentes faixas etárias, desde adolescentes, jovens adultos até idosos (Altman, Yamamoto, & Tardivo, 2007; Alves, 2001; Martins, 1998; Pellegrino Rosa, 1997; Rocha, 2002; Yoshida *et al.*, 1998), e com condições de saúde variadas, tanto física quanto psicológica (Gandini, 1995; Guimarães & Yoshida, 2008; Heleno & Santos, 2004; Pellegrino Rosa, 1996; Romaro, 2000; Rossini, Reimão, Lefèvre, & Medrado Faria, 2000; Silva Filho & Souza, 2004; Yoshida *et al.*, 1993; Yoshida *et al.*, 1998, entre outros).

Como limitação ao uso da EDAO, há o fato de sua avaliação depender de entrevista clínica para a coleta de dados. Essa condição pode-se constituir em um impedimento para seu uso em situações de pesquisas que envolvam grandes amostras, ou mesmo em situações de atendimento em que entrevistas individuais se mostrem inviáveis, como é o caso de algumas formas de atendimento em clínicas públicas ou em ambiente hospitalar. Para situações como essas, uma versão de autorrelato da EDAO-R pode ser uma alternativa. Neste sentido, uma pesquisa para o desenvolvimento e a avaliação das qualidades psicométricas de uma versão de autorrelato da EDAO-R foi concebida e deverá ser em breve implementada (Yoshida, 2009). A expectativa é a de que, uma vez concluída, a versão de autorrelato venha a ampliar o cabedal de instrumentos disponíveis para psicólogos e pesquisadores, interessados em avaliar a eficácia adaptativa, de forma mais rápida, objetiva e confiável.

A propósito da questão levantada inicialmente sobre pesquisas empíricas em psicoterapias e do papel eventual que a EDAO pode prestar nesse cenário, revisão empreendida por Abreu, Piccinini, Cacilhas, Trathman e Thormann (2000) verificou poucos estudos brasileiros sobre avaliações quantitativas de processos e resultados de psicoterapias, embora tenham percebido incremento na área. Nesse sentido, a EDAO e estudos que se comprometam a desenvolver uma versão do tipo autorrelato apresentam relevância, pelo potencial de gerar inúmeras pesquisas, como também pelas diversas aplicações práticas no cotidiano do psicólogo que lida com questões de avaliação psicológica.

REFERÊNCIAS

Abreu, J. R., Piccinini, W., Cacilhas, A., Trathman, C. E., & Thormann, N. J. (2000). Psicoterapia no Brasil: Duas décadas através de publicações psiquiátricas. *Revista Brasileira de Psicoterapia, 2*(1), 89-104.

Almeida, O. P., & Almeida, S. A. (1999). Confiabilidade da versão brasileira da escala de depressão em geriatria (GDS) versão reduzida. *Arquivos de Neuropsiquiatria, 57*(2-B), 421-426.

Altman, M., Yamamoto, K., & Tardivo, L. S. L. P. C. (2007). Psicoterapia breve operacionalizada com pessoas idosas. Mudanças, *15*(2), 135-144.

Alves, H. (2001). *Psicoterapia breve operacionalizada – PBO com adolescentes da rede pública escolar da cidade de Santos – SP: Uma contribuição à psicologia clínica preventiva*. Tese de Doutorado não publicada. Instituto de Psicologia da USP, São Paulo.

Blum, L. M. (1988). Motivation: Escape to freedom, the important ingredient in short-term psychotherapy. *Psychological Reports, 63*, 381-382.

Bueno, F. A. (2009). *Psicoterapia dinâmica breve no contexto de um hospital escola e suas associações com a aliança terapêutica.* Dissertação de Mestrado não publicada. Faculdade de Filosofia, Ciências e Letras de Ribeirão Preto da USP, Ribeirão Preto, SP.

Castro, R. C., Santos, N. O., Moretto, M. L. T., De Lucia, M. C. S., & Castro, F. F. M. (2001). Depressão e eventos de vida relacionados à asma grave. *Revista Brasileira de Alergia e Imunopatologia, 24*(6), 204-211.

Coelho Filho, J. G. (1995). *Processo e aliança terapêutica de pacientes borderline em psicoterapia breve psicodinâmica.* Dissertação de Mestrado não publicada. PUC-Campinas, Campinas.

Corrêa, K. R. F. D.,Vizzotto, M. M., & Cury, A. F. (2007). Avaliação da eficácia adaptativa de mulheres e homens inseridos num programa de fertilização *in vitro*. *Psicologia em Estudo, 12*(2), 363-370.

Costa-Rosa, A. (1997). Escala Diagnóstica Adaptativa Operacionalizada (EDAO): Uma proposta de quantificação. *Mudanças, 5*(7), 11-30.

Enéas, M. L. E. (1993). *O critério motivacional na indicação de psicoterapias breves de adultos.* Dissertação de Mestrado não publicada. PUC-Campinas, Campinas.

Enéas, M. L. E. (1999). *Uso da Escala Rutgers de Progresso em Psicoterapia na exploração de processos psicoterápicos*. Tese de Doutorado não publicada. PUC-Campinas, Campinas:.

Enéas, M. L. E. (2003). Mudança psíquica avaliada pela Escala Rutgers de Progresso em Psicoterapia. *Avaliação Psicológica, 2*(1), 45-56.

Frasson, L. M. M., & Souza, M. A. (2002). Estudo qualitativo da personalidade do motorista infrator através do Rorschach e EDAO. *Boletim de Psicologia, 52*(117), 141-157.

Gandini, R. C. G. (1995). *Câncer de mama: Evolução da eficácia adaptativa em mulheres mastectomizadas.* Tese de Doutorado não publicada. Instituto de Psicologia da USP, São Paulo.

Gatti, A. L. (1999). *Escalas de avaliação dos mecanismos de defesa: Precisão e validade concorrente.* Tese de Doutorado não publicada. PUC-Campinas, Campinas.

Giovanetti, R. M., & Sant'Anna, P. A. (2005). Estratégias de psicodiagnóstico interventivo e apoio em crises adaptativas por meio do jogo de areia e da EDAO. *Psicologia: Reflexão e Crítica, 18*(3), 402-407.

Guimarães, L. P. M., & Yoshida, E. M. P. (2008). Doença de Crohn e retocolite ulcerativa inespecífica: Alexitimia e adaptação. *Psicologia: Teoria e Prática, 10*(1), 52-63.

Heleno, M. G. V., & Santos, H. (2004). Adaptação em pacientes portadores do vírus da imunodeficiência humana - HIV. *Psicologia, Saúde & Doenças, 5*(1), 87-91.

Husby, R. (1985). Short-term dynamic psychotherapy III. A 5-year follow up of 36 neurotic patients. *Psychotherapy & Psychosomatics, 43*, 17-22.

Kimura, M. (1999). *Tradução para o português e validação do "Quality of Life Index", de Ferrans e Powers.* Tese de Livre Docência não publicada. São Paulo: Escola de Enfermagem da USP.

Martins, R. C. (1998). *Psicoterapia breve de idosos: Avaliação de resultados.* Dissertação de Mestrado não publicada. PUC-Campinas, Campinas.

McConnaughy, E. A., DiClemente, C. C., Prochaska, J. O., & Velicer, W. F. (1989). Stages of change in psychotherapy: A follow-up report. *Psychotherapy, 26*(4), 494-503.

Messer, S. B., & Warren, C. S. (1995). *Models of brief psychotherapy: A comparative approach.* New York: Guilford Press.

Neder Filha, C. R., & Simon, R. (2004). Diagnóstico da adaptação, teste estilocrômico e psicoterapia breve operacionalizada em transplante de fígado. *Mudanças, 12*(1), 7-93.

Pellegrino Rosa, I. (1996). Estudo do grau de adaptação em um grupo de pacientes anorgásmicas. *Mudanças, 3*(3/4), 111-129.

Pellegrino Rosa, I. (1997). Variáveis cognitivas e afetivas no envelhecimento. *Mudanças, 5*(8), 159-210.

Rocha, G. M. A. (2002). *Escala Diagnóstica Adaptativa Operacionalizada Redefinida: Precisão e validade com pessoas idosas.* Dissertação de Mestrado não publicada. PUC-Campinas, Campinas.

Romaro, R. A. (2000). *Psicoterapia breve psicodinâmica com pacientes borderline: Uma proposta viável.* São Paulo: Casa do Psicólogo.

Rossini, S. R. G., Reimão, R., Lefèvre, B. H., & Medrado Faria, M. A. (2000). Chronic insomnia in workers poisoned by inorganic mercury: Psychological and adaptative aspects. *Arquivos de Neuropsiquiatria, 58*(1), 32-38.

Sifneos, P. E. (1989). *Psicoterapia dinâmica breve: Avaliação e técnica* (Trad. A. E. Fillmann). Porto Alegre: Artes Médicas. (original publicado em 1979).

Silva Filho, N., & Souza, L. R. (2004). Associação entre o diagnóstico adaptativo, indicadores de evolução clínica e o Teste das Relações Objetais em pacientes com infecção pelo HIV-1, doentes ou não. *Psicologia, Saúde e Doenças, 5*(2), 195-213.

Simon, R. (1983). *Psicologia clínica preventiva: Novos fundamentos.* São Paulo: Vetor.

Simon, R. (1989). *Psicologia clínica preventiva: Novos fundamentos.* São Paulo: EPU. (Original publicado em 1983).

Simon, R. (1997). Proposta de redefinição da EDAO (Escala Diagnóstica Adaptativa Operacionalizada). *Boletim de Psicologia, 47*(107), 85-93.

Simon, R. (1998). Proposta de redefinição da Escala Diagnóstica Adaptativa Operacionalizada (EDAO). *Mudanças: Psicoterapia e Estudos Psicossociais, 6*(10), 13-24.

Simon, R. (2005). *Psicoterapia breve operacionalizada: Teoria e técnica.* São Paulo: Casa do Psicólogo.

Yamamoto, K. (2004). Estudo da eficácia adaptativa de trabalhadoras noturnas sugerindo psicoterapia breve operacionalizada na empresa. *Mudanças, 12*(1), 115-140.

Yoshida, E. M. P. (1990). *Psicoterapias psicodinâmicas breves e critérios psicodiagnósticos.* São Paulo: E.P.U.

Yoshida, E. M. P. (1991a) Validade preditiva da EDAO em psicoterapias breves: Solução para a situação problema. *Estudos de Psicologia (Campinas), 8*(1), 28-36.

Yoshida, E. M. P. (1991b). Validade preditiva da EDAO em psicoterapia breve: Grau de motivação. *Estudos de Psicologia (Campinas), 8*(2), 124-138.

Yoshida, E. M. P. (1996). Validade e precisão da EDAO: Uma pesquisa com universitários da Escola Paulista de Medicina. *Mudanças: Psicoterapia e Estudos Psicossociais, 3*(3/4), 51-63.

Yoshida, E. M. P. (1999). EDAO-R: Precisão e validade. *Mudanças: Psicoterapia e Estudos Psicossociais, 7*(11), 189-213.

Yoshida, E. M. P. (2000). Mudança em psicoterapia psicodinâmica breve: Eficácia adaptativa e funcionamento defensivo. *Revista Brasileira de Psicoterapia, 2*(3), 261-276.

Yoshida, E. M. P. (2009). *Construção e validação da versão de autorrelato da Escala Diagnóstica Adaptativa Operacionalizada – Revisada.* Projeto de Pesquisa. Manuscrito não publicado. Pontifícia Universidade Católica de Campinas, Campinas.

Yoshida, E. M. P., Enéas, M. L. E., Vasconcellos, A. S., Rillo, C., & Duarte, K. M. (1994). Psicoterapia psicodinâmica breve: Estudo de acompanhamento. *Boletim de Psicologia, XLIV*(100/101), 61-68.

Yoshida, E. M. P., Lépine, V., St-Amand, P., & Bouchard, M. A. (1998). Configuração adaptativa e o nível de maturidade dos mecanismos de defesa. *Estudos de Psicologia (Campinas), 15*(3), 3-16.

Yoshida, E. M. P., Mito, T. I. H., Enéas, M. L. E., & Yukimitsu, M. T. C. P. (1993). Psicoterapias breves: Critérios de indicação e as estratégias terapêuticas. *Estudos de Psicologia (Campinas), 1*(10), 53-64.

Yoshida, E. M. P., Primi, R., & Pace, R. (2003). Validade da escala de estágios de mudança. *Estudos de Psicologia (Campinas), 20* (3), 7-21.

Yoshida, E. M. P., & Rocha, G. M. A. (2007). Avaliação em psicoterapia psicodinâmica. In Alchieri, J. C. (Org.), *Avaliação psicológica: Perspectivas e contextos* (pp. 237-288). São Paulo: Vetor.

Yoshida, E. M. P., Wiethaueper, D., Lecours, S., Dymetryzyn, H., & Bouchard, M. A. (1998). Adaptação e nível de patologia: Grau de motivação. *Boletim de Psicologia, XLVIII*(108), 67-85.

10

MEDIDAS BRASILEIRAS DE MOTIVAÇÃO PARA O CONTEXTO UNIVERSITÁRIO

Katya Oliveira
Evely Boruchovitch

Muitas são as considerações acerca da motivação direcionada ao aprendizado em sala de aula. Estudantes motivados para aprender esforçam-se mais na realização das atividades acadêmicas, bem como buscam estratégias de processamento profundo da informação para ampliarem seu conhecimento (Boruchovitch, 2006, 2008; Bzuneck, 2005). Em face dessa consideração, pode-se afirmar que o inverso também é verdadeiro, haja vista que a falta de motivação para aprender pode ser associada a um baixo rendimento acadêmico, o que contribui de forma negativa para uma formação de qualidade (Accorsi, Bzuneck, & Guimarães, 2007; Boruchovitch & Bzuneck, 2004; Bzuneck, 2005; Goya, Bzuneck, & Guimarães, 2008; Martinelli & Bartholomeu, 2007; Neves & Boruchovitch, 2004).

Autores como Amabile, Hill, Hennessey e Tighe (1994), Bzuneck (2004a, 2004b, 2005), Hughes, Redfield e Martray (1989) e Ryan e Deci (2000a; 2000b) concebem a motivação como uma força motriz inerente ao ser humano que o impulsionaria a agir em diferentes contextos. Todorov e Moreira (2005) acrescentam que a motivação também pode ser compreendida como uma experiência e, por ser subjetiva, é difícil de ser observada.

Por se tratar de um fenômeno multidimensional, não há um consenso teórico sobre a definição desse construto nem uma única teoria que possa defini-lo ou explicá-lo. Mais precisamente, como descrito em Boruchovitch (2007), com base num exame da literatura feito por Graham e Weiner (1996), tem se defendido que a motivação para aprender envolve uma sequência de ações e comportamentos e é mediada por crenças diversas. Cada uma das várias abordagens teóricas optou por privilegiar o exame aprofundado de determinada crença. Entretanto, pode-se dizer que os estudiosos da área convergem quando apontam que há relação entre os diferentes tipos de motivação e a qualidade do aprendizado acadêmico (Guimarães & Bzuneck, 2008; Lepper, Corpus, & Iyengar, 2005; Zenorini & Santos, 2004a, entre outros). Assim, entre as perspectivas téoricas existentes para o estudo contemporâneo da motivação no contexto escolar, duas delas serão exploradas nesta pesquisa: a teoria da autodeterminação e a teoria das metas de realização, já que se pretende, neste capítulo, examinar as relações entre duas escalas nacionais de motivação para aprender, cada uma delas construída com base num desses referenciais teóricos que apresentam concepções, certamente próximas, porém distintas acerca da motivação. Nesse sentido, essas duas abordagens serão descritas sumariamente a seguir.

A TEORIA DA AUTODETERMINAÇÃO: UMA BREVE INTRODUÇÃO

Reeve, Deci e Ryan (2004) são os principais representantes da Teoria da Autodeterminação. Segundo esses autores, há uma tendência natural nas pessoas que as levam ao desenvolvimento das necessidades psicológicas e à motivação inata. Boruchovitch (2008) faz uma descrição dessa teoria, mostrando que para os autores trata-se de uma macroteoria que agrega quatro perspectivas teóricas associadas: Teoria da Avaliação Cognitiva, Teoria das Orientações Causais, Teoria das Necessidades Básicas e Teoria da Integração Organísmica.

Boruchovitch (2008) esclarece que o foco da Teoria da Avaliação Cognitiva estaria na influência dos eventos externos na motivação do indivíduo. A explicação das muitas diferenças individuais implicadas na motivação, bem como as características de personalidade seria o foco principal para a compreensão da Teoria das Orientações Causais. A Teoria das Necessidades Básicas parte do pressuposto de que o aluno tem necessidade de autonomia, de competência e de pertencer. Assim, a ênfase recai nas necessidades psicológicas básicas do ser humano. Essa perspectiva defende que a motivação intrínseca, orientada pelo fato do prazer estar na realização em si, seria resultante dessas três necessidades básicas. Sobre esse aspecto, Amabile *et al.* (1994) e Ryan e Deci (2000a) argumentam que a motivação intrínseca poderia ser associada a comportamentos como persistência na realização das atividades, interesse e instigação por busca de soluções ou respostas, entre outras características.

Por fim, a Teoria da Integração Organísmica tem por objetivo entender a motivação extrínseca e seu grau de internalização no indivíduo. Ryan e Deci (2000b) argumentam que a motivação é um construto denso e sua concepção não pode ser simplista, o que significa dizer que não é possível defini-la somente por dois fatores dicotômicos: motivação intrínseca e motivação extrínseca. Assim sendo, admite-se que um indivíduo possa ter comportamentos orientados à autodeterminação, mesmo sendo extrinsecamente motivado. A melhor concepção do construto motivação, segundo Ryan e Deci (2000b), seria a ideia de *continuum*, haja vista que as pessoas são capazes de internalizar comportamentos extrinsecamente motivados. Assim sendo, nessa teoria é possível dizer que a motivação é um processo dinâmico que se revela num *continuum* que agrega a desmotivação, as formas autorreguladas de motivação extrínseca e a motivação intrínseca. Essa abordagem é a parte da macroteoria que busca entender os aspectos que ajudam ou dificultam a integração ou a internalização dos motivos dos estudantes em contextos que envolvem ensino e aprendizagem (Boruchovitch, 2008). Trata-se da parte da macroteoria que, por lidar com o *continuum* motivacional, é a mais relevante para este estudo.

A TEORIA DAS METAS DE REALIZAÇÃO: UMA BREVE INTRODUÇÃO

Segundo Bzuneck (2004b) e Zenorini e Santos (no prelo) a Teoria das Metas de Realização tem por principal objetivo a compreensão dos motivos que levam um estudante a realizar ou se dedicar a uma determinada atividade. Pode-se dizer que a teoria busca estudar a razão principal desse envolvimento. Compreender esses motivos é de suma importância, pois o perfil meta predominante pode interferir de forma positiva ou negativa na aprendizagem (Anderman & Maehr, 1994).

A Teoria das Metas de Realização postula que as metas representam os diversos objetivos ou propósitos do envolvimento do indivíduo em determinada tarefa (Harackiewicz, Barron, Pintrich, Elliot & Thash, 2002). As metas se inserem numa concepção cognitiva que envolve um conjunto de percepções, pensamentos, objetivos e expectativas, que podem levar a uma ação ou a uma consequência.

Algumas classificações são utilizadas para a compreensão das metas de realização. Bzuneck (2002) aponta que as denominações mais empregadas na literatura são: meta aprender, meta performance-aproximação e meta performance-evitação. Bzuneck (2004b), Zenorini, Santos e Bueno (2003) e Zenorini e Santos (no prelo), ao reverem a literatura da área, esclarecem que os estudantes orientados ao crescimento intelectual, que apresentam esforço pessoal e recorrem ao comportamento estratégico no momento da aprendizagem, poderiam ser reconhecidos como tendo por orientação a meta aprender. Por sua vez, os estudantes mais preocupados na demonstração de sua inteligência ou parecer inteligente seriam orientados pela meta performance-aproximação e, por fim, aqueles que buscam evitar situações nas quais fiquem evidentes suas incapacidades são orientados pela meta performance-evitação.

Independentemente da abordagem teórica adotada, é inegável que um aluno tenderá a se empenhar mais ou menos na realização das atividades acadêmicas de acordo com a sua orientação motivacional. Para Zenorini e Santos (2004a) e Bzuneck (2005), no Ensino Superior, a motivação pode ser um determinante para maior investimento do estudante em seu aprimoramento e em sua formação. Nesse contexto, ressalta-se a importância do desenvolvimento de medidas que possam identificar o tipo de motivação do universitário em relação à sua aprendizagem.

MOTIVAÇÃO: ALGUMAS PESQUISAS ESTRANGEIRAS E NACIONAIS SOBRE AS MEDIDAS

Oakland (2004) observa que estudar e desenvolver medidas psicológicas e educacionais permite a realização de avaliações mais precisas e confiáveis. Sobre esse aspecto, Boruchovitch e Bzuneck (2001) consideram que a construção de instrumentos voltados ao levantamento da motivação ainda são escassos no cenário nacional, muito embora, conforme aponta Boruchovitch (2008), esse seja um campo que está ganhando mais atenção nos últimos anos. A seguir, serão apresentados estudos estrangeiros e nacionais desenvolvidos visando à mensuração da motivação voltada para o contexto acadêmico universitário.

No âmbito internacional, podem-se citar estudos feitos na década de 1970 desenvolvidos por Lorr e Stefic (1978) que criaram o *Orientation and Motivation Inventory*. O instrumento revelou dez dimensões relacionadas à motivação no que concerne a atividades, tarefas e pessoas. Um ano mais tarde, Lorr e Brazz (1979) aprimoraram o *Orientation and Motivation Inventory*, acrescentando mais quatro subescalas. Outra medida diz respeito ao *Motivated Strategies for Learning Questionnaire* (MSLQ), de Pintrich e Groot (1989). O instrumento visa a avaliar a motivação dos estudantes universitários para o emprego de estratégias de aprendizagem e começou a ser desenvolvido, de forma sistemática, em 1986. Contudo, desde 1982, os autores já pesquisavam os itens que comporiam a escala, tendo sido realizada, nesse mesmo ano, uma pequena aplicação do instrumento com universitários, com a finalidade de avaliar os itens que comporiam o instrumento, que, desde então, é usado como medida de motivação e de emprego de estratégias de aprendizagem.

Alguns anos depois, Pintrich, Smith, Garcia e Mckeachie (1993) realizaram um novo estudo com o MLSQ. Uma nova versão da escala contendo 81 itens, mantendo 44 da versão original, 49 de 1989 e acrescentando mais 37 itens, foi aplicada em 380 estudantes universitários. Essa versão é composta de 31 itens relacionados à motivação, 31 representativos das estratégias cognitivas e metacognitivas e dezenove correspondentes às estratégias de gerenciamento de recursos. Os autores recorreram à análise fatorial, com o objetivo de obter evidência de validade baseada na estrutura interna do instrumento. Os dados evidenciaram não só que a escala apresentou uma boa consistência interna estimada em 0,80 para a escala toda, mas também que os itens representavam de forma fidedigna os construtos pretendidos.

No cenário nacional, Machado (2004) empregou o MLSQ em sua pesquisa com estudantes universitários. O instrumento foi traduzido e adaptado para a realidade brasileira e serviu como base para a construção do Inventário de motivação e estratégias em cursos superiores de Machado, Bzuneck e Guimarães (2004). Assim, os itens foram adequados às peculiaridades da população brasileira.

Tapia (2005) desenvolveu uma medida conhecida como Motivaciones, Expectativas y Valores-Intereses (MEVA). Os dados revelaram quatro fatores relacionados significativamente: Fator 1, orientação à aprendizagem; Fator 2, orientação ao resultado; Fator 3, orientação à evitação; e Fator 4, desejo de estar e trabalhar com os amigos em contraponto com o desejo de trabalhar só. O Fator 1 se correlacionou com o 2 (r=-0,28) e com o Fator 3 (r=0,23).

A pesquisa feita por Bueno, Zenorini, Santos, Matumoto e Buchatsky (2006) com universitários estudou a Escala de Sensibilidade às Diferentes Metas de Realização de Midgley *et al.* (1998), sendo que três fatores (performance-aproximação, meta aprender, meta performance-evitação) foram confirmados com coeficientes de precisão de 0,57 a 0,86. Os autores entenderam que o instrumento precisaria ser refinado, visando a aumentar o valor do *alfa* de Cronbach para um parâmetro de pelo menos 0,60. Os resultados obtidos serviram de base para o estudo para a construção da Escala de Motivação para Aprendizagem (EMA), de Zenorini e Santos (2004b), que tem como propósito levantar a motivação em três fatores: meta aprender, performance-aproximação e performance-evitação, adotando como referencial a teoria das metas de realização.

Mais recentemente, Zenorini e Santos (no prelo) realizaram novo estudo com a EMA na qual a escala foi refinada por meio de uma análise de juízes que aferiram sua validade de conteúdo e semântica por meio da participação de estudantes universitários que indicaram o entendimento dos itens da escala. Em seguida, a análise fatorial confirmou uma estrutura de três fatores: meta aprender, meta performance-aproximação e meta performance-evitação. As autoras fizeram uma nova análise da escala e a reduziram de cinquenta para 28 itens, reafirmando os três fatores, consistentes internamente, haja vista que os valores do *alfa* de Cronbach variaram de 0,73 a 0,80.

Neves e Boruchovitch (2007) publicaram uma pesquisa na qual desenvolveram uma escala de motivação para crianças do Ensino Fundamental (EMA-EF), com base em dois construtos da teoria da autodeterminação: a motivação intrínseca e a motivação extrínseca (regulação externa). A escala apresentou, em sua estrutura, os dois fatores inicialmente propostos: motivação intrínseca e motivação extrínseca. A consistência interna do instrumento, estimada pelo *alfa* de Cronbach, foi 0,80. O estudo, com a revisão da literatura da área, serviu de base para o desenvolvimento da Escala de Motivação para Alunos Universitários (EMA-U), de Boruchovitch e Neves (2005), também com o foco na teoria da autodeterminação.

Boruchovitch (2008) estudou as propriedades psicométricas da EMA-U. Tal como a escala para o Ensino Fundamental, a destinada aos universitários tem 32 itens e propõe-se a medir dois construtos da teoria: motivação intrínseca e motivação extrínseca (regulação externa). A análise fatorial confirmou sua estrutura bifatorial: motivação intrínseca (fator 1) e motivação extrínseca (fator 2). Entretanto, encontrou-se uma correlação significativa, moderada, entre os fatores ($r = 0,47$; $p = 0,00$). A consistência interna aferida pelo *alfa* de Cronbach da escala total foi de 0,86, 0,84 no fator 1 e 0,76 no fator 2.

Diante de algumas considerações feitas pela literatura no que concerne a semelhanças entre muitas características da motivação intrínseca e da meta aprender, bem como entre aquelas relativas à motivação extrínseca e à meta performance, fomentaram-se algumas questões que nortearam a realização desta investigação:

a) Seria possível encontrar correlação entre duas medidas de motivação existentes na literatura nacional (EMA e EMA-U), cujas abordagens teóricas são distintas, porém próximas?
b) As subescalas dessas medidas seriam correlacionáveis?

Assim sendo, o objetivo deste trabalho foi estudar a validade convergente de duas medidas (EMA e EMA-U) para mensurar a motivação de estudantes universitários construídas com base em referenciais teóricos distintos (Teoria das Metas de Realização e Teoria da Autodeterminação), porém com conceitos-chave próximos.

Método

Participantes

Participaram 309 estudantes de universidades públicas e privadas dos estados de Minas Gerais e São Paulo dos cursos de Psicologia (51,8%, n = 160), Pedagogia (20,1%, n = 62), Matemática (11,3%, n = 35) e Enfermagem (16,5%, n = 51). A média de idade foi de 23 anos e um mês (DP = 6,2).

Instrumentos

Foram usadas duas escalas que mensuravam a motivação: a Escala de Motivação para Aprendizagem (Zenorini & Santos, 2004b) e a Escala de Avaliação da Motivação para Aprender de Alunos Universitários (Boruchovitch & Neves, 2005).

A Escala de Motivação para Aprendizagem – EMA é composta de 28 itens, os quais avaliam a meta aprender, a meta performance-aproximação e a meta performance-evitação. As alternativas de respostas, em formato de escala Likert de três pontos, foram: concordo, discordo e não sei. Essa escala tomou por base a Teoria de Metas de Realização para sua construção. Suas três subescalas apresentaram boa consistência interna, que variou de 0,73 a 0,80. Cabe esclarecer que a escala foi inicialmente construída para avaliar as metas de alunos de Ensino Médio.

A Escala de Avaliação da Motivação para Aprender de Alunos Universitários (EMA-U) apresenta 32 itens, em forma de escala Likert, com quatro opções de respostas que vão de "Concordo Plenamente" a "Discordo Plenamente". Os itens ímpares são relativos à motivação intrínseca e os pares referem-se à motivação extrínseca, fundamentados na Teoria da Autodeterminação. A análise fatorial evidenciou que os itens se agruparam em dois fatores, Motivação Intrínseca (MI) e Motivação Extrínseca (ME). Tanto para a motivação intrínseca ($\alpha = 0,84$) quanto para a extrínseca ($\alpha = 0,76$) os valores obtidos do *alfa* de Cronbach foram considerados aceitáveis, inclusive considerando a consistência da escala total que foi alta ($\alpha = 0,86$). A pontuação mínima e máxima de cada subescala pode variar de 16 a 64.

Procedimento

As escalas foram aplicadas, coletivamente em uma única sessão, em horário de aula cedido pelas instituições de ensino, tendo duração de 30 minutos. Só participaram os alunos que assinaram o termo de consentimento livre e esclarecido. Os procedimentos éticos adotados na presente pesquisa foram fundamentados na Resolução 196/96 e seus complementares do Conselho Nacional de Saúde.

Resultados

Os dados foram organizados em planilha e submetidos aos procedimentos da estatística descritiva e inferencial, visando a atender o objetivo do presente estudo. Inicialmente foi realizada uma análise exploratória da pontuação nas duas escalas, assim, nas Tabelas 1 e 2 são apresentados os dados descritivos da EMA e da EMA-U, respectivamente.

Tabela 1 – Distribuição das médias e desvios-padrão obtidos na EMA

Escala de Motivação para Aprendizagem	M	DP
EMA Total	56,0	9,0
Subescala meta aprender	15,4	4,0
Subescala meta performance-aproximação	22,5	4,5
Subescala meta performance-evitação	18,0	4,1

Tabela 2 – Distribuição das médias e desvios-padrão obtidos na EMA-U

Escala de Motivação para Aprendizagem	M	DP
EMA Total	99,4	12,9
Subescala motivação intrínseca	52,2	7,2
Subescala motivação extrínseca	47,1	7,4

A correlação de *Pearson* foi empregada para levantar correlação entre os escores da EMA e da EMA-U. Os resultados mostraram relação altamente significativa e positiva, contudo baixa, entre as duas medidas, considerando $r = 0,310$ e $p \leq$ 0001. A Figura 1 apresenta a dispersão das duas medidas.

Figura 1 - Dispersão obtida entre as escalas de motivação EMA e EMAU

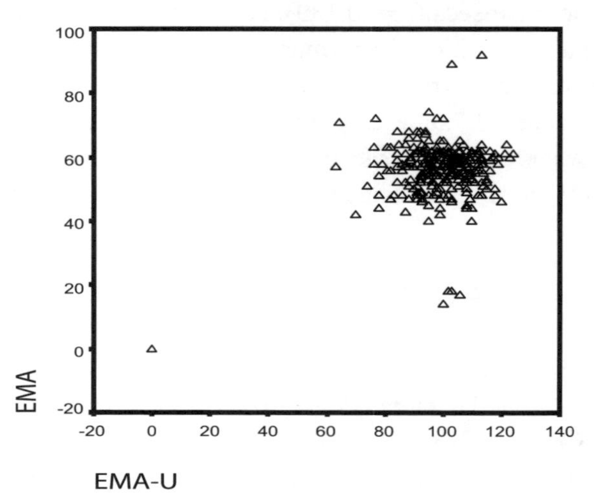

A correlação de *Pearson* também foi usada para levantar possíveis relações entre as subescalas da EMA e da EMA-U. Os dados são apresentados na Tabela 3.

Tabela 3 – Coeficientes de correlação de Pearson e níveis de significância obtidos entre as subescalas da EMA e da EMA-U

		EMA-U Subescala Motivação Intrínseca	EMA-U Subescala Motivação Extrínseca
EMA – Subescala meta aprender	R	-0,139*	-0,057
EMA – Subescala meta performance-aproximação	R	0,215**	0,381**
EMA – Subescala meta performance-evitação	r	0,341**	0,374**

*p< 0.05 e ** p< 0.01

Os dados revelam que a correlação entre as medidas existe mesmo que os valores dos coeficientes tenham sido baixos ou nulos. A subescala meta aprender não apresentou correlação significativa com a motivação extrínseca (r = -0,057) e se obteve um valor de r quase nulo e com tendência negativa na relação com a motivação intrínseca (r = -0,139). Houve correlação significante entre a subescala meta performance-evitação e as duas subescalas de motivação intrínseca (r = 0,341) e extrínseca (r = 0,374). As correlações da subescala meta performance-aproximação e as subescalas de motivação intrínseca (r = 0,215) e extrínseca (r = 0,381) foram positivas, baixas, porém significativas.

À GUISA DE CONCLUSÃO

Os dados obtidos evidenciam que as duas concepções teóricas, Teoria das Metas de Realização e Teoria da Autodeterminação, ora representadas nas medidas, podem coexistir. Essas duas formas de compreensão da motivação seriam plausíveis de serem correlacionadas, especialmente quando levantamos a hipótese de que o construto motivação poderia ser concebido como um macroconstruto do qual suporta as especificidades ou microcaracterísticas que possivelmente também o definiria.

Tendo por base essa consideração, não seria de estranhar que ambas as medidas, sendo a EMA proposta na Teoria das Metas de Realização e a EMA-U na Teoria da Autodeterminação, correlacionassem-se positivamente. Também é aceitável o fato de que as medidas, embora se tenham correlacionado, apresentaram o coeficiente de correlação ($r = 0{,}310$) baixo, ainda que seja altamente significativo do ponto de vista estatístico, o que, hipoteticamente, poderia revelar que ambas estariam, de certa forma, ligadas por esse construto maior "Motivação" e que o fato desse coeficiente não ter sido alto poderia até ser encarado como positivo, pois essa diferença, possivelmente, também afere consistência teórica nas medidas.

No caso desta investigação, a diferença entre as medidas seria justamente a representação dessa consistência teórica e, no caso da EMA-U, os fatores representados seriam a motivação intrínseca e a extrínseca somente pensada na sua forma extrema, de regulação externa, já que essa foi a proposta inicial do instrumento e a própria teoria que a fundamentou postula níveis outros e intermediários de regulação da motivação extrínseca.

No que concerne à análise das relações encontradas entre as subescalas (Tabela 3), em seguida, faremos algumas ponderações hipotéticas em face da surpresa de alguns resultados obtidos. É difícil explicar a correlação negativa e praticamente nula entre a subescala motivação instrínseca e a subescala meta aprender. Do mesmo modo, foi surpreendente que a subescala meta performance-evitação tenha-se correlacionado, ainda que com um valor baixo, de forma positiva e significativa com a subescala motivação intrínseca. Também seria presumível que a subescala de motivação extrínseca se correlacionasse, em certo grau, com a subescala meta performance-evitação. Esses dados todos são instigantes, pois não se alinharam com o que seria esperado teoricamente. É possível que concepções teóricas próximas estejam sendo operacionalizadas e mensuradas de forma tão independente em nosso meio, já que as correlações encontradas foram baixas e, na maior parte das vezes, na direção que não era esperada.

Por um lado, algumas hipóteses emergem. É provável que haja mais correlações entre as metas performance-aproximação e performance-evitação e outras formas de regulação da motivação extrínseca, não avaliadas na EMA-U. As duas escalas foram aplicadas no mesmo dia. Pela semelhança do conteúdo dos itens, isso pode ter afetado os resultados. As formas de pontuação das duas escalas e suas respectivas subescalas, embora ambas em formato Likert, podem não ser totalmente comparáveis, já que uma delas têm três opções de respostas e a outra quatro. Talvez sejam necessários correções e ajustes matemáticos para sua equiparação, como o emprego da padronização dos escores, por meio da sua transformação para escore Z. É plausível ainda pensar que os resultados encontrados tenham sido decorrentes de alguma característica atípica ou específica da presente amostra. Outro aspecto ainda a ser ponderado é o fato de que a EMA foi construída como medida de motivação para estudantes do Ensino Médio, já a EMA-U foi pensada para atender à realidade do estudante universitário. Esses são, certamente, pontos que merecem ser cuidadosamente explorados em pesquisas futuras.

Por outro, não se deve considerar que os resultados evidenciados sejam de todo negativos, pois eles podem também ter aferido certo valor às duas medidas. Como não foi observada consistência nessa correlação das subescalas, a diferença ou a pouca relação parecem indicar que ambas as medidas podem possivelmente coexistir, em planos teóricos distintos.

Evidente que todas estas hipóteses precisam ser averiguadas com maior rigor. Como os dados contrariaram, em muito, as expectativas mais gerais, merecem estudos mais aprofundados que expliquem, em detalhes, o que possa ter ocorrido. De todo modo, o presente estudo cumpre uma importante função ao levantar essas indagações, já que pesquisas comparando e correlacionando diferentes referenciais teóricos da motivação nos mesmos participantes são ainda raros em nosso meio. Seria ingênuo não mencionar que este estudo é de natureza preliminar e exploratória e, portanto, recomenda-se, fortemente, que essas inter-relações sejam examinadas, exaustivamente, por pesquisas futuras.

REFERÊNCIAS

Accorsi, D. M. P., Bzuneck, J. A., & Guimarães, S. E. R. (2007). *Envolvimento cognitivo de universitários em relação à motivação contextualizada. Psico-USF, 12*(2), 291-300.

Amabile, T. M., Hill, K. G., Hennessey, B. A., & Tighe, E. M. (1994). The work preference inventory assessing intrinsic and extrinsic motivation orientation. *Journal of Personality and social Psychology, 6*(5), 950-967.

Anderman, E. M., & Maehr, M. L. (1994). Motivation and schooling in the middle grades. *Review of Education Research, 64*(2), 287-309.

Boruchovitch, E. (2006). *Estratégias de aprendizagem: Uma análise à luz das variáveis demográficas e motivacionais*. Tese de Livre-Docência, Faculdade de Educação, Universidade Estadual de Campinas, Campinas.

Boruchovitch, E. (2007). Dificuldades de aprendizagem, problemas motivacionais e estratégias de aprendizagem. In Sisto, F.F., Boruchovitch, E., Fini, L.D.T., Brenelli, R. P. & Martinelli, S. C. (Eds.), *Dificuldades de aprendizagem no contexto psicopedagógico* (pp. 40-59). Petrópolis: Vozes.

Boruchovitch, E. (2008). Escala de motivação para aprender de universitários (EMA-U): Propriedades psicométricas. *Avaliação Psicológica, 7*(2), 21-31.

Boruchovitch, E., & Bzuneck, J. A. (Orgs.). (2004). *A motivação do aluno: Contribuições da psicologia contemporânea* (3ª ed.). Petrópolis: Vozes.

Boruchovitch, E., & Neves, E.R.C. (2005). *Escala de motivação para aprender para alunos universitários (EMA-U)*. Manuscrito não publicado do Programa de Pós-graduação Stricto Sensu em Educação, Faculdade de Educação da Universidade Estadual de Campinas, Campinas.

Bueno, J. M. H., Zenorini, R. P. C., Santos, A. A. A., Matumoto, A. Y., & Buchatsky, J. (2006). Investigação das propriedades psicométricas de uma escala de metas de realização. *Estudos de Psicologia. 24*, 79-87. Campinas.

Bzuneck, J. A. (2004a). A motivação do aluno: Aspectos introdutórios. In Boruchovitch, E. & Bzuneck, J. A. (Eds.), *A motivação do aluno: Contribuições da psicologia contemporânea* (pp. 9-36). Petrópolis: Vozes.

Bzuneck, J. A. (2004b). A motivação do aluno orientado a metas de realização. In Boruchovitch, E. & Bzuneck, J. A. (Eds.), *A motivação do aluno: Contribuições da psicologia contemporânea* (pp. 58-77). Petrópolis: Vozes.

Bzuneck, J. A. (2005). A motivação dos alunos em cursos superiores. In Joly, M. C. R. A., Santos, A.A.A & Sisto, F. F. (Eds.), *Questões do cotidiano universitário* (pp.217-238). São Paulo: Casa do Psicólogo.

Conselho Nacional de Saúde. Resolução 196/96. *Diretrizes e Normas Regulamentadoras de Pesquisa.* [citado em 19 de outubro de 2005]. Disponível em http://www.conselho.saude.gov.br

Goya, A., Bzuneck, J. A., & Guimarães, S. E. R. (2008). Crenças de eficácia de professores e motivação de adolescentes para aprender Física. *Psicologia Escolar e Educacional, 12*(1), 51-67.

Graham, S., & Weiner, B. (1996). Theories and principles of motivation. In Berliner, D. C. & Calfee, R. C. (Eds.), *Handbook of educational psychology*. New York: Simon e Schuster MacMillian.

Guimarães, S. E. R., Bzuneck, A. J., & Sanches, S. F. (2002). Psicologia Educacional nos cursos de licenciatura: A motivação dos estudantes. *Psicologia Escolar e Educacional, 6,* 11-19.

Guimarães, S. E. R., & Bzuneck, A. J. (2008). Propriedades psicométricas de um instrumento para avaliação da motivação de universitários. *Ciência & Cognição, 13*(1), 101-113.

Harackiewicz, J. M., Barron, K. E., Pintrich, P. R., Elliot, A., & Thash, T. M. (2002). Revision of achievement goal theory: Necessary and illuminating. *Journal of Educational Psychology, 94*(3), 638-645.

Hughes, K. R., Redfield, D. L., & Martray, C. R. (1989). The children's academic motivation inventory: A research note on psychometric properties. *Measurement and Evaluation in Counseling and Development,* 22, 137-142.

Lepper, M. R., Corpus, J. H., & Iyengar, S. (2005). Intrinsic and extrinsic motivation in the classroom: Age differences and academic correlates. *Journal of Educational Psychology, 97*(2), 184-196.

Lorr, M., & Stefic, E. (1978). An orientation and motivation inventory. *Psychological Reports, 42*(3), 911-914.

Lorr, M., & Brazz, C. D. (1979). Measures of motivation. *Journal of Personality Assessment, 43*(1), 64-68.

Machado, O. A. (2004). *Evasão de alunos de cursos superiores: Fatores motivacionais e de contexto.* Dissertação de Mestrado. Universidade Estadual de Londrina, Londrina.

Machado, O. A., Bzuneck, J. A., & Guimarães, S. R. (2004). *Inventário de motivação e estratégias em cursos superiores*. Manuscrito não Publicado do Programa de Pós-Graduação em Educação da Universidade Estadual de Londrina, Londrina.

Martinelli, S. C., & Bartholomeu, D. (2007). Escala de Motivação Acadêmica: Uma medida de motivação extrínseca e intrínseca. *Avaliação Psicológica, 6*(1), 21-31.

Midgley, C., Kaplan, A., Middleton, M., Maehr, M. L., Urdan, T., Anderman, L. H. Anderman, E., & Roeser, R. (1998). The development and validation of scales assessing students' achievement goals orientations. *Contemporary Educational Psychology, 23*, 113-131.

Neves, E. R. C., & Boruchovitch, E. (2004). Escala de um instrumento para avaliar as orientações motivacionais de estudantes brasileiros. In Machado, C., Almeida, L., Gonçalves M. & Ramalho, V. (Eds.), Avaliação psicológica: Formas e Contextos (pp 79-86). *Trabalhos completos de comunicações científicas, X Conferência Internacional de Avaliação Psicológica: Formas e Contextos.* Braga, Portugal: Psiquilíbrios.

Neves, E. R. C., & Boruchovitch, E. (2005). Escala de Avaliação da Motivação para aprender de alunos universitários (EMA-U). Manuscrito não publicado do Programa de Pós-graduação Stricto Sensu em Educação/GEPESP da Universidade Estadual de Campinas, Campinas.

Neves, E. R. C., & Boruchovitch, E. (2007). Escala de Avaliação da Motivação para aprender de alunos do Ensino Fundamental (EMA). *Psicologia Reflexão e Crítica, 20*(3), 406-413.

Oakland, T. (2004). Use of educational and psychological tests internationally. *Applied psychology: An international review, 53*(2), 157-172.

Pintrich, P. R., & Groot, E. V. (1989). Motivational and self-regulated learning components of classroom academic performance. *Journal of Educational Psychology, 82*(1), 33-40.

Pintrich, P. R., Smith, D. A. F., Garcia, T., & Mckeachie, W. J. (1993). Reliability and predictive validity of the motivated strategies for learning questionnaire (MSLQ). *Educational and Psychological Measurement*, 53, 801-813

Reeve, J., Deci, E. L., & Ryan, R. M. (2004). Self-determination theory: A dialetical framework for understanding sociocultural influences on student motivation. In Mcinerney, D. M. & Van Etten, S. (Eds.), *Big theories revisited* (pp. 31-60). Greenwich, EUA: Information Age Publishing.

Ryan, R. M., & Deci, E. L. (2000a). Self-determination theory and the facilitation of intrinsic motivation, social development, and wellbeing. *American Psychologist, 55*(1), 68-78.

Ryan, R. M., & Deci, E. L. (2000b) Intrinsic and extrinsic motivations: Classic definitions and new directions. *Contemporary Educational Psychology, 25*, 54-67.

Tapia, J. A. (2005). Motivaciones, expectativas y valores – intereses relacionados con el aprendizaje: El cuestionario MEVA. *Psicothema, 17*(3), 404-411.

Todorov, J. C., & Moreira, M. B. (2005). O conceito de motivação na psicologia. *Revista Brasileira de Terapia Comportamental e Cognitiva, 7*(1), 119-132.

Zenorini, R. P. C., & Santos, A. A. A. (2004a). A motivação e a utilização de estratégias de aprendizagem em universitários. In Mercuri, E. & Polydoro, S. A. J. (Eds.), *Estudantes universitários: Características e experiências de formação* (pp. 67-86). Taubaté, SP: Cabral Editora e Livraria Universitária.

Zenorini, R. P. C., & Santos, A. A. A. (2004b). Escala de Motivação para a Aprendizagem. Manuscrito não publicado do Programa de Pós-graduação Stricto Sensu em Psicologia. Universidade São Francisco, Itatiba.

Zenorini, R. P. C., & Santos, A. A. A. (no prelo). Escala de metas de realização como medida da motivação para aprendizagem. *Revista Interamericana de Psicologia.*

Zenorini, R. P. C., Santos, A. A. A., & Bueno, J. M. H. (2003). Escala de avaliação das metas de realização: Estudo preliminar de validação. *Avaliação Psicológica, 2*(2), 165-173.

11

O BENDER-SPG NA AVALIAÇÃO DA MATURIDADE VISOMOTORA: RELAÇÃO COM A LEITURA E A ESCRITA

Adriana Cristina Boulhoça Suehiro
Acácia Aparecida Angeli dos Santos
Ana Paula Porto Noronha

O presente capítulo aborda a relação entre a maturidade visomotora e o desempenho em leitura e escrita e trata especialmente da aplicação de um sistema de correção do Teste de Bender, o Sistema de Pontuação Gradual. Para esse fim, será feita uma breve introdução ao teste e, em seguida, serão apresentadas as pesquisas que envolvem os dois construtos em questão.

TESTE DE BENDER: ASPECTOS HISTÓRICOS DA CONSTRUÇÃO DA PROVA

A primeira publicação sobre o teste foi feita por Lauretta Bender, em 1938, e versava sobre a análise de respostas características de grupos clínicos, dentre os quais indivíduos com transtornos orgânico-cerebrais, psicoses e neuroses. Conforme lembra Koppitz (1987), nesses primeiros estudos, Bender dedicou-se a avaliar os desenhos de crianças, com o objetivo de estudar a percepção visomotora, considerando sua relação com a capacidade verbal, bem como com outras funções associadas à inteligência. A escolha dos nove cartões com estímulos formados por curvas, pontos, ângulos e linhas, deu-se a partir do trabalho de Wertheimer, em 1923, cujo interesse era a percepção da criança, trabalho influenciado pela teoria da Psicologia da Gestalt (Silva & Nunes, 2007; Sisto, Noronha, & Santos, 2005).

Ao lado disso, a proposta de Bender era inovadora, à medida que solicitava que os respondentes não apenas descrevessem as figuras, mas que as copiassem, tendo os desenhos como modelos. Desse modo, ela inaugurou outra forma de usar o estímulo. O instrumento procurava investigar a percepção e a habilidade da ação sob um ângulo diferente, tal como enfatizado por Hutt (1969) e, ainda de acordo com ele, mostrava um interjogo contínuo entre os fatores sensoriais e motores.

Bender (1969) observava uma tendência da percepção de formas globais e definidas, em crianças e adultos, sadios ou doentes. No entanto, essa habilidade se alteraria em razão do maior comprometimento ou desenvolvimento da função gestáltica visomotora, que, por sua vez estaria relacionado aos aspectos neurológicos do indivíduo.

Conforme lembram Silva e Nunes (2007), àquela época ainda não havia uma sistematização para a correção dos desenhos, sendo o trabalho de Bender muito mais de compreensão do processo de maturação visomotora infantil. Com base no estudo das produções de oitocentas crianças de três a onze anos, a autora pôde descrever os padrões de respostas de forma mais global e até subjetiva. Posteriormente, outros autores deram seguimento a seu trabalho, criando sistemas de pontuação específicos.

Desde então, o teste de Bender tem sido utilizado com base nos sistemas criados para diferentes propósitos e em pesquisas com finalidades diversas. Há aquelas que visam a verificar as características neurológicas em grupos com dificuldades específicas, entre os quais se encontram pacientes epilépticos (Niemann,

Boenick, Schmidt, & Ettlinger, 1985), esquizofrênicos (Aucone *et al.*, 2002; Lee & Oh, 1998; Maciel Jr. & La Puente, 1983; Sohlberg, 1985), crianças com deficiência auditiva (Cariola, Piva, Yamada, & Bevilacqua, 2000; Gemignani & Chiari, 2000; Neri, Santos, & Lima, 2008) e pacientes portadores da síndrome de imunodeficiência adquirida (Mattos, 1991). Esses estudos têm indicado, como ressaltam Sisto, Noronha e Santos (2004), que, em geral, o instrumento é sensível à captação das diferenças existentes entre os portadores de distúrbios e pessoas sem distúrbios aparentes.

Além do uso em pesquisas que focalizam grupos com dificuldades específicas, o teste de Bender tem sido usado na avaliação sensório-motora e na detecção de problemas de aprendizagem, no diagnóstico de perturbações emocionais, na avaliação de sujeitos delinquentes, como teste de inteligência e como medida de personalidade em adolescentes, além de na predição do desempenho escolar e da determinação da necessidade de psicoterapia (Pinelli Jr. & Pasquali, 1991/1992). De acordo com Machado (1978), entre os vários sistemas de correção disponíveis, o *Developmental Bender Test Scoring System*, criado por Koppitz em 1963, é um dos mais empregados para a verificação das dificuldades específicas em crianças.

Este sistema teve sua origem em uma pesquisa com 1.104 crianças, de ambos os sexos, entre cinco e dez anos e onze meses, provenientes de escolas públicas. Baseada no caráter evolutivo associado à aprendizagem das funções gestálticas visomotoras, Koppitz (1963, 1975a) construiu uma escala de maturação para as figuras do Bender e um sistema de pontuação para crianças pertencentes a 46 classes de doze escolas públicas dos Estados Unidos, diferenciando os desvios que refletem imaturidade ou disfunção perceptiva daqueles que estão relacionados a problemas emocionais.

Uma lista de vinte desvios salientes nos protocolos das crianças foi usada para compor as categorias iniciais de pontuação na avaliação dos registros do Bender, a saber, distorção de forma, rotação, rasuras, omissões, ordem confusa, superposição das figuras, compressão, segunda tentativa, perseveração, círculos ou traços em vez de pontos, linha ondulada, desvio na inclinação, traços ou pontos em vez de círculos, achatamento, número incorreto de pontos, quadrado e curva que não se juntam, ângulos na curva, omissão ou adição de ângulos e moldura nas figuras, sendo mantidas somente as categorias que se mostraram estatisticamente significativas. Logo, o método de correção de Koppitz ficou composto por trinta itens, divididos entre as categorias de *"distorção de forma"*, *"integração"*, *"rotação"* e *"perseveração"*.

Faz-se necessário, entretanto, destacar que somente as irregularidades grosseiras das respostas dadas pelas crianças em cada uma dessas categorias deveriam ser pontuadas, ou seja, consideradas presentes, não sendo analisados os desvios insignificantes. Nesse sentido, pontuações altas indicariam um desempenho pobre, ao passo que pontuações baixas qualificariam um bom desempenho. Quanto às qualidades psicométricas, os estudos referentes à precisão entre os avaliadores da escala maturacional geraram coeficientes de correlação entre 0,88 a 0,96. Após quatro meses, os sujeitos foram novamente avaliados, obtendo-se coeficientes de estabilidade significativos entre 0,55 e 0,66. De forma geral, a escala mostrou-se sensível para captar as diferenças no desenvolvimento perceptomotor de idade em idade, dos seis aos dez anos (Koppitz, 1963).

RELAÇÃO ENTRE MATURIDADE VISOMOTORA E A LEITURA E ESCRITA

Especificamente com relação à leitura e à escrita, os estudos que têm usado o sistema de correção de Koppitz não têm sido conclusivos quanto à aplicabilidade e à validade do *Teste Gestáltico*

Visomotor de Bender como instrumento de prognóstico ou preditor dessas habilidades (Koppitz, 1975b, Mckay & Neale, 1985; Nielsen, 1969; Wallbrown, Wallbrown, Engin & Blaha, 1975). A revisão de literatura efetuada por Barrett (1961) relativa ao sistema de Koppitz trouxe evidências sobre a relação entre habilidades visomotoras e desempenho em leitura. O autor concluiu, à época, que o desempenho em tarefas que requeriam discriminação visual de letras, palavras, desenhos e figuras geométricas era preditor da maior ou menor facilidade para a aquisição da leitura em escolares de 1ª série do Ensino Fundamental. No entanto, Barrett acentuava a importância da continuidade de pesquisas a respeito com o emprego de delineamentos metodológicos que envolvessem a análise estatística multivariada.

Por sua vez, os estudos de Connor (1968/1969) ressaltaram a necessidade de cautela na utilização do *Teste Gestáltico Visomotor de Bender* como instrumento de diagnóstico e predição do desempenho pobre em leitura. Ao comparar o desempenho de dois grupos de trinta alunos da 2ª série, com diferentes níveis de habilidade em leitura e inteligência média ou superior, o autor não encontrou nenhuma diferença significativa para rotações, integrações, perseverações, sexo ou número de erros nas figuras A e 8. Embora tenham sido constatadas diferenças significativas entre os grupos no cômputo total em relação aos erros de distorção, não houve nenhuma diferença significativa no número de sujeitos em cada grupo acima e abaixo da média no Bender para esse grupo etário. O desempenho pobre no Bender foi encontrado tão frequentemente para leitores bons quanto para leitores com fraco desempenho.

Em estudo posterior, Tillman (1974) procurou verificar as relações existentes entre a habilidade perceptomotora, o reconhecimento de palavras, a leitura oral e a leitura silenciosa em sessenta estudantes da 1ª série encaminhados para uma clínica com suspeita de problemas de leitura. Os resultados mostraram que a habilidade perceptomotora, tal qual medida pelo Bender, não foi suficientemente independente do QI para ser utilizada como preditora do potencial de leitura.

Outros estudos produziram resultados consoantes com os obtidos por Barrett (1961), Connor (1968/1969) e Tillman (1974). O próprio estudo de Koppitz (1975b) com 76 crianças, das quais trinta não apresentavam qualquer dificuldade de aprendizagem, 23 apresentavam dificuldade de aprendizagem e eram capazes de ler e outras 23 apresentavam dificuldade de aprendizagem e não sabiam ler, evidenciou que o Bender, embora tenha sido capaz de diferenciar crianças com e sem dificuldade de aprendizagem, não foi sensível para captar diferenças entre leitores e não leitores.

Também, a revisão de 32 estudos publicados entre 1962 e 1981 feita por Lesiak (1984) a respeito da utilidade do teste de Bender como preditor da leitura, do relacionamento entre o Bender e a realização da leitura medidos simultaneamente e da habilidade do Bender de diferenciar entre bons e maus leitores mostrou que ele é geralmente usado como mais uma peça de uma bateria diagnóstica dessa habilidade. Igualmente, sugeriu que subtestes de testes para a prontidão em leitura são melhores preditores do desempenho em leitura do que o Bender, uma vez que este adiciona pouco ou nada à utilidade preditiva da maioria dos testes de leitura normatizados. O estudo longitudinal desenvolvido por Mckay e Neale (1985) com 195 crianças australianas também demonstrou que o escore total obtido no Bender não foi um bom preditor de desempenhos posteriores em leitura e escrita tal qual verificado nas pesquisas feitas anteriormente.

Ainda no que se refere às pesquisas estrangeiras e, em contradição aos estudos citados, a pesquisa de Malatesha (1986), com 42 estudantes de 3ª série, demonstrou que o *Teste Gestáltico Visomotor de Bender* é um instrumento de diagnóstico simples e capaz de detectar os erros cometidos por leitores inábeis. Os resultados obtidos com o uso do sistema Koppitz, evidenciaram diferenças estatisticamente significativas de desempenho entre os estudantes normais e os inábeis na leitura.

No mesmo sentido, embora realizado com um grupo de crianças com características específicas, o estudo desenvolvido por Nielson e Sapp (1991) com uma amostra de 153 crianças, sendo 72 com baixo peso ao nascer e 81 com peso normal, também evidenciou que dentre os instrumentos empregados, quais sejam, os subtestes de leitura e aritmética *Wide Range Achievement Test* (WRAT), *WISC-R* e o *Teste Gestáltico Visomotor de Bender,* o último foi o mais útil para a predição do progresso em leitura e matemática para as crianças com baixo peso ao nascer do que para as com peso normal. Entretanto, no que se refere à realidade brasileira, é importante lembrar que não há testes de leitura normatizados, o que evidencia a importância de que pesquisas similares aos de autores estrangeiros, como as citadas, sejam realizadas.

A este respeito, no Brasil, os únicos trabalhos localizados que focalizaram especificamente a leitura e adotaram o sistema de Koppitz foram os de Aguirre (1965) e Bandeira e Hutz (1994). O estudo de Aguirre (1965) revelou uma associação consistente entre o *Teste de Figuras Invertidas* (TFI), o *Teste Gestáltico Visomotor de Bender* e o rendimento de leitura. Os resultados obtidos pelos 623 participantes da pesquisa mostraram que o grupo masculino é superior nos testes de organização perceptivo-espacial, embora seu rendimento em leitura seja inferior ao do grupo feminino. Além disso, a autora acentuou a importância de alguns aspectos psicológicos evidenciados por meio dos resultados relativos à dominância lateral. Com base nesses resultados ela concluiu que tanto o êxito quanto o fracasso podem ser previstos pela realização da criança em provas de percepção espacial.

Já a pesquisa de Bandeira e Hutz (1994) com 152 estudantes da 1ª série de três escolas estaduais, não repetentes e com pelo menos um ano de jardim de infância, revelou que dentre os instrumentos usados – *Desenho da Figura Humana* (DFH), *Teste Gestáltico Visomotor de Bender, Matrizes Progressivas Coloridas de Raven* e uma prova de rendimento escolar –, mostrou que o Bender foi o que explicou a maior quantidade de variância quando utilizado em uma bateria. Assim, os autores concluíram que ele foi o teste que melhor prognosticou o rendimento escolar, especialmente a leitura.

Os problemas enfrentados pelas crianças durante o processo de aquisição da leitura e da escrita foram investigados por Bartholomeu (2004) usando o *Teste Gestáltico de Bender*, segundo o critério de *distorção da forma* e *integração* de Koppitz. O autor aplicou a *Escala de Avaliação das Dificuldades de Aprendizagem na Escrita* (ADAPE) e o *Teste de Bender* em 343 alunos de 1ª a 4ª séries do Ensino Fundamental de escolas públicas do interior do estado de São Paulo. Os resultados do estudo indicaram que as pontuações do ADAPE discriminaram as séries, do mesmo modo que as demais medidas, e que não foram encontradas correlações entre as pontuações do Bender e o total de erros por palavras em séries específicas e no geral. Ao verificar se as medidas específicas de cada figura discriminavam as séries e excluindo as que não diferenciavam, o autor constatou que só a medida de integração geral se correlacionou com os problemas de escrita na terceira série.

Embora seja um sistema bastante utilizado, um grande número de estudos estrangeiros e brasileiros (Bartholomeu, 2004; Brannigan & Brunner, 1993; Britto & Santos, 1996; Chan, 2001; Moose & Brannigan, 1997; Neale & McKay, 1985; Pinelli Jr. & Pasquali, 1991/1992; Silvestre, Salaverry, & Gonzáles, 1995; Sisto, Noronha, & Santos, 2004; Sisto, Santos, & Noronha, 2004) apontavam para a necessidade de se buscar evidências de validade para muitos dos usos do Bender. Especialmente o sistema de avaliação desenvolvido por Koppitz tem sido alvo dessas críticas. Em face dessas dificuldades, Sisto, Noronha e Santos

(2005) desenvolveram um novo sistema de aplicação e correção das figuras de Bender denominado *Bender – Sistema de Pontuação Gradual* (B-SPG).

Noronha e Mattos (2006) confrontaram o novo sistema de correção para a avaliação de crianças brasileiras com o desenvolvido por Koppitz, até então o mais adotado. As autoras compararam a sensibilidade dos sistemas de Koppitz e B-SPG na captação da maturidade visomotora de 85 protocolos de crianças com queixas no seu desenvolvimento, como agressividade, dificuldade de aprendizagem e preocupação familiar, encaminhadas para uma clínica-escola de Psicologia no sul de Minas Gerais. Os resultados evidenciaram a existência de validade convergente entre os sistemas, embora o B-SPG tenha merecido destaque em virtude de sua capacidade de identificar não apenas o erro, mas, sobretudo, sua qualidade. Do mesmo modo, ainda que os dois sistemas tenham apresentado correlação negativa e significativa tanto para escolaridade quanto para a idade, observou-se que apresentam capacidades semelhantes para se relacionar à série e à pontuação obtida. O B-SPG parece ser mais sensível quanto ao estabelecimento da relação entre a idade dos participantes e a pontuação obtida por eles no teste.

Conforme demonstrado nos resultados obtidos por Noronha e Mattos (2006), o B-SPG difere da proposta de avaliação de Koppitz (1989), por distinguir a gravidade do erro. Assim, considera a qualidade dos erros cometidos atribuindo uma pontuação gradual de 0 a 3 pontos a cada item, conforme a presença de desvios na distorção da forma em cada uma das figuras do *Teste Gestáltico Visomotor de Bender*, perfazendo um total de 21 pontos possíveis. Faz-se necessário destacar que a distorção da forma, caracterizada no B-SPG, como o desrespeito aos aspectos estruturais da figura, como linhas, retas, curvas e ângulos desenhados sem precisão, foi adotada como critério único para a atribuição de pontos no *Bender – Sistema de Pontuação Gradual* (B-SPG) por esse ser o critério mais sensível para a discriminação da produção das crianças avaliadas (Noronha, Santos, & Sisto, 2007; Sisto *et al.*, 2005).

A comparação entre sistemas de avaliação do Bender também foi feita por Santos e Jorge (2007). Valendo-se do B-SPG e do sistema de correção Lacks, as autoras avaliaram aspectos maturacionais e disfuncionais em relação à habilidade visomotora de vinte disléxicos entre nove e dezesseis anos. Os resultados evidenciaram que a pontuação obtida pelos disléxicos ficou acima da apresentada pelas crianças que compuseram o grupo normativo do B-SPG de mesma faixa etária. Os fatores mais comprometidos na amostra, com base no Lacks, foram os que diziam respeito às mudanças e distorção na Gestalt, aspectos equivalentes ao critério de distorção de forma, tal qual avaliado pelo B-SPG.

Apesar do recente desenvolvimento do B-SPG, muitas pesquisas fizeram uso desse sistema de correção. Os estudos feitos com base nesse novo sistema têm apontado sua sensibilidade para captar a maturidade perceptomotora, bem como habilidades específicas associadas a essa capacidade em diferentes amostras. Dentre esses estudos há os que focalizaram crianças disléxicas (Santos & Jorge, 2007), crianças com o desenvolvimento normal (Bartholomeu, 2006; Carvalho, 2006; Noronha, Santos, & Sisto, 2007; Santos & Noronha, 2006; Suehiro & Santos, 2005; Suehiro & Santos, 2006), crianças surdas (Neri, Santos, & Lima, 2008), portadores da Síndrome de Down (Pacanaro, 2007) e adolescentes em situação de risco (Vendemiatto, 2007). Algumas das pesquisas relacionadas à leitura e à escrita, bem como à dificuldade de aprendizagem dessas habilidades, serão descritas sumariamente a seguir.

Suehiro e Santos (2005), por exemplo, buscaram verificar se o B-SPG seria capaz de superar as fraquezas identificadas como limitantes para a avaliação do Bender no Brasil. Em seu estudo com 287 crianças de ambos os sexos, entre sete e dez anos, da 2ª e 3ª séries do Ensino Fundamental de quatro escolas do interior de São Paulo, as autoras concluíram que o Bender, com base no *Sistema de Pontuação Gradual*, pode ser usado como um instrumento de avaliação, não só da maturidade perceptomotora, mas também da aprendizagem da escrita. Os resultados por elas obtidos confirmam a existência de diferenças significativas entre os grupos contrastantes separados pela *Escala de Avaliação de Dificuldades na Aprendizagem da Escrita* – com dificuldade de aprendizagem da escrita (acentuada/média/leve) e sem dificuldade (sem indícios) – e os desenhos do teste de Bender. O mesmo ocorreu em relação às séries estudadas (2ª e 3ª), o que conferiu duas evidências de validade de critério para o *Bender – Sistema de Pontuação Gradual* (B-SPG).

As autoras verificaram, ainda, diferença significativa entre os participantes quando considerados os sexos e a pontuação total no ADAPE, sendo que os meninos obtiveram uma pontuação média de erros maior quando comparados às meninas. Todavia, no que se refere ao Bender, embora as meninas tenham apresentado uma média de erros menor que a dos meninos, diferentemente do que ocorreu com o ADAPE, não houve diferença significativa entre os sexos e a pontuação total das crianças. Ao lado disso, a exemplo do que foi observado em alguns estudos realizados com base no sistema de correção de Koppitz (Kroeff, 1992; Machado, 1978; Pinelli Jr. & Frey, 1991), as escolas públicas exibiram a maior média de erros, o que sugere que as crianças dessas escolas apresentam mais dificuldades perceptomotoras que as de escolas particulares. Do mesmo modo, verificaram-se diferenças significativas quanto à natureza jurídica da escola, pública ou particular, para o ADAPE. Logo, esses resultados indicam que os alunos de escola pública apresentam um desempenho inferior quando comparados aos de escola particular em ambos os instrumentos, o que mostra que as crianças de escola pública da amostra pesquisada tendem a ter mais dificuldades, tanto na aprendizagem da escrita quanto no desenvolvimento perceptomotor quando comparadas às demais.

O *Bender – Sistema de Pontuação Gradual* (B-SPG) e a *Escala de Avaliação de Dificuldades na Aprendizagem da Escrita* (ADAPE) também foram empregados no estudo feito por Carvalho (2006). Nele, a autora focalizou a busca por evidências de validade para o B-SPG, usando, para tanto, o *teste de Cloze*, o ADAPE e o *Teste de Reconhecimento de Palavras*, numa amostra de 297 crianças de 1ª a 4ª séries do Ensino Fundamental. Os resultados indicaram que os participantes do estudo obtiveram média de 7,38 erros no B-SPG, sendo que a pontuação mínima apresentada pelas crianças da 3ª e 4ª séries (zero erros) foi superior à dos estudantes de 1ª e 2ª séries (2 erros). Vale destacar que os alunos da 3ª série obtiveram a maior média de erros (20). O mínimo de acertos no teste de Reconhecimento de Palavras foi obtido pelos estudantes da 1ª série (10) e o máximo pelos de 3ª e 4ª séries (55). No Cloze, a pontuação mínima obtida foi 0 e a máxima quinze acertos, para a 1ª, 3ª e 4ª séries. Quanto ao ADAPE, o mínimo de erros foi zero, para a 2ª e 4ª séries e o máximo 114 para a 2ª, 3ª e 4ª séries, fato que, segundo a autora, causou estranheza, pois para a 1ª série, alunos que ainda estão sendo alfabetizados, a pontuação máxima observada foi de 100 pontos nesse instrumento.

Embora as meninas tenham apresentado desempenho superior ao dos meninos em todas as medidas, houve diferença significativa entre os sexos somente no que se refere ao Reconhecimento de Palavras e ao ADAPE. Houve, ainda, diminuição da média de erros no Bender à medida que a idade avançou, sendo que as crianças de nove anos apresentaram uma pontuação máxima de vinte erros. Quanto ao tipo de instituição, Carvalho (2006) verificou que os alunos das escolas particulares e públicas obtiveram a mesma média de erros no Bender (7,38), havendo diferença entre elas somente na pontuação máxima, a saber, dezessete erros para a escola particular e vinte para a pública. Apenas no ADAPE os participantes de escola pública obtiveram mais erros que os de escola particular, o que evidencia que eles apresentaram mais dificuldades na aprendizagem da escrita do que os demais.

Os resultados evidenciaram, ainda, correlações significativas entre os escores dos testes e o B-SPG. Entre o Bender e o Reconhecimento de Palavras observou-se um índice de correlação de -0,29 ($p < 0{,}001$), entre o Bender e o Cloze -0,21 ($p < 0{,}001$) e entre o Bender e o ADAPE o índice foi de 0,31 ($p < 0{,}001$). Ao lado disso, observaram-se diferenças entre os grupos extremos dos instrumentos em relação ao escore do *Teste de Bender* em todas as situações estudadas. A partir dos resultados de seu estudo, Carvalho (2006) concluiu que o B-SPG mostrou-se sensível para captar as diferenças entre crianças com e sem dificuldade de aprendizagem no que se refere ao reconhecimento de palavras, à leitura e à escrita, assim como as diferenças relacionadas às séries, sexo, idade e instituições pesquisadas.

A pesquisa feita por Vendemiatto (2007) com 39 adolescentes em situação de risco de 5ª a 8ª série do Ensino Fundamental identificou um índice de correlação de -0,37 ($p < = 0{,}02$) entre o Cloze e o B-SPG, o que evidenciou que ambas as medidas foram sensíveis para captar as dificuldades dos participantes. Já o escore médio do *R1-Forma B* não apresentou correlação significativa com nenhuma das outras medidas, sugerindo a necessidade de novos estudos, uma vez que se esperava que a inteligência, a habilidade perceptomotora e a compreensão em leitura, habilidades cognitivas e perceptuais, deveriam correlacionar-se.

A pontuação média obtida pelos participantes tanto no Bender (M = 7,18 erros) quanto no Cloze (M = 9,08 acertos) foi considerada aquém da prevista para a população normativa de dez anos e para o nível de escolaridade em que esses adolescentes se encontram. Apenas no *R1-Forma B* os participantes obtiveram média (23,59) próxima à da população normativa, que se assemelha a eles em meio sociocultural, igualmente desfavorecido. No que se refere ao sexo, embora os meninos tenham obtido desempenho superior ao das meninas no Bender e no R1-Forma B, não foi encontrada diferença estatisticamente significativa em nenhum dos três instrumentos utilizados. Do mesmo modo, não se verificou um avanço no domínio de nenhuma das habilidades avaliadas em relação à série e à idade dos adolescentes, sendo que, também nesse caso, não houve diferença significativa em nenhum dos instrumentos.

A exemplo do observado no estudo de Vendemiatto (2007), Suehiro e Santos (2009) verificaram que as 56 crianças, de ambos os sexos, de 1ª série do Ensino Fundamental, de uma escola pública do interior do estado de São Paulo, por elas avaliadas, obtiveram pontuações abaixo do esperado tanto no Cloze quanto no Bender. A média de pontos obtida no Cloze foi de 5,32 (*DP* = 5,33), com pontuação variando entre zero e dezoito acertos, e, no Bender, foi de 12,07 (*DP* = 2,95), variando entre cinco e dezenove erros. As autoras observaram ainda que, embora as meninas tenham apresentado desempenho superior ao dos meninos nas três medidas de compreensão em leitura realizadas ("Cloze 1 – A princesa e o fantasma", "Cloze 2 – Uma vingança infeliz" e "Cloze Total"), diferentemente do observado por Carvalho (2006) e Vendemiatto (2007), houve diferença estatisticamente significativa entre os sexos somente no que se refere ao "Cloze 1 – A princesa e o fantasma" e ao "Cloze Total". Os resultados obtidos com relação ao Bender evidenciaram que as meninas apresentaram uma média de erros inferior à dos meninos e, portanto, melhor desempenho, mesmo que essa diferença não se tenha mostrado significativa.

A comparação de grupos extremos, constituídos com base no desempenho obtido no B-SPG foi convergente ao resultado obtido por Carvalho (2006), visto que a diferença significativa entre os grupos seguiu a tendência esperada, ou seja, a de que uma menor pontuação no B-SPG revelasse uma maior habilidade de compreensão em leitura. Houve correlação negativa entre o Bender e o Cloze em todas as medidas, sendo que o "Cloze 1 – A princesa e o fantasma" foi o texto que apresentou a maior magnitude de correlação, o que pode indicar que, aparentemente, ele seria mais sensível em captar diferenças relativas à habilidade visomotora das crianças avaliadas, que ainda se encontram em fase inicial de alfabetização. Esses resultados demonstram a sensibilidade do *teste de Cloze* em captar as dificuldades dos participantes do estudo no que concerne à habilidade visomotora, garantindo-lhe dois tipos de evidência de validade, quais sejam, validade de critério por grupos extremos e validade de construto convergente-discriminante.

Suehiro e Santos (2009) também analisaram o desempenho visomotor das crianças em razão das dificuldades das figuras do *Teste Gestáltico Visomotor de Bender*. Verificaram que as crianças apresentaram mais dificuldade na reprodução das figuras de média dificuldade (Fig. 1, Fig. 6, Fig. 7a e 7b), seguidas das figuras difíceis (Fig. 2, Fig. 3 e Fig. 4) e, finalmente, das figuras fáceis (Fig. A, Fig. 5 e Fig. 8), conforme descrito no manual do teste. Com relação ao sexo, embora as meninas tenham apresentado desempenho superior ao dos meninos em todas as medidas, exceto nas figuras de dificuldade média, não houve diferença significativa. Os resultados evidenciaram correlações significativas somente entre as medidas de compreensão de leitura, avaliadas pelo teste de Cloze, e as figuras fáceis, sendo que as magnitudes mais altas foram observadas na associação do "Cloze 1 – A princesa e o fantasma" com as figuras fáceis e a pontuação total no B-SPG.

À GUISA DE CONCLUSÃO

Esse capítulo destinou-se a discutir as relações entre maturidade perceptomotora e desempenho em leitura e escrita. A revisão permitiu observar que, apesar da importância dos construtos focalizados, a relação entre eles ainda é pouco explorada nacional e internacionalmente. Uma hipótese explicativa para essa constatação pode estar no fato de que a preocupação da explicação, especialmente da aquisição da leitura, passou a ser vista de outras perspectivas e que a relação com a habilidade visomotora deixou de ser explorada.

O Teste de Bender, nos seus mais variados sistemas de correção, tem sido empregado em grande parte dos estudos. A constatação parece oportuna de duas perspectivas. O instrumento tem sido usado como importante fonte de informação auxiliar sobre o desempenho em leitura e escrita, o que amplia as possibilidades investigativas quando dos processos de avaliação psicológica. Em outra perspectiva, a segunda, muitas pesquisas têm sido feitas na referida área de conhecimento, corroborando ou contradizendo umas às outras, e permitindo que haja avanço.

A construção do B-SPG se deu com o intuito de prover um instrumento que pudesse ser utilizado em contexto brasileiro e permitisse estreitar as relações entre construtos pesquisados na avaliação psicoeducacional, como compreensão em leitura, desempenho na escrita e inteligência, entre outros. Nesse sentido, a literatura recuperada com base nesse novo sistema de correção parece indicar que, especialmente após seu advento, o panorama das pesquisas a respeito das relações entre maturidade perceptomotora e desempenho em leitura e escrita sofreu importante incremento. Embora se acredite que o objetivo deste trabalho tenha sido atingido, outras pesquisas devem ser produzidas, com o intuito de se ampliar amostras e contextos.

REFERÊNCIAS

Aguirre, M. J. B. F. (1965). *Significado de alguns fatores psicológicos no rendimento em leitura.* Livre-Docência, Universidade de São Paulo, São Paulo-SP.

Aucone, E. J., Wagner, E. E., Raphael, A. J., Golden, C. J., Espe-Pfeifer, P., Dornheim, L., Seldon, J., Pospisil, T., Proctor-Weber, Z., & Calabria, M. (2002). Test-retest reliability of the Advanced Psychodiagnostic Interpretation (API) scoring system for the Bender Gestalt in chronic schizophrenics. *Assessment, 8*(3), 351-353.

Bandeira, D. R., & Hutz, C. S. (1994). A contribuição dos testes DFH, Bender e Raven na predição do rendimento escolar na primeira série. *Psicologia: Teoria e Pesquisa, 10*(1), 59-72.

Barrett T. C. (1961). The relationship between measures of pre-reading visual discrimination and first grade reading achievement: A review of the literature. Reading Research Quarterly, *1*(1), 51-76.

Bartholomeu, D. (2004). *Teste de Bender e dificuldades de aprendizagem: Evidência de validade.* Relatório Técnico, Universidade São Francisco. Itatiba-SP.

Bartholomeu, D. (2006). *Teste Gestáltico Visomotor de Bender e Desenho da Figura Humana: Convergências de avaliação?* Dissertação de Mestrado, Universidade São Francisco, Itatiba-SP.

Bender, L. (1969). *Test Guestáltico Viso Motor*. Buenos Aires: Paidós.

Brannigan, G. G., & Brunner, N. A. (1993). Comparison of the qualitative and developmental scoring systems for the Modified Version of the Bender-Gestalt Test. *Journal of School Psychology, 31*(2), 327-330.

Britto, G. N. O., & Santos, T. R. (1996) The Bender Gestalt Test for 5-to 15-year old Brazilian children: Norms and validity. *Jornal de Medicina e Biologia, 29*(11), 1513-1518.

Cariola, T. C., Piva, R. A., Yamada, M. O., & Bevilacqua, M. C. (2000). A prova gráfica de organização perceptiva para crianças de quatro a seis anos deficientes auditivas. *Pediatria Moderna, 36*(9), 588-594.

Carvalho, L. (2006). *Evidências de Validade do Sistema de Pontuação Gradual do Bender (Bender-SPG).* Tese de Doutorado, Universidade São Francisco, Itatiba-SP.

Chan, P. W. (2001). Comparison of visual motor development in Hong Kong and the USA assessed on the Qualitative Scoring System for the Modified Bender-Gestalt Test. *Psychological Reports, 88*(1), 236-240

Connor, J. P. (1968/1969). Bender Gestalt Test performance as a predictor of differential reading performance. *Journal of School Psychology, 7*(4), 41-44.

Gemignani, E. Y. M. C., & Chiari, B. M. (2000). Escala de Maturação do Teste de Bender em um grupo de crianças deficientes auditivas. *Pró-fono Revista de Atualização Científica, 12*(2), 49-53.

Hutt, M. L. (1969). *La Adaptacion Hutt del Test Guestaltico de Bender*. Buenos Aires: Editorial Guadalupe.

Koppitz, E. M. (1963). *The Bender Gestalt Test for young children*. New York: Grums Stratton.

Koppitz, E. M. (1975a). *The Bender Gestalt Test for Young Children*. (Traduzido por R. N. Piccoli). Porto Alegre: Artes Médicas.

Koppitz, E. M. (1975b). Bender gestalt test, visual aural digit span test and reading achievement. *Journal of Learning Disabilities, 8*(3), 154-157.

Koppitz, E. M. (1987). *O Teste Gestáltico de Bender para crianças*. (Traduzido por R. N. Piccoli). Porto Alegre: Artes Médicas.

Koppitz, E. M. (1989). *O Teste Gestáltico Bender para crianças*. Porto Alegre: Artes Médicas.

Kroeff, P. (1992). Desempenho de crianças no teste de Bender e nível sócio-econômico-cultural. *Psicologia: Reflexão e Crítica, 5*(2), 119-126.

Lee, S. Y., & Oh, S. W. (1998). Visuoperceptual and constructive ability disturbances of patients with traumatic brain injury in Hutt Adaptation of the Bender Gestalt Test. *Korean-Journal-of-Clinical-Psychology, 17*(1), 311-317.

Lesiak, J. (1984). The Bender Visual Motor Gestalt Test: Implications for the diagnosis and prediction of reading achievement. *Journal of School Psychology, 22*(4), 391-405.

Machado, M. C. L. (1978). *Uso do teste de Bender para avaliar a organização perceptivo-motora de escolares paulistas*. Dissertação de Mestrado, Pontifícia Universidade Católica de São Paulo, São Paulo-SP.

Maciel Jr., J. A., & La Puente, M. (1983). Avaliação Multimodal do Teste de Bender no Psicodiagnóstico da Epilepsia. *Revista Brasileira de Neurologia, 2*(19), 55-58.

Malatesha, R. N. (1986). Visual motor ability in normal and disabled readers. *Perceptual and Motor Skills, 62*(2), 627-630.

Mattos, P. (1991). Os distúrbios mentais orgânicos e a síndrome de imunodeficiência adquirida. *Jornal Brasileiro de Psiquiatria, 40*(7), 375-381.

McKay, M. F., & Neale, M. D. (1985). Predicting early school achievement in reading and handwriting using major "error" categories from the Bender-Gestalt test for young children. *Perceptual and Motor Skills, 60*(2), 647-654.

Moose, D., & Brannigan, G. G. (1997). Comparison of preschool children's scores on the modified version of the Bender-Gestalt Test and the Developmental Test of Visual-Motor Integration. *Perceptual and Motor Skills, 85*(2), 766-775.

Neale, M. D., & McKay, M. F. (1985). Scoring the Bender-Gestalt test using the Koppitz developmental system: Interrater reliability, item difficulty, and scoring implications. *Perceptual and Motor Skills, 60*(2), 627-636.

Neri, M. L., Santos, A. A. A., & Lima, T. H. (2008). Habilidade visomotora de crianças surdas avaliadas pelo Bender-SPG. In Almeida, L. *et al.* (Org.). *Avaliação Psicológica Formas e Contextos.* Braga-PT: Psiquilíbrios. CD-rom.

Nielsen, H. H. (1969). Visuo-perceptive and visuo-motor performance of children with reading disabilities. *Scandinavian Journal of Psychology, 10*(4), 225-231.

Nielson, S., & Sapp, G. L. (1991). Bender-gestalt developmental scores: Predicting reading and mathematics achievement. *Psychological Reports,* 69, 39-42.

Niemann, H, Boenick, H. E., Schmidt, R. C., & Ettlinger, G. (1985). Cognitive development in epilepsy: The relative influence of epileptic activity and of brain damage. *European Archives of Psychiatry and Neurological Sciences, 234*(6), 399-403.

Noronha, A. P. P., & Mattos, R. M. de C. B. (2006). Koppitz e Bender – Sistema de Pontuação Gradual: Comparação entre sistemas de avaliação. *Psicologia Escolar e Educacional, 10* (2), 223-233.

Noronha, A. P. P., Santos, A. A. A., & Sisto, F. F. (2007). Evidências de validade do Bender-Sistema de Pontuação Gradual (B-SPG). *Psicologia: Reflexão e Crítica, 20*(2), 335-341.

Pacanaro, S. V. (2007). *Avaliação de habilidades cognitivas e visomotoras em pessoas com Síndrome de Down.* Dissertação de Mestrado, Universidade São Francisco, Itatiba-SP.

Pinelli Jr., B., & Frey, P. D. (1991). Visual discrimination and visomotor integration among two classes of brazilian children. *Perceptual and Motor Skills, 72,* 847-850.

Pinelli Jr., B., & Pasquali, L. (1991/1992). Parâmetros psicométricos do Teste Gestáltico Visomotor de Bender: um estudo empírico. *Revista de Psicologia, 9/10*(1/2), 51-74.

Santos, A. A. A., & Jorge, L. M. (2007). Teste de Bender com disléxicos: comparação de dois sistemas de pontuação. *Psico-USF, 12*(1), 13-21.

Santos, R. S., & Noronha, A. P. P. (2006). Estudo correlacional entre a maturidade perceptomotora e traços de personalidade. *Psic, 7*(2), 39-45.

Silva, R. B. F., & Nunes, M. L. (2007). Teste Gestáltico Visomotor Bender: Revendo sua história. *Avaliação Psicológica, 6*(1), 77-88.

Silvestre, N., Salaverry, O., & Gonzáles, G. F. (1995). Madurez visomotora en escolares de ambos sexos de Lima (150 m) y de Cerro de Pasco (4340 m). *Acta Andina, 4*(1), 35-42.

Sisto, F. F., Noronha, A. P. P., & Santos, A. A. A. (2004). Distorção de forma no Teste de Bender: Questionando seu critério de validade. *Revista do Departamento de Psicologia da UFF, 16*(2), 139-154.

Sisto, F. F., Noronha, A. P. P., & Santos, A. A. A. (2005). *Bender – Sistema de Pontuação Gradual B-SPG*. Itatiba, SP: Programa de Pós-graduação Stricto-sensu em Psicologia da Universidade São Francisco, Vetor Editora Psicopedagógica Ltda.

Sisto, F. F., Santos, A. A. A., & Noronha, A. P. P. (2004). Critério de integração do Teste de Bender: Explorando evidências de validade. *Avaliação Psicológica, 3*(1), 13-20.

Sohlberg, S. C. (1985). Personality and neuropsychological performance of high-risk children. *Schizophrenia-Bulletin, 11*(1), 48-60.

Suehiro, A. C. B., & Santos, A. A. A. (2005). O Bender e as dificuldades de aprendizagem: Estudo de validade. *Avaliação psicológica, 4*(1), 23-31.

Suehiro, A. C. B., & Santos, A. A. A. (2006). Evidência de validade de critério do Bender-Sistema de Pontuação Gradual. *Interação (Curitiba)*, 10, 217-224.

Suehiro, A. C. B., & Santos, A. A. A. (2009). O teste de Cloze e o desenvolvimento perceptomotor no início da escolarização. In Santos, A. A. A., Boruchovitch, E., & Oliveira, K. L. *Cloze: Um instrumento de diagnóstico e intervenção* (pp. 149-164). São Paulo: Casa do Psicólogo.

Tillman, C. E. (1974). *A comparison of perceptual motor skill with auditory comprehension as correlates of word recognition, oral reading, and silent reading*. [On-line]. Disponível: http://search.ebscohost.com/login.aspx?direct=true&db=Eric&AN=ED234354&lang=pt-br&site=ehost-live

Vendemiatto, B. C. (2007). *Medidas de habilidades cognitiva e visomotora: Evidências de validade do Bender-SPG.* Dissertação de Mestrado, Universidade São Francisco, Itatiba-SP.

Wallbrown, J., Wallbrown, F., Engin, A., & Blaha, J. (1975). The prediction of first grade reading achievement with selected perceptual cognitive tests. *Psychology in the Schools, 12,* 140-149.

12

ESTRATÉGIAS DE REGULAÇÃO EMOCIONAL: CONCEITUAÇÃO E INSTRUMENTOS DE MEDIDA

Evely Boruchovitch[1]
Denise Bortoletto

As emoções constituem um conjunto coordenado de respostas que surgem durante a interação do organismo com o ambiente, sendo comum, no curso da vida, que as pessoas enfrentem situações que gerem uma gama de emoções, variando em seus níveis de intensidade (Cruvinel, 2009; Gross, Richards, & John, 2006). Modelos atuais consideram que as emoções são estímulos internos e/ou externos de representações mentais que envolvem mudanças em todos os sistemas de respostas, têm objetivos identificáveis, podem ser intrínsecos ou aprendidos, sendo compostos por múltiplos processos de avaliação (Ochsner; Gross, 2005; Gross, *et al.*, 2006). Num exame da literatura, Cruvinel (2009) descreve a concepção de emoção de Planalp. Segundo esse autor, cinco componentes estão presentes nas emoções: acontecimentos precipitadores, avaliação, alterações fisiológicas, tendência para expressão e ação da emoção e, por fim, a regulação da emoção, que pode ter início na avaliação do

[1] As autoras agradecem o apoio financeiro do CNPq e da Capes.

evento precipitador, possibilitando ao indivíduo a modificação e o controle de sua reação emocional. Componentes cognitivos, fisiológicos e comportamentais foram os aspectos comuns encontrados nas definições de emoção recuperadas da literatura por Dell'Agli (2008).

As emoções aparecem de forma inesperada e, muitas vezes, são de difícil controle (Bock, Furtado & Teixeira, 1993; Davidoff, 2001), sendo a capacidade de controlá-las importante para os processos adaptativos e para o funcionamento do ser humano e, em especial, para a interação social (Ochsner; Gross, 2005; Gross, *et al.*, 2006). Para Thompson (1994) a regulação emocional é vista como um conjunto de processos intrínsecos e extrínsecos responsáveis por monitorar, avaliar e modificar as reações emocionais, em especial na sua intensidade e nos fatores temporais. Auxiliam o ser humano a lidar com seus estados emocionais e a usar diferentes tipos de estratégias a fim de melhor atingir objetivos pessoais. Sua definição tem sido referendada em estudos internacionais (Arango, 2007; Garrido-Rojas, 2006; Hervás & Jódar, 2008; Martins, 2007) e nacionais sobre o tema (Dias, Vikan, & Gravas, 2000; Santos, 2005; Vikan & Dias, 1996).

De modo semelhante, Gross (1998) define a regulação emocional como as tentativas de as pessoas exercerem influência sobre suas emoções e sobre o modo pelo qual estas são vivenciadas e expressas. Segundo o autor, a regulação da emoção abrange alterações nos componentes das respostas inter-relacionadas com ela, incluindo sentimentos, comportamentos e respostas fisiológicas (Gross, 2002). Envolve o início de um novo processo ou a alteração de um curso de respostas emocionais por meio de processos regulatórios (Ochsner & Gross, 2005), que podem ser automáticos ou controlados, conscientes ou inconscientes e terem efeitos em um ou mais pontos no processo gerador da emoção (Gross, 1998).

De acordo com Del Prette e Del Prette (2005) a regulação emocional engloba autocontrole, expressão da emoção e dos sentimentos, reconhecimento e nomeação das emoções em si mesmo e nos outros, verbalização sobre a emoção, emprego de estratégias para se acalmar e controlar o próprio humor, bem como ser capaz de lidar com sentimentos negativos, tolerar a frustração e ter espírito esportivo. Baseadas nas ideias de Silk *et al.*, Lopes e Loureiro (2007) consideram que a capacidade de se autorregular é desenvolvida de forma gradual, desde a infância, e descrevem a regulação emocional como a modulação de reações emocionais realizadas pelas pessoas, com o objetivo de uma adaptação mais ampla às situações referentes a questões contextuais e a objetivos pessoais.

Considerando a importância das estratégias de regulação emocional, também chamadas de estratégias *coping* ou de enfrentamento (Kopp, 1989), que são essenciais para a compreensão do processo de regulação emocional, o objetivo do presente capítulo é rever a literatura sobre elas. Ênfase será dada à sua descrição, bem como a instrumentos existentes para mensurá-las, na literatura internacional e nacional e nas diversas faixas etárias.

PRINCIPAIS ESTRATÉGIAS DE REGULAÇÃO EMOCIONAL: LITERATURA INTERNACIONAL

Os estudos têm demonstrado que há diferentes maneiras de agir sobre a emoção e de regulá-la. Pesquisas também têm sido desenvolvidas para saber se algumas estratégias de regulação emocional são mais adaptativas que outras (Gross, 1998; Ochsner; Gross, 2005; Gross, *et al.*, 2006). Gross (1998) afirma que há um crescente reconhecimento de que as pessoas exercem considerável controle sobre suas emoções, e, para isto, recorrem a uma ampla variedade de estratégias para influenciá-las. Os indivíduos diferem sistematicamente no uso dessas estratégias.

As diferenças individuais oferecem implicações ao processo de adaptação, afetando o bem-estar e as relações sociais das pessoas (Gross & John, 2003).

Embora se constate, na literatura internacional, a existência de mais de duzentas formas de regulação emocional nas diversas etapas do desenvolvimento, algumas estratégias têm sido mais estudadas, por serem mais comumente adotadas por adultos (Gross, 1998). Entre elas, de acordo com Gross *et al.* (2006), estão a reavaliação cognitiva da emoção (*cognitive reappraisal*) e a supressão da expressão da emoção (*expressive suppression*). A estratégia reavaliação cognitiva aparece no início do processo gerador da emoção e, portanto, antecede à resposta. Assim, envolve a interpretação da emoção e consiste em modificar a forma como a situação é vivenciada, a fim de diminuir seu impacto emocional. Já a estratégia de supressão da expressão da emoção, pelo fato de aparecer no fim do processo gerador da emoção, inibe os seus sinais exteriores. Com base em pesquisas com adultos, Gross e Levenson (1997) destacam que a inibição da emoção pode influenciar o funcionamento psicológico do indivíduo de várias formas, sobretudo quando ela é crônica, inflexível e insensível às nuances do ambiente social, gerando prejuízos na eficiência do processamento cognitivo, dificultando o processo adaptativo e limitando as interações sociais.

Garnefsky, Kraaij e Spinhoven (2001) afirmam que a diversidade de pesquisas ao longo dos anos demonstra que a regulação das emoções mediante ações cognitivas ou pensamentos está associada à vida humana e contribui para que as pessoas possam manter o controle sobre suas emoções durante ou depois de eventos estressantes. Em pesquisas com adolescentes e jovens adultos, Garnefsky e Kraaij (2007) identificaram nove estratégias de regulação emocional, a saber: culpar a si próprio, culpar o outro, ruminar ou focar o pensamento numa situação, *catastrophizing*, colocar a situação em perspectiva, repensar a situação positivamente, reavaliar a situação positivamente, aceitação e repensar o planejamento.

As pesquisas com crianças mostram que elas também têm um repertório de estratégias de regulação emocional bem variado. Estratégias de ação direta, de ação indireta, pró-sociais e antissociais foram encontradas por Gholnick, Wendy, Bridges, Lisa e Connel (1996) em crianças de quatro anos. Por sua vez, Lopez e Litte (1996) identificaram estratégias de engajamento ativo, uso passivo de objetos, autotranquilização simbólica e física, foco em objetos e em outras direções, na faixa etária de sete a doze anos. Segundo Flavell, Miller e Miller (1999) mascarar a emoção mediante disfarce facial, sair da situação da emoção e se envolver com outra tarefa; controlar o desejo por algo, como comer um chocolate, modificando seu estado cognitivo, ou seja, pensando em outra situação, bem como se afastar de uma determinada situação; podem ser considerados também exemplos de estratégias de regulação emocional presentes no repertório de crianças e adolescentes. Mais recentemente, estratégias como inibição autodirigida, autodistração e revisão e acompanhamento da ação (Thompson, Lewis, & Calkins, 2008), bem como a inibição comportamental foram evidenciadas entre crianças pequenas (Feng, *et al.*, 2008).

ESTRATÉGIAS DE REGULAÇÃO EMOCIONAL: ESTUDOS NACIONAIS

Vikan e Dias (1996) realizaram um estudo transcultural entre crianças brasileiras e norueguesas a respeito da identificação e do uso de estratégias para o controle das emoções, e, em uma pesquisa subsequente, buscaram conhecer como as crianças brasileiras e norueguesas de cinco, sete e nove anos lidam com as emoções de raiva e tristeza (Dias *et al.*, 2000). As principais estratégias de regulação emocional encontradas foram: mudar o ambiente, interagir socialmente, buscar distração, pensar em algo que faça alguém feliz (técnicas cognitivas) e não saber o que fazer. Os resultados demonstraram que as crianças brasileiras usam mais a estratégia de interação social, ao passo que as norueguesas empregam mais as cognitivas para a raiva, mas não para a tristeza. Em ambos os grupos, a tristeza evocou mais a estratégia de apoio social dos pais do que a raiva.

Em outra pesquisa com crianças hospitalizadas (Oliveira, Dias, & Roazzi, 2003), além das estratégias semelhantes às obtidas no estudo de Dias *et al.* (2000), surgiram algumas que caracterizam as crianças no contexto da hospitalização, como: achar que nada pode ser feito frente à emoção, agir com violência, altruísmo, procurar ajuda de alguém mais velho, buscar ajustamento emocional (ficar calmo e não levar a sério), bem como atitudes de centralizar em um estímulo para modificar uma emoção (estímulos focados), como pensar em sair do hospital e voltar para casa.

Santos (2005) investigou o raciocínio emocional na infância e as estratégias de regulação emocional percebidas frente à emoção de medo, analisando as respostas das crianças à luz das categorias encontradas por Dias *et al.* (2000). A pesquisa apontou que os participantes utilizaram com maior frequência as estratégias de interação social e as atividades de distração.

Lopes e Loureiro (2007) procuraram compreender as estratégias de enfrentamento e de regulação emocional relatadas por crianças, com idades de sete a doze anos, que convivem com mães que apresentam o diagnóstico de depressão. Distração ativa, espera passiva, resolução direta e resolução indireta foram as quatro principais estratégias relatadas. A distração ativa diz respeito aos comportamentos que buscam desviar a atenção do evento, ou seja, tirar o foco da emoção negativa. Na espera passiva, a criança mantém o foco no evento negativo, porém não tenta resolvê-lo. Na terceira, de resolução direta, a criança busca resolver o problema, sem auxílio externo, e, por fim, a resolução indireta envolve a regulação da emoção mediante o pedido de ajuda ou suporte técnico.

Cruvinel (2009) investigou, entre outras variáveis, a autorregulação emocional de crianças do Ensino Fundamental com e sem os sintomas de depressão. Foram pesquisadas quatro emoções: tristeza, raiva, medo e alegria. Os dados evidenciaram o uso de estratégias para melhorar o medo, a raiva e a tristeza e para manter a alegria. Emergiram da amostra estratégias como o controle do comportamento e da emoção, atividades prazerosas e agradáveis, busca de distração, busca de suporte afetivo-social, controle do pensamento, externalização da raiva, resolução do problema, não saber o que fazer, sentimentos negativos relacionados com o ambiente escolar, isolamento e comportamento inalterado.

Considerando o caráter adaptativo da regulação emocional para a vida das pessoas, investimentos no sentido de desenvolver instrumentos para medir esse construto tornam-se indispensáveis. Uma breve descrição de medidas internacionais e nacionais referentes à mensuração das estratégias de regulação emocional será feita a seguir.

ALGUMAS MEDIDAS DE REGULAÇÃO EMOCIONAL NA LITERATURA INTERNACIONAL

A literatura internacional fornece maior número de instrumentos para a mensuração da regulação emocional, quer para o uso com crianças, quer para adolescentes adultos, do que a literatura nacional. A diversidade de medidas encontradas para as diferentes etapas do desenvolvimento será retratada a seguir. Os instrumentos para crianças serão primeiro descritos, seguidos dos destinados a adolescentes e adultos.

Para pesquisas com crianças americanas, Shields e Cicchetti (1997) construíram e validaram o *Emotion Regulation Checklist* (*ER Checklist*). A escala é do tipo Likert de quatro pontos, composta por 24 itens, divididos em duas subescalas. A primeira contém dez itens e avalia os aspectos negativos da emoção e as variações de humor, os demais itens mensuram processos centrais da regulação da emoção. O instrumento apresentou valores de *alfa* que variaram de 0,83 a 0,96. Foi também empregado em outros estudos americanos (Graziano, Reavis, Keane, & Calkins, 2007; Lunkenheimer, Shields, & Cortina, 2007) e traduzido e validado para a população portuguesa (Melo, 2005).

O *Coping Strategy Inventory* (Ryan-Wenger, 1990) e o *How I feel* (Walden, Harris, & Catron, 2003) são exemplos de outros instrumentos para crianças. O primeiro consiste em um conjunto de vinhetas composto de situações-conflito. Já o *How I feel* é um instrumento de autorrelato que avalia a emoção nas suas dimensões positivas e negativas. Ambos apresentam boas propriedades psicométricas.

Foi interessante constatar que há também a tendência em se avaliar a regulação emocional da criança por meio de instrumentos destinados aos pais. O *Coping with Children's Negative Emotions Scale* (CCNES), de Fabes, Eisenberg e Bernzweig (1990), e o Questionário de *Coping* com as Emoções Positivas – Pais (QCEP-P), de Melo, Moreira e Soares (2004), são exemplos de medidas de autorrelato para terceiros. Cabe mencionar que não há consenso, na literatura internacional sobre qual é a forma mais confiável de avaliar a regulação emocional de crianças, se por elas mesmas ou por adultos significativos ou, ainda, se por meio do emprego dos dois tipos de medida conjuntamente.

Mais recentemente, Martins (2007) desenvolveu a Escala de Regulação Diádica de Emoções Negativas do Bebê (RED) para avaliar a qualidade da regulação emocional na interação entre mães e bebês de dez meses, qualidade essa operacionalizada como o grau de desorganização comportamental do bebê diante de emoções negativas, numa situação de relacionamento com a mãe. A escala, de sete pontos, segundo a autora, apresenta um *alfa* de Cronbach de 0,75.

No que concerne à população adulta, Gross e John (2003) desenvolveram e validaram o *Emotional Regulation Questionnaire* (*ERQ*). A escala é do tipo Likert, com sete opções de resposta. Contém dez itens, seis referentes à estratégia de regulação emocional e reavaliação cognitiva e quatro sobre a supressão da expressão da emoção. A escala apresenta boas propriedades psicométricas. Os valores de *alfa* foram 0,69 para as estratégias de reavaliação e 0,79 para as de supressão. Um reteste foi feito com ambas e os valores de *alfa* foram 0,69. O *Emotional Regulation Questionnaire* (*ERQ*) foi empregado em outros estudos e resultados semelhantes foram alcançados (Mauss, Cook, Cheng, & Gross, 2007; Raftery & Bizer, 2009; Srivastava, Tamir, McGonigal, Gross, & John, 2009).

Com o objetivo de compreender de forma mais ampla como os indivíduos regulam suas emoções na vida cotidiana, Gross *et al.* (2006) fizeram outra pesquisa, com jovens adultos, por meio de uma entrevista semiestruturada, que avaliou a capacidade do autorreconhecimento das estratégias de regulação emocional em seu dia a dia, bem como seu uso e diferenciação em contextos variados. O emprego de atenção, a mudança cognitiva e a modulação da resposta foram as principais estratégias citadas como utilizadas no cotidiano pelos 91 participantes. A entrevista conseguiu captar as estratégias que as pessoas adotam no dia a dia, porém, é sabidamente um instrumento que limita o tamanho das amostras, visto que a realização, a transcrição e a codificação dos dados é um processo extremamente demorado.

Garnefski e Kraaij (2007) construíram e validaram para a população holandesa o instrumento *The Cognitive Emotion Regulation Questionnaire* (CERQ). Outros pesquisadores buscaram validar o instrumento para a população francesa (Acremont &

Lindenb, 2007). O questionário foi elaborado para medir os componentes cognitivos da regulação da emoção em adolescentes e/ou adultos, por meio das seguintes nove estratégias cognitivas de regulação da emoção: culpar a si próprio, culpar o outro, ruminação ou focar no pensamento, *catastrophizing*, colocar em perspectiva, repensar positivamente, reavaliação positiva, aceitação, repensar o planejamento. O instrumento é composto por 36 itens, sendo quatro perguntas para cada estratégia de regulação emocional, cada uma delas referidas ao que a pessoa acha ser necessário fazer depois de uma experiência de perigo ou de um evento estressante. Pesquisas feitas com depressivos e ansiosos revelaram sua boa validade fatorial e alta confiabilidade, com *alfas* de Cronbach variando entre 0,75 e 0,87.

Também para adultos, Hervás e Jódar (2008) adaptaram e validaram a escala Likert *Difficulties in Emotion Regulation Sacale (DERS)*, de Gratz e Roemer, para a população espanhola. O instrumento é composto de 36 itens distribuídos em cinco subescalas voltadas para a avaliação das dificuldades na regulação emocional como: descontrole emocional, interferência cotidiana, negligência, confusão e rejeição emocional. O *alfa de* Cronbach da escala total foi de 0,85 e das subescalas variaram de 0,74 a 0,85.

Em outra perspectiva, tem-se investigado a regulação emocional por meio da neuroimagem (Goldin, McRae, Ramel, & Gross, 2008; Oschsner & Gross, 2005; Srivastava, *et al.*, 2009). Segundo os pesquisadores, essa medida ajuda a elucidar a arquitetura subjacente ao controle cognitivo da emoção. Com esse recurso, tem-se conseguido identificar padrões de especificidade funcional nos mecanismos de controle cognitivo e seu impacto sobre as emoções (Oschsner & Gross, 2005). Mais precisamente, Oschsner e Gross (2005) examinaram dois tipos de regulação cognitiva: o controle da atenção e a mudança cognitiva. O primeiro incluiu a direção de esforços do indivíduo, a fim de focalizar, particularmente, a emoção a ser regulada. Já a mudança cognitiva foi usada tanto para diminuir, como para ampliar ou mudar a resposta emocional.

Pode-se dizer que nos estudos publicados no exterior a regulação emocional tem sido medida de formas variadas. Escalas de estratégias de regulação emocional (Gross & John, 2003; Shields & Cicchetti, 1997), inventário sobre estratégias de *coping* (Ryan-Wenger, 1990), instrumento de autorrelato (Walden, Harris, & Catron, 2003), investigações por meio de neuroimagem (Goldin, *et al.*, 2008; Oschsner & Gross, 2005; Srivastava, *et al.*, 2009), entrevistas semiestruturadas (Gross, *et al.*, 2006), escalas de regulação das emoções negativas para bebês (Martins, 2007), questionários de regulação cognitiva da emoção (Garnefski & Kraaij, 2007), escala de dificuldades na regulação emocional (Hervás & Jódar, 2008) são as principais formas de mensuração da regulação emocional, no contexto internacional. Os instrumentos existentes, em linhas gerais, apresentam boas propriedades psicométricas e índices altos e/ou no mínimo aceitáveis de consistência interna.

A MENSURAÇÃO DA REGULAÇÃO EMOCIONAL NA LITERATURA NACIONAL: ALGUMAS INICIATIVAS

Os pesquisadores brasileiros têm concentrado esforços na construção de instrumentos para avaliar as estratégias de regulação emocional utilizadas por crianças. Sisto e Bazi (1999) desenvolveram o *Teste de Autopercepções das Emoções* para crianças de oito a catorze anos. Trata-se de um instrumento de escolha forçada do tipo sim e não, composto por 32 itens, subdvididos em quatro subescalas orientadas para medir alegria, tristeza, coragem e medo, cujos *alfas* de Cronbach variaram de 0,75 a 0,83 (Sisto, 2004).

Para medir o sentimento de tristeza e de raiva da criança, Dias *et al.* (2000) usaram desenhos. Situações como a criança perder uma bola no rio, estar no leito de morte do avô, ser desprezada por um amigo e ser repreendida pela mãe foram empregadas para a avaliação da tristeza. Já para a raiva, os desenhos se referiam a uma criança sendo zombada por um amigo, discutindo com um colega, tendo seu livro rasgado por outra criança menor e sendo proibida pelo pai de brincar com outro colega. O sexo do personagem da ilustração correspondia ao sexo da criança entrevistada. O instrumento revelou-se, segundo as autoras, apropriado para a identificação das estratégias de regulação emocional relatadas pelas crianças.

Histórias também foram empregadas para avaliar se os recursos lúdicos modificam as estratégias de regulação emocional mencionadas por crianças hospitalizadas em duas situações especificas: raiva e tristeza da criança em relação à hospitalização (Oliveira *et al.*, 2003). Foi possível a identificação de onze estratégias de regulação emocional usadas no contexto da hospitalização mencionadas anteriormente neste capítulo.

Numa direção semelhante, Santos (2005) procurou avaliar as estratégias de regulação emocional percebidas frente à emoção de medo e, para tanto, desenvolveu *scripts* (narrativas/histórias) relativos à interação social e à integridade física. Os *scripts* foram elaborados levando em consideração o gênero. Para mensurar a regulação emocional no contexto da interação social, quatro *scripts* foram construídos, tendo por base situações de segurança e ameaçadoras, como a descrição de uma criança aprendendo um jogo, numa situação de segurança com um amigo e, no segundo, numa situação de ameaça. Procedimentos semelhantes, seguindo o padrão de segurança e ameaça, foram adotados por Santos (2005) para medir a regulação emocional no que concerne aos aspectos da integridade física. Após a apresentação dos *scripts*, foram mostrados a cada participante cartões com conteúdos referentes às respostas fisiológicas, como o coração bater acelerado. Por último, foram avaliados o medo e a estratégia de regulação emocional para lidar com ele, caso a criança indicasse a presença dessa emoção. O instrumento desenvolvido pareceu, segundo Santos (2005), sensível à identificação das estratégias de regulação emocional dos participantes.

Na busca de instrumentos mais objetivos, Giacomoni e Hutz (2006) construíram uma escala do tipo Likert para avaliar os afetos positivos e negativos de escolares entre sete e doze anos. De acordo com os autores, a escala mede de forma consistente e confiável os dois tipos de afeto, com *alfa* de 0,88 para a subescala de Afetos Positivos e 0,84 e para a de Afetos Negativos.

Para medir emoções negativas, Lopes e Loureiro (2007) utilizaram dezesseis eventos negativos, retirados da *Entrevista de Eventos Vitais Positivos e Negativos* elaborada por Dell'Agio (2000). Seus itens caracterizam coisas ruins que podem acontecer na vida da criança, devendo ela responder se tem ou não passado por aquelas situações. Havendo confirmação, pergunta-se a respeito do motivo desse acontecimento, dos sentimentos envolvidos nele, das reações da criança e das estratégias a que ela pode recorrer para resolver a situação.

Cruvinel (2009) utilizou com crianças a *Entrevista e Pranchas para Avaliação da Regulação de Alunos do Ensino Fundamental (ERE)* elaborada por Cruvinel e Boruchovitch (2004), composta por 24 questões que investigam as estratégias de regulação emocional relativas às emoções: tristeza, raiva, medo e alegria, sendo que cada uma delas é avaliada por seis questões. As questões objetivam verificar se a criança é capaz de perceber mudanças em seu estado emocional e buscam identificar o tipo e o conhecimento de estratégias de regulação emocional empregadas pelos participantes, bem como examinar se são capazes de elencar situações que podem provocar as emoções investigadas. Para motivar as crianças participantes do estudo, concomitante à apresentação das perguntas, foram empregadas oito pranchas com ilustrações de crianças de ambos os sexos experimentando as emoções que constam nas perguntas das entrevistas. Este instrumento foi testado em um estudo-piloto e, em seguida, aplicado em uma amostra maior de crianças, revelando-se útil, segundo as autoras, para o mapeamento das estratégias de regulação emocional relativas às situações propostas.

Também Câmara e Carlotto (2007) avaliaram a regulação emocional de adolescentes mediante a tradução da Escala de Enfrentamento para adolescentes de Frydenberg e Lewis (1997). Foram identificados dezoito fatores, a saber, apoio social, resolução de problemas, obtenção de êxito, preocupação, busca de relações pessoais íntimas, busca de pertença, esperança e antecipação de saídas positivas, estratégia de falta de *coping*, redução da tensão, ação social, ignorar o problema, autoculpar-se, reserva, busca de apoio espiritual, fixar-se no positivo, busca de ajuda profissional, busca de diversões relaxantes e distração física. Com exceção de seis fatores, todos os demais alcançaram índices aceitáveis de consistência interna, muito embora a correlação do teste-reteste tenha sido baixa.

Além disso, Balbinotti, Barbosa, Wiethaeuper e Teodoro (2006) desenvolveram uma versão do Inventário Multifatorial de *Coping* para Adolescentes (IMCA-43). O instrumento é uma escala do tipo Likert de cinco pontos, composta por 43 itens que descrevem estratégias para lidar com situações de estresse no dia a dia, como Ações Diretas, Apoio Social, Negação e Autocontrole. A análise fatorial apontou uma estrutura de quatro fatores, cujos valores de *alfa* variaram de 0,70 a 0,80.

Como pode ser observado, as pesquisas nacionais sobre estratégias de regulação emocional direcionaram-se, principalmente, para a identificação de como as crianças conhecem e utilizam estratégias para regular suas emoções, tendo predominado a construção e o emprego de instrumentos qualitativos. Entre eles, prevalecem as entrevistas e as histórias com situações-problema hipotéticas. Escalas foram desenvolvidas, porém em menor proporção e apresentam, em sua maioria, boas propriedades psicométricas. De forma geral, pode-se afirmar que há uma escassez maior de estudos e instrumentos referentes a jovens e adultos.

CONSIDERAÇÕES FINAIS

Os últimos anos de pesquisas, tanto nacionais quanto internacionais, indicam que não só o conhecimento das estratégias de regulação emocional é muito incipiente (Dias, *et al.*, 2000; Gross & Levenson, 1997), mas também que não há respostas conclusivas sobre como as emoções são reguladas (Gross, 1998). Todavia, parece consenso entre os pesquisadores de que as estratégias de regulação da emoção desempenham um papel importante na vida das pessoas (Garnefski & Kraaij, 2007; Gross, *et al.*, 2006), pois quando bem-sucedida, a regulação da emoção é considerada um pré-requisito para o funcionamento adaptativo do ser humano.

A análise da produção científica relativa aos instrumentos de medida das estratégias de regulação emocional possibilitou uma visão mais clara acerca do estado da arte das pesquisas referentes à temática. Verifica-se que os estudos internacionais convergem quanto à prevalência de algumas estratégias cognitivas de regulação emocional. Entre elas, a reavaliação e a supressão da emoção (Gross, 1998; 2002; Ochsner & Gross, 2005), o culpar a si próprio, o culpar o outro, a ruminação, o *catastrophizing*, o colocar em perspectiva, o repensar positivamente, a reavaliação positiva, a aceitação, o repensar o planejamento (Garnefski & Kraaij, 2007; Garnefski, *et al.*, 2001). Em linhas gerais, predomina o emprego de escalas do tipo Likert, com propriedades psicométricas boas ou, pelo menos, satisfatórias.

Diferentemente da literatura internacional, a consulta, nas bases eletrônicas de dados e em periódicos nacionais impressos, demonstra uma escassez de produções sobre o conhecimento e o uso de estratégias de regulação emocional por adultos. Predominam, na literatura nacional, investigações sobre como as crianças, em diferentes contextos, regulam suas emoções (Cruvinel, 2009; Dias, *et al.*, 2000; Lopes & Loureiro, 2007; Oliveira, *et al.*, 2003; Santos, 2005; Vikan & Dias, 1996). Estudos com adolescentes apareceram com menor frequência (Balbinotti, *et al.*, 2006; Câmara & Carlotto; 2007).

Em linhas gerais, pode-se dizer que as estratégias de regulação emocional encontradas nas investigações nacionais com crianças foram semelhantes entre si. Algumas estratégias de regulação emocional que emergiram na literatura nacional assemelharam-se àquelas da literatura internacional.

Outro ponto importante da revisão de literatura ora realizada diz respeito ao fato de que a maior parte das pesquisas internacionais e nacionais sobre estratégias de regulação emocional teve por base instrumentos de autorrelato que não avaliam diretamente o seu emprego. Por conseguinte, pesquisas futuras devem ser orientadas à construção de instrumentos que possibilitem estudos observacionais, em situações naturais e específicas.

Além disso, embora se saiba que a regulação emocional tem um impacto grande no processamento da informação e na aprendizagem, poucas iniciativas foram, até então, devotadas ao exame dessas inter-relações (Cruvinel, 2009). Especificamente no que concerne à realidade brasileira, isso é especialmente verdadeiro. No entanto, avanços ainda precisam ser feitos em direção à construção de instrumentos mais objetivos para a mensuração das estratégias de regulação emocional, incorporando o conhecimento existente oriundo de pesquisas qualitativas. O exame mais aprofundado dessa relevante variável deve também ser realizado em outras etapas do desenvolvimento e em diferentes segmentos da escolarização formal.

Por fim, recomenda-se que o esforço inicial empreendido neste capítulo para se mapear e se organizar as informações acerca das principais formas de avaliação das estratégias de regulação emocional na literatura nacional e internacional seja aprimorado por pesquisas futuras voltadas ao detalhamento e ao monitoramento dos avanços na área.

REFERÊNCIAS

Acremont, M. d' & Lindenb, M. Van der. (2007). How is impulsivity related to depression in adolescence? Evidence from a french validation of the cognitive emotion regulation questionnaire. *Journal of Adolescence*, 30, 271–282.

Arango, M. I. R. (2007). Regulación emocional y competencia social en la infância. *Revista Diversitas – Perspectivas en Psicologia, 3*(2), 349-363.

Balbinotti, M. A. A., Barbosa, M. L. L., & Wiethaeuper, D. & Teodoro, M. L. M. (2006). Consistência interna e fatorial do Inventário Multifatorial de Coping para Adolescentes. *Psico-USF,* 11(2), 175-183.

Bock, A. M. B., Furtado, O., & Teixeira, M. L. (1993). *Psicologias: Uma introdução ao estudo de psicologia.* São Paulo: Saraiva.

Boruchovitch, E. (2004). A autorregulação da aprendizagem e a escolarização inicial. In Boruchovitch, E.; Bzuneck, J. A. (Org.), *Aprendizagem, processos psicológicos e contexto social da escola.* (pp. 55-88). Petrópolis: Vozes.

Câmara, S. G., & Carlotto, M. S. (2007). *Coping* e gênero em adolescentes. *Psicologia em Estudo,* 12(1), 87-93

Cruvinel, M. (2009). *Correlatos cognitivos e psicossociais de crianças com e sem sintomas depressivos.* Tese de Doutorado. Faculdade de Educação, UNICAMP-SP.

Cruvinel, M., & Boruchovitch, E. (2004). *Pranchas projetivas para a avaliação da autorregulação emocional de alunos do Ensino Fundamental.* Manuscrito não publicado. Universidade Estadual de Campinas, São Paulo, SP.

Davidoff, L. L. (2001). *Introdução à psicologia.* (3ª ed.). São Paulo: Makron Books.

Dell'Agli, B. A. V. (2008). *Aspectos afetivos e cognitivos da conduta em crianças com e sem dificuldades de aprendizagem.* Tese de Doutorado. Faculdade de Educação, UNICAMP-SP.

Dell'Aglio, D. D. (2000). O processo de *coping,* institucionalização e eventos de vida e crianças e adolescentes. Tese de Doutorado não publicada, instituto de Psicologia, Universidade Federal do Rio Grande do Sul, Porto Alegre.

Del Prette, Z. A. P., & Del Prette, A. (2005). *Psicologia das habilidades sociais na infância: Teoria e prática.* Petrópolis, RJ: Vozes.

Dias, M. G. B. B., Vikan, A., & Gravas, S. (2000). Tentativas de crianças em lidar com as emoções de raiva e tristeza. *Estudos de Psicologia*, 5(1), 49-70.

Fabes, R. A., Eisenberg, N., & Bernzweig, J. (1990). The coping with children's negative emotions scale: Procedures and scoring. Available from authors. Arizona State University.

Frydenberg, E. & Lewis, R. (1997). *Escalas de afrontamiento para adolescentes: Manual.* Madrid: Publicaciones de Psicología Aplicada.

Feng, X., Shaw, D. S., Kovacs, M., Lane, T., O'Rourke, F. E., & Alarcon, J. H. (2008). Emotion regulation in preschoolers: The roles of behavioral inhibition, maternal affective behavior, and maternal depression. *Journal of Child Psychology and Psychiatry*, 49(2), 132-141.

Flavell, J. H., Miller, P. H. & Miller, S. A. (1999). *Desenvolvimento cognitivo*. (3ª ed.). Porto Alegre: Artes Médicas.

Garnefski, N., & Kraaij, V. (2007). The cognitive emotion regulation questionnaire. *Cognitive Emotion Regulation European Journal of Psychological Assessment*, 23(3), 141–149.

Garnefski, N., Kraaij, V., & Spinhoven, P. (2001). Negative life events, cognitive emotion regulation and depression. *Personality and Individual Differences, 30*, 1311–1327.

Garrido-Rojas, L. (2006). Apego, emoción Y regulación emocional. Implicaciones para a salud. *Revista Latinoamericana de Psicología*, 38(3), 493-507.

Giacomoni, C. H., & Hutz, C. S. (2006). Escala de afeto positivo e negativo para crianças: Estudos de construção e validação. *Psicologia Escolar e Educacional*, 10(2), 235-245.

Goldin, P. R., McRae, K.; Ramel, Wi., Gross, J. J. (2008). The neural bases of emotion regulation: Reappraisal and suppression of negative emotion. *Biological Psychiatry*, 63(6), 577-586.

Graziano, P. A., Reavis, R. D., Keane, S. P., & Calkins, S. D. (2007). The role of emotion regulation in children's early academic success. *Journal of School Psychology*, 45, 3-19.

Grolnick, W. S., Wendy, S, Bridges, L. J., & Connell, J. P. (1996). Emotion regulation in two-year-olds: Strategies and emotional expression in four contexts. *Child Development*, 67, 928-941.

Gross, J. J. (1998). The emerging field of emotion regulation: An integrative review. *Review of General Psychology*, 2(3), 271-299.

Gross, J. J. (2002). Emotion regulation: Affective, cognitive, and social consequences. *Psychophysiology*, 39(3), 281-291.

Gross, J. J., & John, O. P. (2003) Individual differences in two emotion regulation processes: Implications for affect, relationships, and well-being. *Journal of Personality and Social Psychology*, 85(2), 348–362.

Gross, J. J., & Levenson, R. W. (1997). Hiding feelings: The acute effects of inhibiting negative and positive emotion. *Journal of Abnormal Psychology*, 106(1), 95-103.

Gross, J. J., Richards., J. M., & John, O. P. (2006). Emotion regulation in everyday life. In Snyder D. K., Simpson, J., Hughes, J. N. (Eds.). *Emotion regulation in couples and families: Pathways to dysfunction and health.* (pp. 13-35). Washington, DC, US: American Psychological Association. xiv, 332 pp.

Hervás, G., & Jódar, l. (2008). Adaptación al castellano de la Escala de dificultades en la regulación emocional. *Clínica y Salud*. Madrid, 19(2). Acessado em 05/29/2009, de http://scielo.isciii.es

Kopp, C. B. (1989). Regulation of distress and negative emotions: A developmental view. *Developmental Psychology*, 25 (3), 343-354.

Lopes, J. & Loureiro, S. R. (2007). Enfrentamento e regulação emocional de crianças filhas de mães depressivas. *Interação em Psicologia, 11*(2), 253-262.

Lopez, D. F., & Little, T. D. 1996. Children's action-control beliefs and emotional regulation in the social domain. *Developmental Psychology, 32*(2), 299-312.

Lunkenheimer, E. S., Shields, A. M., & Cortina, K. S. (2007). Parental emotion coaching and dismissing in family interaction. *Social Development, 16*(2) 232-248.

Martins, E. I. C. (2007). *Regulação emocional diádica, temperamento e nível de desenvolvimento aos 10 meses como preditores da qualidade de vinculação aos 12/16 meses.* Instituto de Educação e Psicologia. Tese de doutoramento em Psicologia. Universidade do Minho.

Mauss, I. B., Cook, C. L., Cheng, J. Y. & Gross, J. J. (2007). Individual differences in cognitive reappraisal: Experiential and physiological responses to an anger provocation. *International Journal of Psychophysiology, 66*(2), 116-124.

Melo, A. I. M. T. (2005). *Emoções no período escolar: Estratégias parentais frente à expressão emocional e sintomas de internalização e externalização da criança.* Dissertação de Mestrado. Instituto de Psicologia, Universidade do Minho.

Melo, A., Moreira, P., & Soares, I. (2004). *Questionário de* coping *com emoções positivas-pais*. Disponível com os autores. Instituto de Educação e Psicologia, Universidade do Minho.

Ochsner, K. N., & Gross, J. J. (2005). The cognitive control of emotion. *Trends in Cognitive Sciences, 9*(5), 242-249.

Oliveira, S. S. G. de, Dias, M. da G. B. B., & Roazzi, A. (2003). O lúdico e suas implicações nas estratégias de regulação das emoções em crianças hospitalizadas. *Psicologia: Reflexão e Crítica, 16*(1), 1-13.

Raftery, J. N., & Bizer, G. Y. (2009). Negative feedback and performance: The moderating effect of emotion regulation. *Personality and Individual Differences, 47*, 481–486.

Ryan-Wenger, N. M. (1990). Development and psychometric properties of the Schoolagers' Coping Strategies Inventory. *Nursing Research, 39*(6), 344-9.

Santos, S. A. (2005). *Raciocínio emocional e regulação afetiva numa perspectiva desenvolvimental na infância*. Dissertação de Mestrado. Instituto de Psicologia, UFU-MG.

Shields, A. M., & Cicchetti, D. (1997). Emotion regulation among school-age children: The development and validation of a new criterion Q-Sort Scale. *Developmental Psychology, 33*(6), 906-916.

Sisto, F. F. (2004). Traços de personalidade de crianças e emoções: Evidência de validade. *Paidéia, 14*(29), 359-369.

Sisto, F. F., & Bazi, G. A. P. (1999). *Autopercepção de emoções*. Relatório de Pesquisa, Faculdade de Educação. UNICAMP.

Srivastava, S., Tamir, M., McGonigal, K. M., Gross, J. J., & John, O. P. (2009). The social costs of emotional suppression: A prospective study of the transition to college. *Journal of Personality and Social Psychology, 96*(4), 883-897.

Thompson, R. A. (1994). Emotion regulation: A theme in search of a definition. *Monographs of the Society for Research in Child Development, 59*, 25-52.

Thompson, R. A., Lewis, M. D., & Calkins, S. D. (2008). Reassessing emotion regulation. *Child Development Perspectives, 2*(3), 124–131.

Vikan, A., & Dias, M. G. (1996). Estratégias para o controle das emoções: Um estudo transcultural entre crianças. *Arquivos Brasileiros de Psicologia, 48*, 80-95.

Walden, T. A., Harris, V. S. & Catron, T. F. (2003). How I feel: A self-report measure of emotional arousal and regulation for children. *Psychological Assessment, 15*(3), 399-412.

13

TESTES PSICOLÓGICOS PARA AVALIAÇÃO DE SURDOS: UMA BREVE REVISÃO DA LITERATURA

Vera Lucia Marques de Figueiredo
Antonielle Cantarelli Martins
Francielle Cantarelli Martins
Olga Cassal Viedo
Shana Gularte Della Vechia
Tharso de Souza Meyer
William Martins de Oliveira

Desde a década de 1950 passou-se a ter preocupação com os direitos das minorias étnicas, indivíduos com deficiências e outros grupos minoritários (Anastasi & Urbina, 2000). Da mesma forma, a área de avaliação psicológica preocupou-se com a questão cultural influenciando nos resultados dos testes. Considerando que o teste avalia amostras de comportamentos e que reflete a influência da cultura do indivíduo, cuidados relativos à aplicabilidade dos testes às pessoas com desvantagens culturais, pertencentes a grupos minoritários devem ser considerados.

Os surdos têm uma cultura própria na qual se valem de uma comunicação específica, sendo a língua de sinais a sua primeira forma de expressão e a da sociedade majoritária a segunda. Segundo Marchesi (2007), é importante que os psicólogos procurem conhecer os processos linguísticos, cognitivos e sociais na busca de facilitar o processo de inclusão dos surdos.

A Organização Mundial de Saúde (OMS, 2006) estima que 278 milhões de pessoas têm perda auditiva bilateral de moderada a profunda. Com base nesta estimativa, o Ministério da Saúde, através da portaria nº 1.661, de 7 de novembro de 1997, publicada no *Diário Oficial da União*, informou que havia 2.250.000 pessoas com deficiência auditiva no Brasil (www.feneis.com.br). Alguns dados estatísticos podem auxiliar no conhecimento sobre a população surda no Brasil. O Instituto Brasileiro de Geografia e Estatística (IBGE), no senso de 2000, fez uma estimativa de 5,7 milhões entre surdos e deficientes auditivos (www.ibge.gov.br), não conseguindo identificar o número real de surdos brasileiros, em razão de dificuldades como a falta de especificação do nível da deficiência no instrumento de recenseamento.

Considerando o número cada vez maior de surdos, surgiram movimentos sociais e políticos tentanto resgatá-los da marginalização linguístico-educacional. Com a inserção deles no sistema educacional, seja nas escolas inclusivas, seja nas exclusivas, há uma demanda de profissionais especializados, metodologias e instrumentos adequados para atender às necessidades dessa população, com características tão específicas.

No Brasil, os surdos usam a Língua Brasileira de Sinais (LIBRAS), que foi oficializada pela Lei Federal 10.436 de 24 de abril de 2002. Entende-se como LIBRAS a forma de comunicação e expressão em que o sistema linguístico de natureza visomotora, com estrutura gramatical própria, constitui um sistema linguístico de transmissão de ideias e fatos, oriundos de comunidades de pessoas surdas do Brasil.

A Psicologia também apresenta sua inserção na história da cultura surda. Para melhor atendê-la, os profissionais estão sempre buscando qualificação e técnicas adaptadas. Quanto ao processo de avaliação, ao serem utilizados testes psicológicos, não há garantia da efetiva validade dos resultados, uma vez que geralmente são construídos para a população de ouvintes.

Segundo Vernon (2005), a crença lançada por Aristóteles, contida em relatórios psicológicos e apoiada pela Conferência de Milão de 1880, de que surdos eram inferiores aos ouvintes, persistiu por décadas. Tal crença ainda permanece atualmente de forma subentendida em alguns relatórios clínicos. Vernon também foi o primeiro psicólogo que percebeu os surdos como uma comunidade heterogênea, sem focalizar o quanto a etiologia da surdez influenciava a cognição e outras características psicológicas.

Diante do exposto, este capítulo, com o intuito de ampliar os conhecimentos sobre o referido tema, relata o breve levantamento feito na literatura sobre os testes psicológicos mais utilizados na avaliação de indivíduos surdos usuários da língua de sinais.

Nesse levantamento, para fins de revisão da literatura, não houve restrição quanto ao período de publicação, sendo consultados bancos de dados eletrônicos (Eric, Google Acadêmico, Medline e Lilacs), revistas científicas e referências bibliográficas citadas nos artigos usando-se como palavras-chave: *"deafness and psicometrich tests"*, *"deaf and Psicology"*, *"deaf and intelligence"* e os mesmos termos em português ("surdez e testes psicométricos", "surdo e psicologia", " surdo e inteligência"). Na busca, deu-se prioridade aos trabalhos relacionados à avaliação da inteligência. Alguns dos artigos selecionados foram obtidos na íntegra, ao passo que outros, apenas os *abstracts*.

Foram encontrados artigos que abordavam a avaliação psicológica em indivíduos surdos. Para a apresentação dos dados encontrados, optou-se por organizá-los segundo os objetivos dos testes utilizados. Assim, em primeiro lugar, serão apresentados os testes de inteligência, seguidos dos testes de aptidão e, por último, os estudos que contemplaram a aplicação de testes de personalidade em surdos. A medida da inteligência será abordada em detalhes em razão da antiguidade e da quantidade de estudos identificados. Especial ênfase será dada aos artigos que contemplaram as Escalas Wechsler de Inteligência, objeto de estudo dos autores sobre a adaptação da Escala Wechsler de Inteligência para Crianças, terceira edição (WISC-III), para surdos.

TESTES DE INTELIGÊNCIA

Os primeiros estudos sobre a avaliação psicológica de surdos foram relacionados à medida da inteligência. Vernon (2005), através de uma compilação dos principais instrumentos usados em um estudo de revisão sobre a inteligência de surdos e deficientes auditivos, cobriu cinquenta anos de produção científica.

Pintner e Patterson, entre 1915 e 1917, citados por Vernon (2005), foram os primeiros a administrar testes de inteligência em deficientes auditivos. Os autores notaram que, em se tratando de escalas verbais de inteligência, os surdos ficavam classificados como deficientes mentais. Percebendo que o construto medido não era a inteligência, e sim a deturpação linguística concomitante com a surdez, Pintner e Patterson, em 1921, criaram o *Pintner Non-Language Test*, com o objetivo de mensurar a inteligência independentemente da variação linguística. No mesmo período, Reamer, em 1921, testou 2.660 crianças surdas com uma bateria de seis testes não verbais, incluindo o *Pintner Drawing Completion Test* e um teste similar ao *Knox Cubes*. Os resultados indicaram um retardo mental de aproximadamente dois anos na amostra de surdos. Mais tarde, Day, Fusfeld e Pintner, em 1928, com uma amostra de 4.432 indivíduos com idades entre doze a 21 anos, chegaram à mesma conclusão de retardo. Drever e Collins, também em 1928, publicaram os resultados de um estudo, em que foi aplicada uma série de provas não verbais (não especificadas) a duzentas crianças surdas e duzentos ouvintes, concluindo que, quando independia da linguagem verbal, surdos e ouvintes obtinham escores de inteligência aproximados (Vernon, 2005).

Ainda com base no estudo de Vernon (2005), na década de 1930, havia referências à utilização do *Goodenough Draw-A-Man Test*, empregado por Peterson e Williams, em 1930, e por Shirley e Goodenough, em 1932. O teste da figura humana trazia alguns problemas na administração, uma vez que o examinador deveria desenhar uma figura como forma de dar a instrução para a criança. Nos resultados, os QIs foram classificados como médio inferior. Destaca-se, na década de 1940, o trabalho de Johnson que usou o teste *Chicago Non-Verbal* em 57 crianças, encontrando QIs que variaram de 73 a 99. Em 1948, Myklebust aplicou a escala de execução do *Wechsler Intelligence Scale for Children* (WISC) em crianças surdas que apresentaram QIs dentro da média.

Já na década de 1950, outro estudo com a escala de execução do WISC foi desenvolvido por Goetzinger e Rousey, os quais testaram 101 surdos entre catorze e 21 anos, encontrando QIs também dentro da média (Vernon, 2005). O próprio autor do estudo de revisão desenvolveu, na década de 1960, vários trabalhos com grupos de diferentes etiologias da surdez (genética, rubéola, prematuridade, meningite e incompatibilidade sanguínea) com amostras entre 39 e 130 participantes, encontrando médias em QI's que variaram entre 89 e 114.

Na década de 1980, o teste *Snijders-Oomen Non-verbal Intelligence Test* (SON-R), que avalia a inteligência não verbal por meio de sete provas, foi elaborado visando à avaliação específica de crianças surdas entre seis e catorze anos. O teste foi administrado a 768 alunos surdos e com déficit auditivo, abrangendo toda população surda holandesa, para a qual foram elaboradas normas de interpretação. O escore médio em QI para o grupo foi de 90,2, ou seja, dez pontos abaixo da população de ouvintes (QI = 100). Nos subtestes que envolviam raciocínio abstrato, o desempenho foi mais baixo que na população geral (Snijders, Tellegen, & Laros, 1988). No manual do teste não foram encontradas referências sobre como as instruções do teste foram dadas aos surdos. Outras edições foram criadas para a população geral, porém, os autores defendem que estas também podem ser utilizadas em surdos.

Braden e Paquin (1985) aplicaram o conjunto de execução do *Wechsler Intelligence Scale for Children Revised* (WISC-R) e o *Wechsler Adult Intelligence Scale Revised* (WAIS-R) em 32 adolescentes surdos que faziam parte de um programa de escola residencial. Nesse estudo encontraram correlações em torno de 0,44 (p = 0,008) entre os subtestes e as escalas de execução.

No estudo de Maller e Braden (1993) sobre a validade de construto e de critério do WISC-III com adolescentes surdos, foram testados também, com o *Stanford Achievement Test, Hearing-Inpaired Edition* (SAT-HI), trinta estudantes do antigo primeiro grau de escolas especiais. A média de idade foi de catorze anos. O trabalho foi feito partindo de quatro hipóteses: 1) o QI de execução (QIE) estaria dentro da média da amostra de normatização; 2) o QI verbal (QIV) estaria abaixo da média; 3) o QIE teria correlações de baixa a moderada com SAT-HI; 4) a QIV teria correlações moderadas a alta com os subtestes do SAT-HI. Os testes foram administrados por um psicólogo certificado, fluente em *American Sign Language* (ASL), *Pidgin Signed Language* (PSE), Inglês sinalizado e Inglês oralizado. A aplicação seguiu as regras de padronização do WISC-III, respeitando o modo preferencial de comunicação das crianças. Todas as hipóteses foram confirmadas e os resultados do QI total (QIT) se apresentaram dentro da média, mas abaixo dos resultados da amostra de normatização.

O estudo de Maller e Ferron (1997) teve como objetivo investigar a invariância fatorial do WISC-III quando aplicado em crianças surdas que usavam língua de sinais. Para o estudo foram selecionados 110 estudantes de escolas que enfatizavam o uso da língua de sinais como primeira língua: os participantes tinham, no mínimo, 75 decibéis (dB) de perda auditiva e não tinham nenhum transtorno associado. Metade da amostra era do sexo feminino e 30% era composta de minorias étnicas. Todas as instruções e itens verbais do WISC-III foram traduzidos para língua americana de sinais ou *Pidgin Signed English*. O modelo de quatro fatores foi identificado também na amostra estudada. Entretanto, os coeficientes de variância indicaram que os construtos avaliados diferiam entre os grupos, como, por exemplo, o subteste Dígitos, que, ao ser aplicado em surdos, avalia a memória visual e não a auditiva.

Outro estudo que investigou o modelo fatorial do WISC-III para surdos foi o de Sullivan e Montoya (1997). O teste foi aplicado em uma amostra de 106 crianças, as quais apresentavam perda auditiva de 45 dB e tinham diferentes etiologias de surdez. Todos os subtestes foram aplicados por psicólogos de acordo com o modo preferencial de comunicação do surdo (Língua Americana de Sinais, auxílio de intérpretes ou comunicação oral). A classificação do QI Verbal médio foi limítrofe, o de Execução foi médio e o Total foi médio inferior. Ademais, foram identificados dois fatores denominados "Compreensão de Linguagem" e "Organização Visoespacial", os quais, segundo os autores, tinham sido encontrados também por Sullivan e Schulte com o teste WISC-R. No estudo de Mackinson, Leigh, Blennerhassett e Anthony (1997), o WISC-III foi utilizado como medida de critério para validar o teste TONI-2[1], que avalia a capacidade de solução de problemas não verbais, por meio de itens relativamente livres de carga cultural. A faixa de idade para aplicação do teste é de cinco até 85 anos e onze meses, exigindo um tempo aproximado de 15 minutos para ser aplicado, tornando-se uma medida prática e rápida do funcionamento cognitivo geral. O estudo pesquisou a validade concorrente, de construto e preditiva e sua utilidade com crianças surdas e

---

[1] O TONI-3, Teste de Inteligência Não Verbal, foi adaptado e aprovado pelo Conselho Federal de Psicologia em 2007 para o uso no Brasil.

deficientes auditivas. Os resultados da pesquisa obtidos com 27 crianças indicaram a existência de uma correlação positiva moderada entre TONI-2 e os subtestes de execução do WISC-III. A validade de construto foi estabelecida pelas significativas correlações entre TONI-2 e cinco dos seis subtestes do WISC-III. Foi investigada também a validade preditiva dos escores do TONI-2 e de suas medidas de desempenho com o SAT. Os resultados mostraram valor preditivo no subteste soletração, na solução de problemas matemáticos e nas tarefas de raciocínio do SAT.

O teste *Universal Nonverbal Intelligence Test* (UNIT) de aplicação individual para crianças de cinco a dezessete anos de idade é composto de provas de Memória Simbólica, Memória Espacial, Raciocínio Analógico e Memória de Objeto. Na amostra de padronização foi feito um estudo com grupo de ouvintes e crianças com surdez profunda, no qual se observou a função diferencial dos itens para os dois grupos (Maller, 2000). Os resultados demonstraram que a probabilidade de respostas corretas não é influenciada pela audição.

No estudo de revisão sobre questões relativas à seleção e administração dos testes neuropsicológicos para deficientes físicos ou sensoriais, Hill-Briggs, Dial, Morere e Joyce (2007) apontaram alguns testes que normalmente são usados com indivíduos surdos. Entre eles, citam o *Wechsler Adult Intelligence Scale Third Edition* (WAIS-III), *Comprehensive Test of Nonverbal Intelligence* (CTONI), *Woodcock Johnson* (WJ-III) e *Universal Nonverbal Intelligence Test* (UNIT). Os autores salientam que medidas cognitivas que têm uma grande carga para habilidades verbais não são medidas apropriadas para indivíduos surdos, como as escalas Wechsler de Inteligência.

Numa tentativa de investigar se provas verbais são adequadas para avaliar a inteligência de surdos, em 2006 um grupo de pesquisa da Universidade Católica de Pelotas, Rio Grande do Sul, iniciou os estudos sobre a adequação do teste WISC-III para surdos. O projeto contou com estudantes bolsistas de iniciação científica em Psicologia, sendo uma surda, instrutora de LIBRAS, e intérpretes. Após um estudo teórico dos itens verbais apreciados por especialistas, os subtestes foram aplicados a um grupo de quinze estudantes surdos, alunos de escolas inclusivas e exclusivas. Foi observado que o conteúdo de vários itens não se mostrou adequado ao contexto dessa amostra e que alguns conceitos não têm uma tradução equivalente em LIBRAS. Observou-se também que apenas a tradução dos itens e das instruções para língua de sinais não foi suficiente para a compreensão dos surdos e, portanto, várias modificações e adaptações no conteúdo do teste são necessárias. Alguns trabalhos já foram apresentados com dados preliminares (Figueiredo *et al.*, 2008).

Barbosa, Macedo, Lukasova, Penna e Torres (2007) e Barbosa (2008) desenvolveram estudos com objetivo de validar o TONI-3, Parte A, nas versões tradicional e computadorizada, em escolares. Os resultados mostraram a viabilidade do teste, nas duas versões, para avaliação da inteligência de indivíduos surdos.

HABILIDADES ESPECÍFICAS

No estudo de Monteiro e Andrade (2005), o raciocínio abstrato, espacial e numérico de adolescentes surdos foram mensurados através da Bateria de Provas de Raciocínio (BPR-5), instrumento de avaliação das habilidades cognitivas que oferece estimativas do funcionamento cognitivo geral e de cinco áreas específicas: raciocínio verbal (RV), mecânico (RM), numérico (RN), espacial (RE) e abstrato (RA) (Primi & Almeida, 2000). No referido estudo foram testados quatro surdos, porém, segundo os autores, devido à particularidade da população e por apresentarem extenso conteúdo verbal, as provas de raciocínio verbal e mecânico não foram aplicadas. Os dados coletados indicaram que o raciocínio espacial obteve o melhor resultado nessa amostra, sugerindo que os surdos têm a capacidade de visualização mais desenvolvida do que as outras habilidades avaliadas. Os desempenhos em raciocínio numérico apresentaram menores percentis, sendo em todos os quatro casos abaixo da média.

Hill-Briggs, Dial, Morere e Joyce (2007) citam testes como *Delis-Kaplan Executive Function System* (D-KEFS), Escalas Wechsler, WJ-III, Torres de Hanói, *Wisconsin Card Sorting Test* (WCST), *Continuous Performance Test* (CPT II) e *Test of Variables of Attention* (T.O.V.A) para avaliação neuropsicológica de habilidades em surdos. Propõem provas ou partes de tais testes para investigação de funções como memória, atenção, funcionamento executivo, raciocínio fluido e percepção visomotora.

CARACTERÍSTICAS DE PERSONALIDADE

Técnicas projetivas também têm sido usadas na avaliação de aspectos emocionais de surdos. O estudo de Angelini e Oliveira (2003) teve como objetivo investigar a possibilidade de utilização do teste Zulliger. Dez pessoas surdas, na faixa etária entre 21 e 33 anos, com perdas profundas de audição, filhos de pais ouvintes, cursando ou já tendo cursado o Ensino Médio em escola especial ou regular, com ocupação profissional, frequentando a Sociedade dos surdos do Rio Grande do Sul (SSRS) participaram do estudo. Os dados coletados indicaram a viabilidade da aplicação do Zulliger em pessoas surdas, desde que aplicado por um profissional especialista na língua de sinais. No grupo estudado foram evidenciadas algumas características de personalidade, tais como: boa capacidade de produção; necessidade de carinho, afeto e apoio; baixo controle geral sobre seus dinamismos psíquicos e reações afetivo-emocionais, e ansiedade situacional e depressão.

O estudo de Cardoso e Capitão (2007) teve como objetivo levantar evidências de validade da técnica de Pfister no contexto da surdez, além de analisar possíveis influências dos modelos educacionais nas crianças surdas. Participaram 37 ouvintes e 81 surdos. Os grupos foram compostos por crianças de seis a doze anos, de ambos os sexos e escolaridade do pré à sexta série do Ensino Fundamental. Na comparação dos grupos - surdos e ouvintes - foi observada a prevalência da cor violeta (atribuída à tensão e à ansiedade) em crianças surdas. Segundo os autores, o estudo corroborou evidências de validade para o uso do teste de Pfister com crianças surdas.

Os testes *House-Tree-Person* (HTP), adaptado por John Buck e o Desenho da Figura Humana (DFH), proposto por Machover, foram aplicados a uma amostra de onze participantes surdos de seis a doze anos, que frequentavam escolas municipais da cidade de São Carlos (SP) e teve como objetivo analisar aspectos da personalidade (Peres, 2000, 2003). Para esse autor, a atividade gráfica fornece elementos que permitem uma investigação psicológica bastante abrangente para os surdos. Outro trabalho, desenvolvido por Cardoso e Capitão (2009), também usou a técnica projetiva do Desenho da Figura Humana, a qual foi aplicada a um grupo de 118 crianças, entre elas 81 surdos. O objetivo foi validar o instrumento para crianças que não conseguem verbalizar devido a questões emocionais ou orgânicas. O teste mostrou-se sensível para avaliação de surdos. No estudo de revisão de Hill-Briggs, Dial, Morere e Joyce (2007) há referência do emprego dos testes Rorschach e TAT para avaliação da personalidade de surdos. Os autores recomendam, entretanto, que as respostas em língua de sinais devam ser gravadas para fins de revisão durante o processo de pontuação.

A Escala Analógica de Humor, traduzida e validada para o português, foi adotada por Sanchez e Gouveia Jr. (2008) para avaliar sentimentos e atitudes dos surdos. Os objetivos do trabalho foram traduzir o instrumento utilizando o alfabeto digital e LIBRAS, gerando uma escala trilíngue (português, LIBRAS e alfabeto digital), além de testar a tradução para comparar a ansiedade entre não surdos e surdos falantes de LIBRAS. O estudo foi realizado com quinze surdos e quarenta ouvintes, com idades entre onze e dezoito anos. Os resultados indicaram a possibilidade do uso dessa escala para estudos de ansiedade em pessoas com surdez.

CONCLUSÃO

A revisão da literatura permitiu identificar que, desde o início da história dos testes psicológicos houve também interesse pela avaliação de grupos especiais. Segundo Vernon (2005), desde a década de 1920, encontram-se estudos relacionados à avaliação da inteligência de surdos; o autor apresentou, num artigo de revisão de cinquenta anos, as diferentes técnicas empregadas na testagem e a preocupação com as diferenças observadas no desempenho cognitivo dos surdos, quando comparados com os ouvintes. Por outro lado, identificou-se menor quantidade de pesquisas relacionadas a outras habilidades cognitivas e características de personalidade de surdos.

Entre os testes de inteligência, a maioria dos estudos referia-se à utilização de instrumentos com conteúdos não verbais e, entre eles, o emprego das Escalas Wechsler de Inteligência, nas mais variadas versões. Alguns autores administraram somente o conjunto de execução, ao passo que outros aplicaram ambas as escalas (verbal e não verbal), traduzindo os itens e as instruções para a língua de sinais, sem se referirem às adaptações pertinentes à estrutura da língua e às características peculiares da cultura surda.

Os estudos mostraram, na sua maioria, que os surdos apresentam desempenho cognitivo inferior ao do ouvinte. Por outro lado, alguns autores como Drever e Collins, em 1928, citados por Vernon (2005) e Snijders, Tellegen e Laros (1989), já alertavam que quando as instruções ou o material do teste envolvem conhecimentos ou habilidades verbais, crianças surdas sempre terão desvantagens. Esse aspecto deve ser levado em consideração na interpretação dos escores dos testes de inteligência. Desvantagens observadas nos escores obtidos por surdos podem ser resultantes de instrumentos de avaliação não adequados.

No manual da terceira edição da Escala Wechsler de Inteligência para Crianças (WISC-III), o autor adverte os examinadores que desvios dos procedimentos padrão de aplicação podem reduzir a validade dos resultados encontrados nos testes. No entanto, alerta que, "flexibilizar pode ser necessário para equilibrar as necessidades das crianças, desde que mantidos os procedimentos habituais" (Wechsler, 1991, p. 38). No caso de crianças surdas, o manual do teste sugere modificações, como a tradução para língua de sinais e o uso de outros auxílios visuais, desde que aqueles que estão avaliando saibam do impacto das modificações feitas.

Entretanto, deve-se ter cautela com tais considerações, pois no estudo piloto feito com uma pequena amostra de surdos, foi identificada a necessidade de várias adaptações no conteúdo dos itens, na sintaxe das questões e nas próprias instruções do WISC-III. Não foram encontrados sinais próprios para muitos vocábulos e expressões utilizadas no teste. Considerando que a língua de sinais vale-se de representações para traduzir ideias, muitos termos não têm equivalência com a palavra expressa ou escrita pelo ouvinte. (Figueiredo *et al.*, 2008; Oliveira *et al.*, 2009; Vechia *et al.*, 2009).

Muitos estudos identificados na literatura foram meramente exploratórios, sem a preocupação de realizar análises que evidenciassem as características psicométricas dos instrumentos para surdos, uma vez que foram empregados para populações culturalmente diferentes das utilizadas na padronização dos testes. As amostras referidas, na maior parte das pesquisas, não foram representativas, dificultando a generalização dos resultados.

Este trabalho tenta trazer contribuições no sentido de oferecer aos psicólogos interessados na área de avaliação psicológica de grupos especiais um panorama geral sobre testes usados com surdos. Entretanto, o levantamento apresenta limitações quanto à amplitude da busca, tanto em relação aos descritores, às fontes, como em relação ao período das publicações, não esgotando a revisão.

Percebe-se a carência na área da Psicologia em relação ao atendimento e entendimento da comunidade surda. É de extrema importância que pesquisas continuem sendo feitas, envolvendo amostras mais significativas, estudos de validade e fidedignidade e, principalmente, o estabelecimento de normas apropriadas, visando à produção de ferramentas mais confiáveis na avaliação de surdos.

Outra iniciativa importante seria a união de esforços dos psicólogos no sentido de se preocuparem também com a elaboração de novos instrumentos, ou seja, com a construção de técnicas que atendam às especificidades culturais dos grupos especiais. Os primeiros trabalhos da década de 1920 já alertavam que testes verbais – especificamente construídos para população de ouvintes – são inapropriados para mensurar a inteligência de surdos.

REFERÊNCIAS

Anastasi, A., & Urbina, S. (2000). *Testagem Psicológica*. Porto Alegre: Artes Médicas.

Angelini, S. N., & Oliveira, R. V. (2003). Aplicação do teste verbal Zulliger (forma individual) em pessoas surdas. *PSIC – Revista de Psicologia da Vetor Editora, 4*(1), 82-93.

Barbosa, A. C., Macedo, E. C., Lukasova, K., Penna, J. S., & Torres, C. M. (2007). Avaliação de inteligência em escolares surdos: Validação do test of nonverbal intelligence (TONI). [Resumo]. In Instituto Brasileiro de Avaliação Psicológica (Org.), R*esumos de Comunicações Científicas*. XXX Congresso de Avaliação Psicológica (p. 222). Recife: IBAP.

Barbosa, A. C. C. (2008). *Busca por evidências de validade do este de inteligência não-verbal (TONI-3) para escolares surdos*. Dissertação de Mestrado Não Publicada, Programa de Pós-Graduação em Distúrbios do Desenvolvimento, Universidade Presbiteriana Mackenzie, São Paulo.

Braden, J. P., & Hannah, J. M. (1998). Assessment of hearing-impaired and deaf children with the WISC-III. In Prifitera, A., & Saklofske, D. (Orgs.), *WISC-III clinical use and interpretation* (pp. 175-201). San Diego: Academic Press.

Braden, J. P., & Paquin, M. (1985). A comparison of the WISC-R and WAIS-R performance scales in deaf adolescents. *Journal of Psychoeducational Assessment, 3*(3), 285-290.

Cardoso, L. M., & Capitão, C. G. (2007). Avaliação psicológica de crianças surdas pelo Teste das Pirâmides Coloridas de Pfister. *Psico-USF, 12*(2), 135-144.

Cardoso, L. M. & Capitão, C. G. (2009). Evidências de validade do teste do Desenho da Figura Humana para o contexto da surdez. *Avaliação Psicológica, 8*(2), 245-254.

Figueiredo, V. L. M. de (2001). *Uma adaptação brasileira do teste de inteligência WISC-III*. Tese de Doutorado Não Publicada, Programa de Pós Graduação em Psicologia, Universidade de Brasília, Brasília.

Figueiredo, V. L. M. de, Viedo, O. C., Cantarelli, A. Vechia, S. G. D., Oliveira, W. M. de, Cantarelli, F., & Meyer, T. S. (2008). Adaptação do WISC-III para surdos: Resultados Preliminares sobre a Análise Teórica dos Itens Verbais. In *Actas da XIII Conferência Internacional de Avaliação Psicológica: Formas e Contextos*. Braga, Portugal: Portifólio. (CD-ROM).

Hill-Briggs, F., Dial, J. G., Morere, D. A., & Joyce, A. (2007). Avaliação neuropsicológica de pessoas com deficiências físicas, deficiência visual ou cegueira e deficiência auditiva ou surdez. *Arquivos de Neuropsicologia Clínica, 22*, 389-404.

Mackinson J. A., Leigh I. W., Blennerhassett L, & Anthony S. (1997). Validity of the TONI-2 with deaf and hard of hearing children. *American Annals of the Deaf, 142*(4), 294-299.

Maller, S. J. (2000). Item invariance in four subtestes of the Universal Nonverbal Intelligence Test (UNIT) across groups of deaf and hearing children. *Journal of Psychoeducational Assessment, 18*(3), 240-254.

Maller, S. J., & Braden, J. P. (1993). The construct and criterion-related validity of the WISC-III with deaf adolescents. In Braken, B. A. (Org.), *Journal of Psychoeducational Assessment monograph series, advances in psychoeducational assessment: Wechsler Intelligence Scale for Children – Third Edition*. (pp. 105-113). San Antonio, TX: Psychoeducational Corporation.

Maller, S., & Ferron, J. (1997). WISC-III Factor Invariance Across Deaf and Standardization Samples. *Education Psychological Measurement*, 57(6), 987-994.

Marchesi, A. (2007). Desenvolvimento e educação das crianças surdas. In Coll, C., Marchesi, A. e Palácios, J. (Orgs.), *Desenvolvimento psicológico e educação. Transtornos do desenvolvimento e necessidades educativas especiais*. (pp. 171-192). Porto Alegre: Artmed.

Monteiro J. K., & Andrade C. G. (2005). Avaliação do raciocínio abstrato, numérico e espacial em adolescentes surdos. *Aletheia, 21*(2), 93-99.

Oliveira, W. M., Vechia, S. G. D., Martins, F. C., Meyer, T. S., Martins, A. C., Viedo, O. V., & Figueiredo, V. L. M. de. (2009). O subteste Informação do WISC-III está adequado para a cultura surda? In *IV Congresso Brasileiro de Avaliação Psicológica. XIV Conferência Internacional de Avaliação Psicológica: Formas e Contextos. V Congresso Brasileiro de Rorschach e outros métodos projetivos. Avaliação Psicológica: Formação, Atuação e Interfaces*. Campinas: Portifólio. (CD-ROM).

Peres, R. S. (2000). Aspectos da autoimagem em crianças portadoras de surdez. *Psicologia: Discência & Pesquisa: Revista de Iniciação Científica, 2*. Acesso em: 05/10/2009, de http://www.assis.unesp.br/revistadiscenciapesquisa/revista2.htm.

Peres, R. S. (2003). O desenho como recurso auxiliar na investigação psicológica de crianças portadoras de surdez. *PSIC – Revista de Psicologia da Vetor Editora*. São Paulo, 4(2), 22-29.

Primi, R. & Almeida, L. S. (2000). Estudo de Validação da Bateria de Provas de Raciocínio (BPR-5). Psicologia. Teoria e Pesquisa,. 16(2):165-173.

Sanchez, C. N. M., & Gouveia Jr., A. (2008). Adaptação da EAH para a população de surdos falantes de LIBRAS. *Revista Brasileira de Terapia Comportamental Cognitiva, 10*(2), 171-179.

Snijders, J. Th., Tellegen, P. J, & Laros, J. A. (1989). *Snijders-Oomen nonverbal intelligence test. S.O.N.-R 5 ½ -17. Manual and research report.* Groningen: Wolters-Noordhoff.

Sullivan, P. M. & Montoya, L. A. (1997). Factor Analysis of the WISC-III with deaf and hard-of-hearing children. *Psychological Assessment, 9*(3), 317-321.

Vechia, S. G. D., Oliveira, W. M., Martins, F. C., Meyer, T. S., Martins, A. C., Viedo, O. C., & Figueiredo, V. L. M. de. (2009). (Adaptação do subteste vocabulário para surdos). In *IV Congresso Brasileiro de Avaliação Psicológica. XIV Conferência Internacional de Avaliação Psicológica: Formas e Contextos. V Congresso Brasileiro de Rorschach e outros métodos projetivos. Avaliação Psicológica: Formação, Atuação e Interfaces.* Campinas: Portifólio. (CD-ROM).

Vernon, M. (2005). Fifty years of research on the intelligence of deaf and hard-of-hearing children: A review of literature and discussion of implications. *Oxford Journal, Journal of Deaf Studies and Deaf Education, 10*(3), 225-231.

Wechsler, D. (1991). Wechsler Intelligence Scale for Children – Third edition (WISC-III): *Manual.* San Antonio: Psychological Corporation.

SOBRE OS AUTORES

Organizadores

Acácia Aparecida Angeli dos Santos – Psicóloga. Doutora em Psicologia Escolar e do Desenvolvimento Humano pelo IP-USP. Professora da graduação e da pós-graduação *stricto sensu* da Universidade São Francisco. Bolsista de produtividade do CNPq.

Fermino Fernandes Sisto – Doutor pela Universidad Complutense de Madrid. Docente do curso de Psicologia e do Programa de pós-graduação *stricto sensu* em Psicologia da Universidade São Francisco. Bolsista de produtividade do CNPq.

Evely Boruchovitch – Psicóloga. Ph.D em Educação pela University of Southern California, professora associada e livre-docente da Faculdade de Educação da Universidade Estadual de Campinas (UNICAMP). Bolsista de produtividade do CNPq.

Elizabeth do Nascimento – Psicóloga. Doutora em psicologia pela Universidade de Brasília. Professora do curso de graduação em Psicologia e do programa de pós-graduação em Psicologia da Universidade Federal de Minas Gerais.

Autores dos capítulos

Adriana Cristina Boulhoça Suehiro – Psicóloga. Doutora em Psicologia pelo Programa de pós-graduação *stricto sensu* em Psicologia da Universidade São Francisco e docente da Universidade Federal do Recôncavo da Bahia, Santo Antônio de Jesus.

Ana Paula Porto Noronha – Psicóloga. Doutora em Psicologia, Ciência e Profissão pela Pontifícia Universidade Católica de Campinas. Professora da graduação e da pós-graduação *stricto sensu* da Universidade São Francisco. Bolsista de produtividade do CNPq.

Antonielle Cantarelli Martins – Psicóloga graduada pela Universidade Católica de Pelotas.

Altemir José Gonçalves Barbosa – Psicólogo. Mestre e doutor em Psicologia pela PUC-Campinas. Atualmente é professor do Departamento de Psicologia e coordenador do programa de pós-graduação em Psicologia da UFJF.

Denise Bortoletto – Pedagoga. Mestranda em Psicologia Educacional pela FE-UNICAMP. Bolsista da Capes.

Diana Margarida Pinheiro de Aguiar Vieira – Psicóloga. Doutora em Psicologia pela Faculdade de Psicologia e de Ciências da Educação (FPCE) da Universidade do Porto, Portugal. Professora do Instituto Politécnico do Porto.

Eliane Ferreira Carvalho Banhato – Psicóloga. Mestre em Desenvolvimento Humano pela Universidade Federal de Minas Gerais. Doutoranda em Saúde Brasileira pela Universidade Federal de Juiz de Fora. Professora da graduação no curso de Psicologia do Centro de Ensino Superior de Juiz de Fora e da Faculdade Machado Sobrinho.

Elisa Medici Pizão Yoshida – Doutora em Ciências (Psicologia) pela USP. Pós-doutorado na Universidade de Montreal, Canadá. Docente do programa de pós-graduação strito sensu em Psicologia e da Faculdade de Psicologia da PUC-Campinas.

Fabián Javier Marin Rueda – Psicólogo e doutor em Avaliação Psicológica pela Universidade São Francisco. Professor da graduação e do Programa de pós-graduação *stricto sensu* em Psicologia da Universidade São Francisco

Francielle Cantarelli Martins – Acadêmica do Curso de Psicologia da Universidade Católica de Pelotas.

Irai Cristina Boccato Alves – Psicóloga. Doutora em Psicologia pelo Instituto de Psicologia da Universidade de São Paulo. Docente da graduação e da pós-graduação na área de Avaliação Psicológica no Instituto de Psicologia da USP. Coordenadora do Laboratório Interdepartamental de Técnicas de Exame Psicológico (LITEP).

Irani I. de Lima Argimon – Doutora em Psicologia. Professora de graduação e pós-graduação em Psicologia da PUC-RS. Coordenadora do Grupo de Pesquisa "Avaliação e Intervenção no Ciclo Vital" – PUC-RS.

Katya Luciane de Oliveira – Psicóloga. Mestre em Psicologia pela Universidade São Francisco. Doutora em Psicologia, Desenvolvimento

Humano e Educação pela FE-UNICAMP. Professora adjunta do Curso de Psicologia da Universidade Estadual de Londrina.

Makilim Nunes Baptista – Doutor pelo Departamento de Psicologia Médica e Psiquiatria da Universidade Federal de São Paulo. Docente do Programa de pós-graduação *stricto sensu* em Psicologia da Universidade São Francisco. Bolsista de produtividade CNPq.

Marco Antônio Pereira Teixeira – Psicólogo. Doutor em Psicologia pela UFRGS, professor adjunto do curso de Psicologia da UFRGS, bolsista de produtividade CNPq.

Maria Leonor Espinosa Enéas – Doutora em Psicologia pela PUC-Campinas. Docente da Faculdade de Psicologia da Universidade Presbiteriana Mackenzie. Psicoterapeuta.

Marucia Patta Bardagi – Psicóloga, doutora em Psicologia pela UFRGS, bolsista de pós-doutorado júnior pelo CNPq.

Olga Cassal Viedo – Psicóloga graduada pela Universidade Católica de Pelotas.

Patrícia Waltz Schelini – Psicóloga. Doutora em Psicologia como Profissão e Ciência pela PUC-Campinas, professora da graduação e pós-graduação da Universidade Federal de São Carlos.

Roberta Gurgel Azzi – Psicóloga. Mestre em Psicologia Experimental pelo IP-USP. Doutora em Educação pela FE-UNICAMP. Professora da graduação e pós-graduação *stricto sensu* na Faculdade de Educação da UNICAMP.

Selma de Cássia Martinelli – Pedagoga. Doutora em Psicologia Educacional pela FE-UNICAMP, professora da graduação e do Programa de pós-graduação *stricto sensu* em Educação da UNICAMP. Coordenadora do Grupo de Estudos e Pesquisa em Psicopedagogia.

Shana Gularte Della Vechia – Psicóloga. Mestranda em Saúde e Comportamento pela Universidade Católica de Pelotas.

Simone Ferreira da Silva Domingues – Psicóloga. Doutora em Educação: Psicologia da Educação pela PUC-SP. Professora do curso de Psicologia da Universidade Cruzeiro do Sul e da Universidade Guarulhos.

Soely Aparecida Jorge Polydoro – Psicóloga. Mestre em Psicologia Escolar pelo IP-PUCCamp e doutora em Educação pela Faculdade de Educação da UNICAMP. Professora da graduação e da pós-graduação *stricto sensu* na Faculdade de Educação da UNICAMP.

Tales Vilela Santeiro – Doutor em Psicologia pela PUC-Campinas. Docente e diretor da Faculdade de Psicologia da Universidade de Franca. Psicoterapeuta.

Tharso de Souza Meyer – Acadêmico do curso de Psicologia da Universidade Católica de Pelotas.

Vera Lucia Marques de Figueiredo – Psicóloga. Doutora em Psicologia pela Universidade de Brasília (DF). Professora do curso de graduação e pós-graduação em Psicologia da Universidade Católica de Pelotas.

William Martins de Oliveira – Psicólogo graduado pela Universidade Católica de Pelotas.

Impressão e Acabamento
Bartira
Gráfica
(011) 4393-2911